21世纪立体化高职高专规划教材·财经系列

新编成本会计实务

（第2版）

马　力　张宏禄　吴宏远　主　编
刘　峰　王国清　于　颖　副主编
孙　杰　主　审

電子工業出版社
Publishing House of Electronics Industry
北京 · BEIJING

内容简介

本书以《中华人民共和国会计法》、《企业会计准则》、《会计基础工作规范》为主要编写依据，在编写过程中参阅了大量的著作和文献，走访了多家大中型企业。

全书共10章，内容为总论，要素费用的核算，辅助生产费用与制造费用的核算，废品损失和停工损失的核算，产品成本在完工产品和在产品之间的分配，产品成本计算的品种法，产品成本计算的分批法，产品成本计算的分步法，产品成本计算的辅助方法，成本报表的编制和分析。

本书以就业为导向，以能力为本位，以实践为中心，以获得职业资格证书为标志，以促进学生的职业生涯发展为最终目标，注重动手能力的训练。本书适合各类高职院校、高等专科学校、成人教育高等专科学校、本科院校的二级职业学院和中职学校会计及相关专业的学生使用，也可供企业会计从业人员培训及各类自学考生使用。

图书在版编目（CIP）数据

新编成本会计实务 / 马力，张宏禄，吴宏远主编. --2版. --北京：电子工业出版社，2015.10
21世纪立体化高职高专规划教材. 财经系列
ISBN 978-7-121-22972-5

Ⅰ. ①新… Ⅱ. ①马… ②张… ③吴… Ⅲ. ①成本会计－高等职业教育－教材 Ⅳ. ①F234.2

中国版本图书馆CIP数据核字（2014）第076649号

策划编辑：贾瑞敏
责任编辑：贾瑞敏　　　　特约编辑：许振伍　苗丽敏
印　　刷：北京京海印刷厂
装　　订：北京京海印刷厂
出版发行：电子工业出版社
　　　　　北京市海淀区万寿路173信箱　邮编100036
开　　本：787×1 092　1/16　　印张：13.75　字数：379千字
版　　次：2009年6月第1版
　　　　　2015年10月第2版
印　　次：2015年10月第1次印刷
印　　数：3 000册　　定价：33.00元

凡所购买电子工业出版社图书有缺损问题，请向购买书店调换。若书店售缺，请与本社发行部联系，联系及邮购电话：（010）88254888。

质量投诉请发邮件至zlts@phei.com.cn，盗版侵权举报请发邮件至dbqq@phei.com.cn。

服务热线：（010）88258888。

第2版前言

2006年财政部修订了《企业会计准则》的基本准则和38条具体准则。新会计准则体系的建立，对规范我国会计工作意义重大。为在短时间内理解、消化、吸收新准则的精神实质，准确把握新准则的核算要求方法，我们编写了《新编成本会计实务》。该书于2009年6月出版后得到了广大读者的关注和认可。在这6年的使用过程中，广大读者对该教材提出了不少意见和建议，在这次再版过程中，我们接受了这些意见，对原书做了重要的补充和修改。《新编成本会计实务（第2版）》具有如下特点。

1. 内容更新。本书仍以2006年财政部颁布的《企业会计准则》为主要编写依据，同时根据《企业会计准则解释第3号》和2008年12月31日财政部和国家税务总局发布的《中华人民共和国增值税暂行条例实施细则》，对相关内容进行了调整。

2. 习题更新。按照读者的建议，本书针对习题内容进行了修订，改正了习题中的一些错误，去掉了一些难度较大的习题，增添了一些难度适中的习题。习题难度与助理会计师的考题相似，有利于学生考取相关证书。

3. 结构重组。基于教学改革的要求，本书做了适当的删减，并对第4、9、10章进行了全面修订。

4. 适用面广。本书适合各类高职院校、高等专科学校、成人教育高等专科学校、本科院校的二级职业学院和中职学校会计及相关专业的学生使用，也可供企业会计从业人员培训及各类自学考生使用。

本书由江苏联合学院淮安生物工程分院马力、吴宏远、刘峰，广西外国语学院国际会计学院张宏禄，襄樊职业技术学院吕均刚，北京农业职业学院清河分院王国清，内蒙古交通职业技术学院于颖共同编写。马力、张宏禄、吴宏远任主编，刘峰、王国清、于颖任副主编，孙杰任主审。各章具体的编写分工是：马力编写第1章，吕均刚编写第2、3章，吴宏远编写第4章，马力、于颖编写第5章，王国清编写第6、7章，刘峰编写第8章，张宏禄编写第9、10章。本书由马力负责全书篇章架构，并统筹定稿，张宏禄负责全书文字的校对、修改、润色。

在编写过程中，我们参阅了大量的著作和文献，走访了多家企业，得到了多名财务人员的支持和帮助，在此一并表示感谢！

由于编者水平所限，书中难免有错漏之处，恳切希望广大读者批评指正，以便再版时修正完善。

编　者

第1版前言

"成本会计"作为会计类专业的一门核心专业课程，其内涵随着社会经济的发展而逐步完善。随着我国经济体制改革的深化和市场经济的不断完善，我国企业面临着日益激烈的竞争。在这样的环境下，企业要得到生存和发展的机会，就只有不断强化自身的生产经营管理，增强竞争力。成本会计在企业经营管理中扮演着越来越重要的角色，掌握和运用成本会计理论和成本会计核算方法，对于降低企业产品成本和提高企业的竞争力，有着重要的现实意义。新《企业会计准则》的实施，要求我们必须对成本会计的教学内容进行及时的更新。本书的编写遵循高职教育"以就业为导向，以能力为本位，以实践为中心，以获得职业资格证书为标志，以促进学生的职业生涯发展为最终目标"的原则，按照着重掌握成本会计实用技能的指导方针来安排教材的结构和内容，使本书结构合理，难易适中，便于实训操作。

本书具有以下4个特点。

1. 本书在编写过程中，结合高职高专教育的特点和教学要求，以最新的《企业会计准则》、《企业财务通则》和《企业财务报告条例》为依据，以制造企业成本会计工作为主线，结构和内容贴近生产实际，简洁明了，体现了实用性、通用性和可操作性等特点，易于被学生接受。

2. 正文中有大量详细演示的例题，每一章的结尾都有难度和目标各不相同的习题，有利于学生更好地掌握理论知识，提高实践能力。

3. 体例新颖。本书的每一章开始都有导入性的内容，并在各章节中加入"即问即答"内容，以增加学生的学习兴趣。

4. 本书的作者均是教学和科研第一线的"双师型"骨干教师，具有丰富的教学和实践工作经验。

本书由江苏联合学院淮安生物工程分院马力、刘峰，襄樊职业技术学院吕均刚，北京农业职业学院清河分院王国清，南京应天职业技术学院周蕾，天津开发区职业技术学院刘悦，太原市老龄工作委员会财务处王惠珍共同编写。具体各章的编写分工是：马力编写第1、5章，吕均刚编写第2、3章，王国清编写第6、7章，周蕾编写第4章，刘峰编写第8章，王惠珍编写第9章，刘悦编写第10章。马力负责规划全书的篇章结构并统筹定稿，刘峰负责全书文字的校对、修改和润色，江苏联合学院淮安生物工程分院孙杰担任本书的主审。

在本书的编写过程中，我们参阅了大量的有关著作和文献，并走访了多家企业，得到了多家企业财务人员的支持和帮助，在此一并表示感谢！

由于编者水平所限，加之我国新会计准则处于刚开始实施阶段，书中难免有错漏之处，恳切希望广大读者批评指正，以便再版时修正完善。

编　者

目　录

第1章 总论

学习目标

1. 了解成本和成本会计的概念。
2. 基本掌握成本会计的职能、成本核算的要求和一般程序。
3. 重点掌握费用和成本的分类及二者之间的关系。

引导案例

小王已经在学校里学习了“基础会计”和“财务会计”课程，这两门课程虽然讲述了材料、职工薪酬、成本、费用等内容的核算，可是老师一直说其实成本核算在企业中才是最重要的内容，但在以上课程中并没有展开来讲述，以后将有一门叫“成本会计”的课程专门讲述有关的内容。小王想：“成本会计”这门课程到底讲述什么内容？它与“财务会计”有什么关系？成本和费用有什么区别和联系？以前老师举例时所引用的产品生产出来要么是全部完工，要么是全部未完工。如果是有的完工，有的未完工，应如何结转成本？老师说这门课程涉及计算的内容比较多，那这门课程难不难？等等。带着这些疑问，小王开始了对“成本会计”课程的学习。

1.1 成本及成本会计概述

1.1.1 成本的概念

成本是国家考核部门和企业工作质量的经济技术指标之一，是国民经济综合性的质量指标。成本的水平和动态反映出本部门或企业的工作质量。提高劳动生产率、节约原材料和企业管理费用是降低成本的主要途径。降低成本可以增加积累，从而促进生产发展，提高人民生活水平。在商品经济条件下，企业为了达到经济目的，必然会相应地付出一定的经济代价，即发生资金消耗，而将这部分资金耗费对象化后，就形成了成本。

成本是一种耗费，是企业为达到一定的经济目的而耗费的货币表现。商品价值由以下3

部分组成:①生产过程中耗费的劳动对象和劳动工具等物化劳动转移的价值(C);②劳动者活劳动消耗所创造的价值中,归劳动者个人支配的部分,主要是以工资形式支付给劳动者的劳动报酬(V);③劳动者为社会创造的价值(M)。其中,①和②属于企业的生产费用,是构成企业产品成本的基础。

综上所述,我们可以将产品成本定义为:产品成本是以货币表现的,为制造产品而耗费的物化劳动和活劳动中必要劳动的价值之和。概括地说,产品成本是企业为生产产品、提供劳务而发生的各种耗费。

1.1.2 成本与费用的关系

成本的概念有广义和狭义之分。广义上,成本是指为实现一定目的而耗费的人力、物力、财力的货币表现。企业为了达到一定的目的,都要付出代价,发生各种耗费。把这些耗费对象化,就可以计算出企业为实现一定目的而耗费的成本。因此,成本是对象化的耗费。例如,企业要筹集资金,必然要支付筹集资金的手续费、利息等费用,把这些资金耗费对象化到所筹集的资金上,就形成了筹集资金的成本;企业购买固定资产,要支付买价、运杂费、税金等各项资金耗费,把这些资金耗费对象化到所购买的固定资产上,就形成了固定资产的成本;企业要生产产品,必然要耗费材料,支付生产工人的工资,发生机器设备的耗费等各项费用,把这些资金耗费对象化到所生产的产品上,就形成了产品生产成本。凡是有经济活动和业务活动的地方,就必然有成本。不同的企业由于从事的生产经营活动或要实现的经济目的不同,因而成本的内容也不同。典型的成本是制造业的产品成本。费用是指在某一期间内进行生产经营活动而发生的各项耗费。费用的发生过程也就是成本的形成过程。它们的共同点是,成本是对象化的费用;不同点是,费用强调的是一定时期的发生数,成本强调的是一定对象的负担数。

产品成本是狭义的成本概念,是指制造业为生产一定种类和一定数量的产品所发生的各种耗费的货币表现。产品的生产过程,同时也是生产的耗费过程。企业要生产产品,就要发生各种生产耗费,这些耗费包括生产资料中的劳动手段(如机器设备)和劳动对象(如原材料)的耗费以及劳动力(如人工)等方面的耗费。我们把企业在一定时期内发生的生产耗费的货币表现称为一定时期的生产费用;把这些费用按一定种类和产品进行归集,就构成了产品成本。所以说,产品成本是生产费用的进一步对象化。

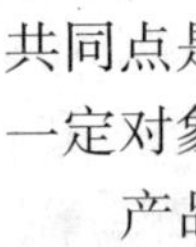

即问即答

生产产品耗费的原材料属于成本还是费用? 管理部门的办公费用是成本还是费用?

1.1.3 成本会计的含义和职能

成本会计是运用会计的基础原理和一般原则,采用一定的技术方法,对企业生产费用进行核算和监督的一种管理活动。

成本会计与财务会计既有联系又有区别。成本会计从传统的企业会计核算体系中独立出来后，其提供的资料依然是财务会计进行一些账务处理的必要依据。但是，成本会计的报告因涉及商业秘密，除按规定向国家有关机关报送外，一般不向企业外部的其他报表使用者公开，这一点又不同于财务会计。

成本会计与管理会计有着十分密切的关系。由于成本会计所提供的资料主要用于企业内部经营管理，所以有学者认为管理会计是成本会计内容的延伸。

成本会计的职能是指成本会计作为一种管理经济的活动在生产经营过程中所能发挥的作用。由于现代成本会计与企业管理紧密结合，因此，它实际上包括了成本管理的各个环节。现代成本会计的主要职能有成本预测、成本决策、成本计划、成本控制、成本核算、成本分析和成本考核等。

在成本会计的各种职能中，成本核算是最基本的职能，没有成本核算就没有成本会计。成本会计的各个职能是相互联系、互为条件的，它们的作用贯穿于企业生产经营活动的全过程。

1. 成本预测

随着生产的日益社会化和现代化，企业规模不断扩大，工艺过程也愈加复杂，生产过程中某一环节或者某一短暂时期内的生产耗费一旦失去控制，都有可能给企业造成无可挽回的经济损失。为了防止成本费用管理失控的现象出现，首先必须科学地预见生产耗费的趋势和程度，以便在此基础上采取有效措施，从而搞好成本管理工作。

成本预测是指运用一定的科学方法，对未来成本水平及其变化趋势做出科学的估计。通过成本预测，掌握未来的成本水平及其变动趋势，有助于经营管理者减少决策的盲目性，从而选择最优方案，做出正确的决策。

在现代成本管理中，成本预测采用了一系列科学、严密的程序和方法，基本能够把握成本变化的规律性。因此，成本预测的结果是比较可靠的。但是，由于是根据历史资料推测未来，所以成本预测又具有不可避免的局限性，这种局限性主要体现为成本预测的不准确性。可靠性与近似性的对立统一是成本预测的显著特点。

成本预测是成本的事前控制。

2. 成本决策

成本决策是指用决策理论，根据成本预测及有关成本资料，运用定性与定量的方法，选择最佳成本方案的过程。成本决策可分为宏观成本决策和微观成本决策。它贯穿于整个生产经营过程中，涉及面广。因此，在每个环节都应选择最优的成本决策方案，才能达到总体最优。

成本决策是指依据掌握的各种决策成本及相关的数据，对各种备选方案进行分析比较，从中选出最佳方案的过程。成本决策与成本预测紧密相连，它以成本预测为基础，是成本管理不可缺少的一项重要职能，对于正确地制定成本计划，促使企业降低成本，提高经济效益等都具有十分重要的意义。

3. 成本计划

成本计划是企业生产经营总预算的一部分，它是以货币形式规定企业在计划期内各种产品的生产耗费和成本水平，以及相应的成本降低水平和为此采取的主要措施的书面方案。成本计划属于成本的事前管理，是企业生产经营管理的重要组成部分。通过对成本的计划和控制，分析实际成本与计划成本之间的差异，指出有待加强控制和改进的领域，达到评价有关部门的业绩，增产节约，从而促进企业发展的目的。

编制成本计划对于做好成本计划工作，提高企业领导和职工降低成本的自觉性，克服盲目性，严格控制生产费用支出，挖掘降低成本的潜力，保证完成成本计划任务，提高产品的经济效益等都有着重要的意义。

4. 成本控制

所谓成本控制，是企业根据一定时期预先建立的成本管理目标，由成本控制主体在其职权范围内，在生产耗费发生以前和成本控制过程中，对各种影响成本的因素和条件采取的一系列预防和调节措施，以保证成本管理目标实现的管理行为。

成本控制是成本管理的一部分，致力于满足成本要求。满足成本要求主要是指满足顾客、最高管理者、相关方以及法律、法规等对组织的成本要求。成本控制的对象是成本发生的过程，包括设计过程、采购过程、生产和服务提供过程、销售过程、物流过程、售后服务过程、管理过程、后勤保障过程等所发生的成本控制。成本控制的结果应能使被控制的成本达到规定的要求。而要达到这种成本要求，就必须采取适宜的和有效的措施，包括作业、成本工程和成本管理的技术和方法等。

开展成本控制活动的目的就是防止资源的浪费，使成本降到尽可能低的水平，并保持已降低的成本水平。

5. 成本核算

成本核算是把一定时期内企业生产经营过程中所发生的费用，按其性质和发生地点进行分类归集、汇总、核算，计算出该时期内生产经营费用发生总额，并分别计算出每种产品的实际成本和单位成本的管理活动。成本核算的基本任务是正确、及时地核算产品的实际总成本和单位成本，提供正确的成本数据，为企业的经营决策提供科学依据，并据此考核成本计划的执行情况，综合反映企业的生产经营管理水平。

成本核算的正确与否，直接影响企业的成本预测、计划、分析、考核和改进等控制工作，同时也对企业的成本决策和经营决策的正确与否产生重大影响。成本核算过程是对企业生产经营过程中各种耗费如实反映的过程，也是为更好地实施成本管理而进行成本信息反馈的过程。因此，成本核算对企业成本计划的实施、成本水平的控制和目标成本的实现起着至关重要的作用。

做好成本核算工作，首先要建立健全原始记录；建立并严格执行材料的计量、检验、领发料、盘点、退库等制度；建立健全原材料、燃料、动力、工时等的消耗定额；严格遵守各项制度规定，并根据具体情况确定成本核算的组织方式。

通过成本核算，可以检查、监督、考核预算和成本计划的执行情况，反映成本水平，对成本控制的绩效以及成本管理水平进行检查和测量，评价成本管理体系的有效性，进而研究如何降低成本，进行持续改进。

6. 成本分析

成本分析是指利用成本核算及其他有关资料，分析成本水平与构成的变动情况，研究影响成本升降的各种因素及其变动原因，寻找降低成本的途径。成本分析是成本管理的重要组成部分，其作用是正确评价企业成本计划的执行结果，揭示成本升降变动的原因，为编制成本计划和制定经营决策提供重要依据。

成本分析包括对成本计划完成情况的分析、技术经济指标变动对成本影响的分析、主要产品单位成本分析等。成本分析的方法主要有对比分析法、比率分析法、趋势分析法、因素分析法等。

7. 成本考核

成本考核是指定期通过成本指标的对比分析，对目标成本的实现情况和成本计划指标的完成结果进行的全面审核和评价。成本考核是成本会计职能的重要组成部分。

成本考核的主要内容是评价企业生产成本计划的完成情况，评价有关财经纪律和管理制度的执行情况，借以激励责任中心与全体员工的积极性。责任中心是指与其经济决策密切相关的，具有责、权、利相结合的特点的部门。根据企业授权的范围不同，责任中心又分为收入中心、成本（费用）中心、利润中心和投资中心。成本考核的重点是对成本中心的责任成本的考核。

即问即答

在以上7项职能中，哪项是最基本的职能？

1.1.4 成本会计的组织工作

1. 成本会计机构和人员

成本会计机构是企业会计机构的一部分，是在企业中专门从事成本会计工作的部门。企业要根据生产类型的特点、生产规模的大小、成本管理的要求及成本会计业务的需要等具体情况来设置成本会计机构。在大型企业中，可以单独设置成本会计科；而对于小型企业，则可以在会计部门中指定专人处理成本会计工作。

对于成本会计人员来说，除了应具备会计职业道德之外，还要懂得会计和财务管理，更要懂得经营管理，特别是要熟悉生产技术，学会运用价值工程、成本最优化理论和方法；同时，要熟悉并掌握现代成本会计的理论与方法，学会对成本进行预测、决策和控制，学会使用电子计算机进行信息处理。成本会计人员素质的高低是影响成本会计工作质量的重要因素。

2. 成本核算方式

成本核算方式是指企业组织成本核算的形式，一般有集中核算和分散核算两种方式。企业要根据自身的生产经营规模的大小和成本管理的要求以及人员配置的情况来合理选择成本核算方式。

（1）集中核算方式

集中核算就是在厂部一级设置专门的会计机构，把整个企业的主要成本会计工作都集中在成本会计部门进行。企业内部各车间等成本核算单位对本部门所发生的经济业务不进行全面核算，只填制或取得原始凭证，并对原始凭证进行适当的汇总，定期将原始凭证和汇总原始凭证送交成本会计部门，由成本会计部门加以审核，并据此登记有关账簿。

集中核算组织形式由于核算工作集中，便于会计人员分工和实行核算工作的现代化，因而可简化和加速核算工作，从而有利于提高工作效率，减少核算费用，集中掌握和了解单位的生产经营活动情况。但由于这种组织形式的核算工作不是直接在单位内部各部门进行的，因而不便于各部门的领导随时利用核算资料检查本部门的经济活动情况。

（2）分散核算方式

分散核算又称非集中核算。这种组织形式是指对企业车间所发生的经济业务由各车间设置并登记账簿，进行比较全面的核算。各车间可以单独计算盈亏，编制内部会计报告，定期报送给成本会计部门，以便汇总编制整个企业的会计报表。

非集中核算组织形式可以使各部门经常利用核算资料来指导和检查本部门的工作。但该组织形式不便于采用合理的凭证整理方法，会计人员的合理分工受到一定的限制，核算工作量较大，核算成本较高。

企业对其内部各部门所发生的经济业务是采取集中核算方式还是非集中核算方式，或者是二者相互渗透，主要取决于该企业单位的特点及管理要求——要从有利于加强经营管理、加强经济核算这两方面来选择。

1.2 成本核算的要求及程序

1.2.1 成本核算的要求

为了完成成本核算的任务，充分发挥成本控制的重要作用，企业应按照下述要求做好成本核算工作。

1. 正确划分各种费用的界限

① 正确划分计入产品成本与不计入产品成本的界限，确定成本费用的范围。企业发生的费用分为很多项目，根据谁受益（或谁消耗）谁负担的原则，凡生产过程中消耗的各种材料、人工和其他费用都应计入生产成本，否则，就不能计入生产成本。例如，支付的各种滞纳金、赔款、捐赠、赞助款等，应计入营业外支出；支付股利应计入利润分配；管理费用、财务费用等均不应计入生产成本，而应计入期间费用。

② 正确划分各个月份的费用界限。根据分期原则，为了及时反映和考核费用的开支情况，需要定期分月进行成本计算。根据权责发生制原则，发生的费用应该按受益原则分配到有关的月份中去。本月已支付但应由以后月份负担的费用，应记入“其他应付款”账户；本月支付但应由以前月份负担的费用，由于在以前月份已经把费用做了预计，并记入了“其他应

付款”账户，所以应冲减“其他应付款”账户；应由本月负担的费用，不管是否已经支付，都应计入本月费用。

③ 正确划分产品成本和期间费用的界限。在企业发生的各种费用支出中，凡应该计入本月并由当月负担的费用，应将其进一步区分为产品成本和期间费用。凡在产品生产中发生的费用，属于产品成本的，应该记入“生产成本”账户，产品完工后再转入“产成品”账户，产品销售后再转入“主营业务成本”账户，期末结转“本年利润”账户；凡在非生产领域中发生的管理费用、销售费用和财务费用等都属于期间费用，其处理方法比较简单，即在期末一次全部转入“本年利润”账户，一次冲减当期损益。

④ 正确划分不同产品的成本界限。如果企业只是生产一种产品，那么全部生产成本就是这种产品的成本。但一般的企业都不只生产一种产品，这就需要把全部生产成本在几种产品之间进行分配，凡能分清应由哪种产品负担的费用，应直接计入该种产品的成本；凡由几种产品共同负担的费用，则要采用恰当的标准，根据谁受益谁负担的原则进行分配，从而最终把各种产品的成本计算出来。

⑤ 正确划分完工产品与在产品成本的界限。通过④，我们已经计算出了每一种产品的总成本，如果这种产品已经全部完工，则其成本全部为产成品成本；如果这种产品全部未完工，则其成本全部为在产品成本。但通常情况都是既有产成品，又有在产品，这就需要把总的产品成本在产成品和在产品之间进行分配。一般来说，一件在产品应该比一件产成品负担的成本要少，因为在产品尚未完工，消耗的资源比产成品要少。在对完工产品与在产品进行成本分配时，要考虑在产品的完工程度。分配的方法有约当产量法等。

2. 正确确定财产物资的计价和价值结转的方法

工业企业拥有的财产物资绝大部分是生产资料，它们的价值是要随着生产经营过程中的耗用而转移到产品成本和期间费用中去的。因此，这些财产物资的计价和价值结转的方法也会影响成本和费用。企业财产物资的计价和价值结转方法主要包括：固定资产原值的计算方法、折旧方法、折旧率的种类和高低；固定资产与低值易耗品的划分标准；材料成本的组成内容、材料按实际成本进行核算时发出材料的单位成本的计算方法、材料按计划成本进行核算时材料成本差异率的种类等；低值易耗品和包装物价值的摊销方法及摊销期限的长短等。为了正确计算成本，对于各种财产物资的计价和价值的结转，应严格执行国家统一的会计制度。以上各种方法一经确定，应保持相对稳定，不能随意改变，以保证成本信息的可比性。

3. 做好各项基础工作

① 做好定额的制定和修订工作。

② 建立健全材料物资的计量、收发、领退和盘点制度。

③ 建立健全原始记录工作。

④ 做好厂内计划价格的制定和修订工作。

4. 适应生产特点和管理要求，采用适当的成本计算方法

由于各企业的情况千差万别，成本的具体计算方式也不可能有一个统一的模式。经过

长期实践,形成了几种常用的成本计算方法,即品种法、分批法和分步法等。

恰当地确定成本计算的对象,不是一件容易的事——企业的规模、生产组织形式和技术特点不同,成本计算的对象也会不一样。例如,有的企业只生产最终的产成品,而有的企业除生产最终的产成品外,还生产各种各样的半成品;有的企业是采用大批量生产,而有的企业是采用小批量生产,甚至是单件生产等。

1.2.2 成本核算的一般程序

成本核算的一般程序是指对企业在生产经营过程中发生的各项生产费用和期间费用,按照成本核算的要求,逐步进行归集和分配,最后计算出各种产品的生产成本和期间费用的基本过程。根据1.2.1节所述的成本核算要求以及生产费用、期间费用的分类,可将成本核算的一般程序归纳如下。

1. 合理确定成本计算的对象

所谓成本计算的对象,就是费用归集的对象,或者说是成本归属的对象。进行成本计算,必须首先确定成本计算的对象。如果成本计算对象确定得不准确或不恰当,就会大大增加成本计算的难度,计算出来的结果也不能满足企业管理的需要,甚至不能完成成本计算的任务。

如何确定成本计算的对象呢?一般来说,成本计算的对象就是各种耗费的受益物,也就是耗费各种投入后形成的产出物,是制造活动取得的直接成果,即生产费用的承受者。

2. 设置成本项目

为了便于归集生产费用,正确计算产品成本,需要对生产费用进行合理的分类。按经济用途划分,可将计入产品成本的生产费用分为以下4个成本项目。

① 直接材料,包括企业生产经营过程中实际消耗的原材料、辅助材料、备品配件、外购半成品、燃料、动力、包装物以及其他直接材料。

② 直接工资,包括企业直接从事产品生产人员的工资及福利费。

③ 其他直接支出,包括直接用于产品生产的其他支出。

④ 制造费用,包括企业各个生产单位(分厂、车间)为组织和管理生产所发生的各种费用。制造费用一般包括:生产单位管理人员的工资、福利费,生产单位的固定资产折旧费,租入固定资产租赁费,机物料消耗,低值易耗品,取暖费,水电费,办公费,差旅费,运输费,保险费,设计制图费,试验检验费,劳动保护费,以及其他制造费用。

将生产费用按经济用途划分为成本项目,便于反映产品成本的构成,可以考核各项费用定额或计划的执行情况,查明费用节约或超支的原因,从而可加强对成本的控制和管理,促使企业更有效地降低成本。

即问即答

某企业车间中发生如下几种费用:生产A产品工人工资;管理人员工资;生产B产品领用的材料;固定资产折旧费。这几项费用应划分在哪些成本项目中?

3. 将生产费用按成本项目进行归集

企业通过对与各种生产费用要素支出相关的原始凭证进行审核后，编制要素费用分配表，并按成本费用归集和分配的一般规律，将由本期产品承担的制造成本项目在成本计算单上进行归集，对企业月初未完工的在产品也应将其计入本期成本计算单上相关成本项目的期初余额中，并同本期归集的成本项目发生额一起构成本期待分配制造成本的总额。

4. 进行要素费用的分配

要把发生的各项要素费用进行汇总，编制各种要素费用分配表，并按其用途分别记入有关的生产成本明细账。对能确认某一成本计算对象耗用的，应直接记入相关费用账户，例如，直接材料、直接工资，应直接记入“生产成本——基本生产成本”账户及其有关的产品成本明细账；对于不能确认其费用的要素，则应按其发生的地点或用途进行归集分配，分别记入“制造费用”、“生产成本——辅助生产成本”等综合费用账户。月末，将这些要素费用按照一定的分配方法进行分配，并记入“生产成本——基本生产成本”以及有关的产品成本明细账。

5. 进行完工产品成本与在产品成本的划分

通过对要素费用和综合费用的分配，所发生的各项生产费用均已归集在“生产成本——基本生产成本”账户及有关的产品成本明细账中。在没有在产品的情况下，产品成本明细账所归集的生产费用即为完工产品的总成本；在有在产品的情况下，就需要将产品成本明细账所归集的生产费用按一定的划分方法在完工产品和月末在产品之间进行划分，从而计算出完工产品成本和月末在产品成本。

6. 编制成本计算单，计算产品的总成本和单位成本

在品种法和分批法下，产品成本明细账中计算出的完工产品成本即为产品的总成本；在分步法下，则需要根据各生产步骤成本明细账进行顺序、逐步结转或平行汇总，才能计算出产品的总成本，再以产品的总成本除以产品的数量，就可以计算出产品的单位成本。

1.3 费用和成本的分类

1.3.1 费用的分类

为了对各项费用进行分类归集，正确计算产品成本和期间费用，加强成本管理，可以对种类繁多的费用按不同的方式进行分类。

1. 按经济内容分类

生产费用按照经济内容划分，可分为劳动对象消耗的费用、劳动手段消耗的费用和活劳

动中必要劳动（或构成成本的活劳动）消耗的费用。这在会计上称为生产费用要素，它们由下列项目组成。

① 外购材料，指企业为进行生产而耗用的一切从外部购进的原材料、主要材料、辅助材料、半成品、包装物、修理用备件和低值易耗品等。

② 外购燃料，指企业为进行生产而耗用的一切从外部购进的各种燃料，包括固体燃料、液体燃料和气体燃料等。

③ 外购动力，指企业为进行生产而耗用的一切从外部购进的各种动力，包括电力、热力和蒸汽等。

④ 工资，指企业所有应计入生产费用和期间费用的职工工资。

⑤ 职工福利费，指企业按职工工资的一定比例计提并计入费用的职工福利费。

⑥ 折旧费，指企业按照规定对固定资产计提并计入费用的折旧费。

⑦ 利息支出，指企业计入期间费用等的借入款项的利息净支出（即利息支出减利息收入后的净额）。

⑧ 税金，指企业应计入费用的各种税金，如房产税、印花税等。

⑨ 其他支出，指不属于以上各项要素的费用支出，如邮电费、差旅费、租赁费、外部加工费和保险费等。

将生产费用按要素进行反映与核算，有助于了解企业在一定时期内发生了哪些生产费用，各要素的比重是多少，从而据以分析企业各个时期各种要素费用支出的水平。这种划分方法能将物化劳动的耗费明显地从劳动耗费中分离出来，进行单独反映，既可为企业计算工业净产值和国家计算国民收入提供资料，也可以为企业控制流动资金占用及编制材料采购计划提供依据。但是，按经济内容划分费用，不能说明生产费用的用途，不便于分析生产费用支出是否合理和节约。

2. 按经济用途分类

费用按经济用途的不同，可以分为生产成本（或劳务成本）和期间费用。

(1) 生产成本

生产成本主要是指与生产产品有关的费用，它是以产品为成本对象归集的费用，可进一步划分为直接材料、直接人工、制造费用等产品成本项目。

直接材料是指直接用于产品生产、构成产品实体的原料及主要材料、外购半成品、修理用备件、包装物、有助于产品形成的辅助材料以及其他直接材料等。

直接人工是指直接从事产品生产的工人工资以及按生产工人工资总额规定的比例提取的职工福利费等。

制造费用是指企业各生产单位（如生产车间）为组织和管理生产而发生的各项间接费用，包括工资和福利费、折旧费、办公费、水电费、机物料消耗、劳动保护费等。

以上划分的各个成本项目也不是固定不变的，企业可以根据自身的需要，对以上成本项目进行调整。

(2) 期间费用

期间费用是指不能直接归属于某个特定产品成本的费用。它是随着时间的推移而发生的，与当期产品的管理和产品销售直接相关，而与产品的产量和制造过程无直接关系，即容易确定其发生的期间，而难以判别其所应归属产品的费用。因此不能列入产品制造成本，而应在其发生的当期从损益中扣除。期间费用包括直接从企业的当期产品销售收入中扣除的销售费用、管理费用和财务费用。

销售费用是指企业在销售产品、自制半成品和提供劳务等过程中发生的费用，包括由企业负担的包装费、运输费、广告费、装卸费、保险费、委托代销手续费、展览费、租赁费（不含融资租赁费）和销售服务费，销售部门人员工资、职工福利费、差旅费、办公费、折旧费、修理费、物料消耗、低值易耗品摊销以及其他经费等。

管理费用是指企业行政管理部门为组织和管理生产经营活动而发生的各项费用。它包括以下内容。

① 工资及福利费，指企业各部门发生的工资及福利费用。其中，福利费用按工资的14%计提。

② 工会经费，指企业按工资的2%计提的工会活动经费。

③ 职工教育经费，指企业按工资的1.5%计提的用于职工教育方面的费用。其主要包括培训教材费、师资费、委培费、培训教师以及外委培训人员的差旅费、交通费、培训领用的消耗品和零配件等。

④ 住房公积金，指企业为职工交纳的住房公积金。一般的计提比例企业为10%，个人为10%（其中个人部分从个人工资中扣除）。

⑤ 养老保险费，指企业为职工交纳的养老保险费用。计提比例企业为20%，个人为8%（其中个人部分从个人工资中扣除）。

⑥ 失业保险费，指企业为职工交纳的失业保险费用。

⑦ 医疗保险费，指企业为职工交纳的医疗保险费用，其中个人部分从个人工资中扣除。

⑧ 折旧费，指企业当月非生产、销售经营用的各类固定资产（如房屋、围墙、道路、设备）、办公设施、运输工具计提的折旧费用。

⑨ 办公费，指企业各部门因办公需要而发生的费用开支及材料消耗，主要指办公用品、办公耗材、标牌、印章、设计用图纸费、对内业务宣传费（如横幅及各种活动宣传用品）等。

⑩ 差旅费，指企业各部门发生的出差费用，包括车船飞机费、住宿费、过路过桥费、会务费、补助、出差打车费、带车出差发生费用、出国人员的出差费用、按合同规定的探亲费用以及配偶来公司的探亲费用等。

⑪ 交通费，指企业各部门发生的市内交通费用，包括加班费、交通费和班车费等。

⑫ 修理费，指企业各部门各类固定资产（如房屋费、围墙费、道路费、设备）、办公设施费、运输工具等发生的备件、工具、辅助材料、外包维修费等各项修理费用支出。

⑬ 运输费，指企业各部门（不含销售部门）发生的运输费用。

⑭ 水电费，指企业各部门发生的水电费。

⑮ 车辆费用，指企业领导用车和部门工作用车发生的汽油费、养路费、车辆维修费以及企业所有车辆（包括运输车辆）的年检费、养路费。其中，车辆保险属于财产保险费。

⑯ 业务招待费，指企业用于非销售业务招待方面的费用开支，如茶叶、招待餐费等。

⑰ 试验检验费，指企业在生产、质检、质量改进的过程中发生的破坏性试验、化验、道路试验以及其他试验所发生的材料消耗。

⑱ 劳动保护费，指企业各部门发生的用于劳动保护方面的费用，如劳保手套、安全帽、

防暑降温用品等。

⑲ 图书资料费，指企业发生的用于购买图书资料、杂志、报刊等方面的费用。

⑳ 清洁卫生费，指企业的清洁工作消耗的材料和外委清洁公司发生的费用支出。

㉑ 保安消防费，指企业外委保安公司发生的费用支出以及购置消防耗材发生的费用。

㉒ 技术开发费，指企业发生的用于新产品、新材料、新零件的技术研究开发方面发生的费用支出，包括服务于技术开发项目的人员发生的工资、差旅费、办公费等费用开支。

㉓ 财产保险费，指企业对各类资产投保发生的保险费用。

㉔ 咨询费，指企业在审计及技术咨询、项目评审等方面发生的费用。

㉕ 印刷费，指企业在生产经营中发生的各种内部单据印刷发生的费用。例如，表格、单据、信件、名片等。

㉖ 环境保护费，指企业交纳的排污费、评审费等。

㉗ 绿化费，指企业发生的用于绿化方面的相关费用。

㉘ 税金，指应计入损益的税金费用，如印花税等。

㉙ 燃料费，指锅炉房等辅助单位为企业各部门用于照明、取暖等发生的费用。

㉚ 招聘费，指企业人事资源部在员工招聘过程中发生的费用。例如，场地使用费、应聘人员来公司的路费、体检费、报刊杂志上的招聘广告费等。

㉛ 邮政费，指企业生产经营发生的邮寄包裹费用、信件费用以及EMS费用等。

㉜ 通信费，指企业的座式以及手提式电话发生的电话费、传真费用以及购买、修理上述器材发生的费用。

㉝ 诉讼费，指企业因起诉或应诉而发生的费用。

㉞ 董事会费，指董事会及其成员为执行职务而发生的费用，如差旅费、会议费等。

㉟ 劳动保险费，包括异地安家费、退职金、抚恤费、死亡丧葬费等。

㊱ 物业管理费，指企业用于行政管理的物业交由内部或外委物业公司管理发生的费用支出。

㊲ 防寒保暖费，指企业各部门用于防寒保暖的费用支出。

㊳ 上级管理费，指企业依公司章程、合同协议应上交的管理费。

㊴ 会务费，指企业职能部门有关人员参加各类会议的费用支出。

㊵ 业务宣传费，指企业经办的用于宣传企业的形象和产品的不列入销售费用的费用支出。

㊶ 医疗救助费，指企业为职工交纳的医疗救助费用。

㊷ 工伤保险费，指企业为正式签订劳动合同的员工购买的工伤保险费用支出。

㊸ 其他管理费用，指企业各部门发生的除上述费用以外的费用。

财务费用是指企业在生产经营过程中为筹集资金而发生的各项费用，包括企业在生产经营期间发生的利息支出（减利息收入）、汇兑净损失、金融机构手续费，以及因筹资发生的其他财务费用。

① 利息支出，指企业的短期借款利息、长期借款利息、应付票据利息、票据贴现利息、应付债券利息、长期应付引进国外设备款利息等的利息支出（除资本化的利息外）减去银行存款等的利息收入后的净额。

② 汇兑损失，指企业因向银行结售或购入外汇而产生的银行买入价和卖出价与记账所

采用的汇率之间的差额，以及在月度（季度、年度）终了，各种外币账户的期末余额按照期末规定的汇率折合成的记账人民币金额与原账面人民币金额之间的差额等。

③ 相关的手续费，指发行债券所需支付的手续费（需资本化的手续费除外）、开出汇票的银行手续费、调剂外汇手续费等。

④ 其他财务费用，包括债券印刷费、国外借款担保费等。

1.3.2 成本的分类

成本的分类是指根据成本核算和成本管理的不同要求，按不同的标准对成本所做的划分。

1. 按习性分类

成本按照其习性不同，可分为固定成本、变动成本和混合成本3种。

(1) 固定成本

固定成本是指其总额在一定时期和一定业务量范围内不随业务量发生任何变动的那部分成本，主要有折旧费、保险费、管理人员工资、办公费等。单位固定成本将随产量的增加而逐渐减少。

应当指出的是，固定成本总额只是在一定时期和一定业务量的范围（通常称为相关范围）内保持不变。

(2) 变动成本

变动成本是指其总额随着业务量成正比例变动的那部分成本。直接材料、直接人工等都属于变动成本，但产品单位成本中的直接材料、直接人工将保持不变。与固定成本相同，变动成本也存在相关范围。

(3) 混合成本

有些成本虽然也随着业务量的变动而变动，但不成同比例变动，这类成本称为混合成本。混合成本按其与业务量的关系又可分为半变动成本和半固定成本。

2. 按是否可以控制分类

成本按是否可以控制，可分为可控成本和不可控成本。

(1) 可控成本

可控成本，即能为某个责任单位或个人的行为所制约的成本。

可控成本具有多种发展的可能，有关的责任单位或个人可以通过采取一定的方法与手段使可控成本按其所期望的状态发展。如果某些成本只具有一种发展结果，则不存在对其进行控制的必要性；如果某些成本虽具有几种发展结果，但有关的责任单位或个人无法根据自己的需要对其施加影响，则也不存在进行控制的可能性。

成本的可控性具有一定的相对性，它与成本发生的空间范围有关。某个责任单位不可控制的成本，对另一个单位来讲往往是可控的；下一级责任单位不可控制的成本，对上一级责任单位来讲往往是可控的。了解可控成本的这种空间范围上的相对性，有助于分清各责任单位或个人的经济责任，以利于正确评价与考核其业绩，提出切实有效的建议与措施，使可控成本不断降低。

可控成本的相对性还与成本发生的时间范围有关。在产品投产前的产品设计阶段、成本的决策与计划阶段以及工厂的筹建阶段，一切尚未发生的产品成本都是可控的。例如，设备的折旧费会因资本支出决策的不同而不同。同样，厂址、设计方案、工艺路线和生产组织形式的不同，都会对成本的形成产生重大的影响。在产品的生产过程中，产品成本只是部分可控，因为有些成本在设计、筹建阶段都已经决定，属于先天性因素而不可控制；而当产品生产完工后，成本均已发生、形成，也就无所谓可控了。由此来看，产品投产前成本的可控性最大，其控制效果也最佳，这也正是成本控制的重点所在。

（2）不可控成本

不可控成本即不能为某个责任单位或个人的行为所制约的成本。不可控成本一般是无法选择或不存在选择余地的成本。它也具有相对性，与成本发生的空间范围和时间范围有关。例如，短期内，固定成本是不可控成本，但是从长期看，企业可以调整固定资产支出，使固定成本成为可控成本。

3. 按计入产品成本的方式分类

成本按计入产品成本的方式分类，可分为直接成本和间接成本。

（1）直接成本

直接成本是指生产费用发生时，能直接计入某一成本计算对象的费用。某项费用是否属于直接成本，取决于能否确认其与某一成本计算对象直接有关和是否便于直接计入该成本计算对象。企业在生产经营过程中所消耗的原材料、备品配件、外购半成品、生产工人计件工资等通常属于直接成本。

（2）间接成本

间接成本是指生产费用发生时，不能或不便于直接计入某一成本计算对象，而需先按发生地点或用途对其加以归集，再在月终选择一定的分配方法进行分配后才计入有关成本计算对象的费用。车间管理人员的工资、车间房屋建筑物和机器设备的折旧、租赁费、机物料消耗、水电费、办公费等，通常属于间接成本。

将成本分为直接成本和间接成本，并选择合理的分配标准对间接成本进行分配，对正确计算产品成本具有重要的意义。凡是能够直接计入产品成本的费用，都应尽量直接计入产品成本。间接成本的分配标准应与被分配费用的发生具有密切的关系，否则将影响间接成本分配的合理性，从而影响产品成本计算的正确性。

本章小结

产品成本是以货币表现的，为制造产品而耗费的物化劳动和活劳动中必要劳动的价值之和；费用是在某一期间内进行生产经营而发生的各项耗费。费用的发生过程也就是成本的形成过程。二者既有共同点，也有不同点——共同点是成本是对象化的费用；不同点是费用强调的是一定时期的发生数，而成本强调的是一定对象的负担数。

成本会计是会计人员运用会计的基础原理和一般原则，采用一定的技术方法，对企业的生产费用进行核算和监督的一种管理活动。它与财务会计、管理会计既有区别又有联系。成本会计具有成本预测、成本决策、成本计划、成本控制、成本核算、成本分析和成本考核等职能，它不仅仅是成本核算的会计，但在以上职能中，成本核算是其最基本的职能。

成本会计机构是企业会计机构的一部分，是在企业中专门从事成本会计工作的部门。企业要根据生产类型的特点、生产规模的大小、成本管理的要求以及成本会计业务的需要等具体情况来设置成本会计机构和成本会计人员，选择核算的方式。在大型企业中，应单独设置会计机构，一般采用分散核算方式；在规模较小的企业，可不设置专门的成本会计机构，但应配置专人负责成本会计工作，一般采用集中核算方式。

企业在成本核算过程中，应符合以下几方面的成本核算要求：一是要正确划分各种费用界限；二是要正确确定财产物资的计价和价值结转的方法；三是要做好各项基础工作；四是要采用适当的成本计算方法。除此之外，还应遵循以下一般程序：合理确定成本计算对象；设置成本项目；将生产费用按成本项目进行归集；进行要素费用的分配；进行完工产品成本与在产品成本的划分；编制成本计算单，计算产品的总成本和单位成本。

费用可以按不同的方式进行分类。按经济内容不同可分为外购材料、外购燃料、外购动力、工资、福利费、折旧费、利息支出、税金等；按经济用途不同可分为生产成本和期间费用。成本按习性可分为固定成本、变动成本和混合成本；按是否可以控制可分为可控成本和不可控成本；按计入产品成本的方式可分为直接成本和间接成本。

课后练习

一、复习思考题

1. 什么是成本？成本和费用有什么关系？
2. 什么叫成本会计？它有哪些职能？
3. 成本核算的要求有哪些？
4. 成本核算的一般程序有哪些？
5. 费用按经济内容的不同可分为哪几类？按经济用途不同可分为哪几类？

二、判断题

1. 产品成本是以货币表现的，为制造产品而耗费的物化劳动中必要劳动的价值之和。（ ）
2. 费用按经济内容不同可以分为生产成本和期间费用。（ ）
3. 产品成本应当包括在生产和销售过程中发生的各种费用，产品成本也称为产品制造成本。（ ）
4. 成本预测是成本决策的结果，正确的成本决策是进行成本预测的前提。（ ）
5. 在实际工作中，哪些费用应计入产品成本，哪些费用不应计入产品成本，由企业自行决定。（ ）

三、单项选择题

1. 按照有关成本理论，产品成本是产品价值中的（　　）部分。

   A. C + M　　B. C + V　　C. V + M　　D. C + V + M

2. 成本预测一般在（　　）进行。

A. 事前　　B. 事中　　C. 事后　　D. 事前、事中、事后

3. (　　)是成本会计最基本的职能。

A. 成本预测　　B. 成本决策　　C. 成本分析　　D. 成本核算

4. 下列不能计入产品成本的费用是(　　)。

A. 燃料和动力　　B. 生产工人工资和福利费

C. 车间管理人员工资及福利费　　D. 期间费用

5. 成本按成本习性分为固定成本、(　　)和混合成本。

A. 可控成本　　B. 不可控成本　　C. 直接成本　　D. 变动成本

四、多项选择题

1. 下列属于成本会计职能的有(　　)。

A. 成本预测　　B. 成本决策　　C. 成本核算　　D. 成本计划

2. 下列各项支出中,明确应计入产品成本的有(　　)。

A. 生产单位固定资产维修费用　　B. 生产单位的折旧费用

C. 生产工人的工资　　D. 生产工人的福利费

3. 期间费用是指(　　)。

A. 销售费用　　B. 人工费用　　C. 管理费用　　D. 财务费用

4. 下列哪些费用是产品生产成本的构成内容?(　　)。

A. 直接材料　　B. 管理费用　　C. 直接人工　　D. 制造费用

5. 下列哪些人员的工资及福利费应由产品成本负担?(　　)。

A. 生产工人　　B. 行政管理人员　　C. 车间管理人员　　D. 医务人员

第2章 要素费用的核算

学习目标

1. 了解材料的分类、职工薪酬的内容和工资总额的组成。
2. 基本掌握计时工资薪金和计件工资薪金的计算、固定资产的折旧方法及计算。
3. 重点掌握材料费用、直接人工和外购动力费用的分配方法和账务处理。
4. 能够处理实际工作中材料费用、直接人工和外购动力费用及其他费用的核算。

引导案例

暑假期间，小王在一个企业的会计科实习。财务主管安排他跟着成本会计李会计进行实习。实习前，他听说成本核算中如何正确地归集各要素费用是一个难点，那么，究竟应如何进行各要素费用的归集呢？带着这个疑问，小王开始了暑期的成本会计实习工作。现在我们就来学习本章内容，解决小王的疑问。

2.1 材料费用的归集和分配

2.1.1 材料的特点及分类

1. 材料的含义及特点

在企业的生产活动中，要大量消耗各种材料。材料是生产过程中的劳动对象，它包括企业在生产经营过程中耗用的原料及主要材料、外购半成品、辅助材料、修理用备件、包装材料、燃料、周转材料等。材料在生产过程中所起的作用各不相同，有的材料经过加工后构成产品的主要实体；有的材料虽不构成产品的主要实体，却有助于产品的形成；有的材料在生产过程中被劳动工具所消耗。虽然材料在生产过程中的作用不同，但其价值的转移方式却是相同的，即材料在生产过程中被全部消耗，或改变其原有的实物形态，变成新产品的组成部分。这时，材料的价值也就全部转移到新生产的产品中去，构成了产品成本的重要组成部分。材料是产品成本的重要组成部分，与其他资产相比，具有以下特点。

① 材料是企业在日常活动中持有的，以备在生产或提供劳务过程中耗用的财产物资，

其最终目的是出售，这是材料有别于固定资产等非流动资产的最本质的特点。

② 材料是企业流动资产的一部分。为购建固定资产等各项工程而储备的各种材料，虽然也属于材料，但应作为“工程物资”进行核算，不在“原材料”账户中核算。

③ 企业在生产中使用的材料是多种多样的，有的直接为生产某种产品所耗用，有的为生产几种产品所耗用，有的则属于车间、部门的一般耗用。对于用途不同的材料的费用，企业应采用适当的方法进行分配，以保证材料费用分配的准确性。

2. 材料的分类

制造业企业的材料品种和规格繁多，各种材料在生产中的作用也不一样。为了加强对材料的核算和管理，有必要对材料进行科学的分类。材料一般按其在生产中的作用不同，分为原料及主要材料、辅助材料、外购半成品（外购件）、修理用备件（备品备件）、包装材料、燃料、周转材料等。对于这些不同的材料，除由包装物和低值易耗品构成的周转材料应通过设置专门的“周转材料”账户进行核算外，其余均在“原材料”账户中核算。

① 原材料是指企业在生产过程中经过加工改变其形态或性质并构成产品主要实体，或虽不构成产品主要实体，但有助于产品形成的各种原料及主要材料、辅助材料、外购半成品（外购件）、修理用备件（备品备件）、包装材料、燃料等。

② 原料及主要材料是指经过加工后，构成产品主要实体的各种原料和材料。例如，纺纱用的棉花、制造机械用的钢材等。

③ 辅助材料是指直接用于产品生产，有助于产品形成或便于生产，但不构成产品主要实体的各种材料。例如，印染用的漂白粉和维修机器设备用的润滑油、防腐剂等。

④ 外购半成品（外购件）是指从外部购入的，经过加工和装配，构成产品主要实体的半成品及配套件。例如，生产自行车使用的内胎和外胎等。

⑤ 修理用备件（备品备件）是指为修理机器设备和运输设备等而购入的各种备件。例如，齿轮、轴承、阀门、轮胎等。

⑥ 包装材料是指包装用的纸、绳、铁皮、铁丝等。

⑦ 燃料是指用以产生热能的各种材料，包括固体燃料、液体燃料和气体燃料。例如，煤、焦炭、汽油、柴油、天然气等。

⑧ 周转材料是指企业能够多次使用、逐渐转移其价值但仍保持其原有形态的不被确认为固定资产的材料。例如，包装物和低值易耗品。包装物是指为了包装本企业商品而储备的各种包装容器，如桶、箱、瓶、坛、袋等。其主要作用是盛装、装潢产品或商品。低值易耗品是指不符合固定资产确认条件的各种用具物品，如工具、管理用具、玻璃器皿、劳动保护用品以及在经营过程中周转使用的容器等。

2.1.2 材料费用的归集

材料费用是指企业在生产产品或提供劳务的过程中所消耗的直接用于产品生产并构成产品实体的原料、主要材料、外购半成品以及有助于产品形成的辅助材料等。在成本核算中，对产品生产所耗用的材料费用，应专门设置“直接材料”成本项目进行归集和分配。材料费用的归集是进行材料分配的基础和前提。

1. 收入材料的构成和确定

企业取得的材料应当按照实际成本进行计量。材料实际成本包括采购成本、加工成本和其他成本3个组成部分。企业材料的取得主要是通过外购和自制两个途径。

（1）外购材料的成本

外购材料的成本即材料的采购成本，指企业的物资从采购到入库前所发生的全部支出，包括购买价款、相关税费、运输费、装卸费、保险费以及其他可归属于材料采购成本的费用。

（2）加工取得材料的成本

企业通过进一步加工取得的材料，主要包括在产品、半成品、委托加工物资等，其成本由采购成本和加工成本构成。材料加工成本由直接人工和制造费用构成，其实质是企业在进一步加工材料的过程中追加发生的生产成本，因此，不包括直接由材料转移来的价值。

（3）其他方式取得材料的成本

企业取得材料的其他方式主要包括接受投资者投资、非货币性资产交换、债务重组、企业合并等。

2. 发出材料的确定

在材料核算中，只有材料发出的核算与材料费用有关，材料收、发、存的日常核算，可以按实际成本计价进行，也可以按计划成本计价进行。

（1）按实际成本法计价时成本的确定

材料按实际成本计价，是指每种材料的收、发、存都按采购过程中所发生的实际支出进行计价。按实际成本法计价时，企业可以采用先进先出法、移动加权平均法、月末一次加权平均法和个别计价法4种方法确定发出材料的成本。材料计价方法一经确定，不得随意变更。

企业产品的生产过程，也是各种材料的消耗过程，在生产过程中领用的材料的品种、数量很多，为明确各单位的经济责任，便于分配材料费用，以及不断降低材料的消耗，在领用材料时，应办理必要的手续，领料应由专人负责，经有关人员签字审核后，才能办理领料手续。

领用材料时使用的原始凭证主要包括领料单、限额领料单和领料登记簿等。企业应根据领用材料的具体情况，选择恰当的领料凭证。

领料单是一种一次使用的领发料凭证。领料单应由领料部门填制，经审批后，可据此办理领料手续。领料单一般一式三联：一联由仓库连同发出的材料退给领料部门备查；一联由仓库送交会计部门，据此进行材料费用核算；一联留仓库，据此登记材料卡片或材料明细账。有关领料单的样式如表2.1所示。

表2.1 领料单

领料部门：　　　　　　　　　　　　　　　　　　　　　　领料编号：

领料用途：　　　　　　　　年　　月　　日　　　　　　　领料仓库：

材料类别	材料编号	材料名称	规格	计量单位	数量		材料成本/元	
					请领	实发	单价	金额
合计								

记账：　　　　　　　发料：　　　　　　　审批：　　　　　　　领料：

限额领料单是一种在规定的领用限额内多次使用的累计发料凭证。它适用于经常需要并规定有消耗定额的各种材料领用。限额领料单一式二联，经计划部门和供应部门签章后，一联送交领料单位据此领料，另一联送仓库据此发料。有关限额领料单的样式如表2.2所示。

表2.2　限额领料单

领料部门：　　　　　　　　　　　　　　　　　　　　　　　　领料编号：
领料用途：　　　　　　　　年　　月　　日　　　　　　　　　领料仓库：

材料类别	材料编号	材料名称及规格	计量单位	领用限额	实际领用	单价／元	金额／元	备　注
日　期	数量		领料人签章	发料人签章	退料数量	退料人签章	收料人签章	限额结余
	请领	实发						
合　计								

生产计划负责人：　　　　　　　　供应部门负责人：　　　　　　　　仓库负责人：

领料登记簿也是一种月份内多次使用的累计发料凭证。它与限额领料单的不同在于它没有材料消耗定额。领料登记簿一料一簿，由领料单位或部门按月开设，一式三联，同时存于仓库。月终汇总后，一联留仓库，另外两联分别交会计部门和领料单位。有关领料登记簿的样式如表2.3所示。

表2.3　领料登记簿

材料类别：
材料编号：　　　　　　　　　　　　　　　　　　　　　　　　领料单位：
材料名称：　　　　　　　　　　　　　　　　　　　　　　　　领料仓库：
材料规格：　　　　　　　　年　　月　　日　　　　　　　　　计量单位：

领料日期	领用数量		领料人签章	发料人签章	备　注
	当日	累计			
材料单价／元			金额合计／元		

材料发出后，对用不完的剩余材料，应编制退料单，据此退回仓库；对于车间已领未用、下月还继续耗用的材料，应办理“假退料”手续，即材料实物仍然留在生产车间，同时，填制本月的退料单和下月的领料单各一份，表明该材料本月已退库，同时又作为下月的领料出库。有关退料单的样式如表2.4所示。

表2.4 退料单

退料部门：

原领料用途： 退料编号：

退料原因： 年 月 日 退料仓库：

材料类别	材料编号	材料名称	规格	计量单位	数量		实际成本／元	
					退库	实收	单价	金额
合计								

记账： 发料： 审批： 领料：

月末，将各种领料凭证按车间、部门进行汇总，即可计算出各车间、部门消耗材料的数量和金额；通过编制材料费用分配表即可进行材料费用分配的核算。

（2）按计划成本法计价时成本的确定

材料按计划成本计价，是指每种材料的收、发、存都按预先确定的计划单位成本计价。材料计划成本的构成内容与材料实际成本相同。材料计划单位成本应尽可能接近实际。材料计划单位成本确定后，在一个会计年度内一般不予变动。

在按计划成本法计价时，企业应按计划成本对材料的收发及结存进行核算，并及时计算材料实际成本与计划成本的差异。月份终了，再按照一定比例将上述差异分配于发出材料的成本中，并将已发出材料的计划成本调整为实际成本。有关材料成本差异率的计算公式为：

$$材料成本差异率=\frac{月初结存材料成本差异额+本月购入材料成本差异额}{月初结存材料计划成本+本月购入材料计划成本}\times 100\%$$

发出材料应负担的材料成本差异额＝发出材料的计划成本×材料成本差异率

发出材料的实际成本＝发出材料计划成本±发出材料应负担的材料成本差异额

例2－1 甲公司月初结存材料的计划成本为250 000元，本月购入材料的计划成本为550 000元，本月发出材料的计划成本为560 000元，月初材料成本差异额为3 500元，本月购入材料的成本差异额为4 500元，则：

$$材料成本差异率=\frac{3\,500+4\,500}{250\,000+550\,000}\times 100\%=1\%$$

发出材料应负担的材料成本差异额＝560 000×1%＝5 600（元）

发出材料的实际成本＝560 000＋5 600＝565 600（元）

（3）材料盘点工作

企业材料的数量需要通过盘存来确定。常用材料数量的盘存方法有实地盘存制和永续盘存制。

① 实地盘存制

实地盘存制也称定期盘存制，是指在会计期末，通过对全部材料进行实地盘点，以确定期末材料的结存数量，然后分别乘以各项材料的盘存单价，计算出期末材料的总金额，记入有关材料账户，倒轧出本期已耗用或已销售材料的成本。采用这种方法，平时对有关材料账户只记借方，不记贷方，在每一期末，通过实地盘点确定材料数量，据此计算期末材料成本，然后计算出当期耗用或销货成本，并记入有关材料账户的贷方。这一方法在工业企业中被称为“以存计耗”或“盘存计耗”，在商品流通企业中被称为“以存计销”或“盘存计销”。

采用实地盘存制计算材料本期耗用或销货成本的基本公式为：

期初结存＋本期购进＝本期耗用或销货＋期末结存

上述公式可以改写为：

本期耗用或销货成本＝期初结存材料成本＋本期购入材料成本－期末结存材料成本

例2－2 甲公司2016年12月31日，A材料的期初成本为12 000元，本期购进A材料的成本为86 000元，期末对A材料进行实地盘点。盘点结果A材料的数量为280件，单价为35元，则：

A材料本期耗用或销货成本＝12 000＋86 000－280×35＝88 200(元)

② 永续盘存制

永续盘存制也称账面盘存制，是指通过设置材料物资明细账，对材料物资的收入和发出逐笔或逐日连续登记，并随时结出账面结存数的方法。采用永续盘存制有利于加强对材料的管理，在各种材料的明细记录中，可以随时反映每一种材料的收入、发出和结存情况，但记录材料明细账的工作量较大。

企业可根据材料类别和管理要求，对有些材料实行永续盘存制，而对另一些材料实行实地盘存制。无论采用何种方法，前后各期应当保持一致。

2.1.3 材料费用的分配

企业的产品生产车间发生的直接用于产品生产的直接材料成本，如果能够分清是由哪一种产品耗用的，则应直接计入有关产品成本的“直接材料”成本项目；不能分清是由哪一种产品耗用的，即由几种产品共同耗用的材料，则应采用一定的标准，分配计入各有关产品成本的“直接材料”成本项目。进行材料费用分配时，可以采用材料定额耗用量、材料定额成本、重量、体积、实际产量、标准产量等作为分配标准。

(1) 定额耗用量比例分配法

定额耗用量比例分配法是指按各种产品原材料消耗定额比例分配材料费用的一种方法。这种方法一般在各项材料消耗定额、健全且比较准确的情况下采用。其计算公式为：

某产品材料定额耗用量＝该产品的实际产量×单位产品材料定额耗用量

$$材料定额耗用量分配率=\frac{材料实际总耗用量}{各种材料定额耗用量之和}$$

某产品应分配的实际材料数量＝该产品材料定额耗用量×材料定额耗用量分配率

某产品应分配的材料费用＝该产品应分配的实际材料数量×材料单价

例2－3 甲公司生产A、B、C三种产品，共耗用某种原材料3 240千克，5元／千克。A产品实际产量为200件，单位产品材料定额耗用量为6千克；B产品实际产量为150件，单位产品材料定额耗用量为3千克；C产品实际产量为300件，单位产品材料定额耗用量为8千克。采用定额耗用量比例分配法分配材料费用的结果如下。

A产品材料定额耗用量＝200×6＝1 200(千克)

B产品材料定额耗用量＝150×3＝450(千克)

C产品材料定额耗用量＝300×8＝2 400(千克)

材料定额耗用量分配率＝3 240÷(1 200＋450＋2 400)＝0.8

A产品应分配的材料实际数量＝1 200×0.8＝960(千克)

B产品应分配的材料实际数量＝450×0.8＝360(千克)

C产品应分配的材料实际数量＝2 400×0.8＝1 920(千克)

A产品应分配的材料费用＝960×5＝4 800(元)

B产品应分配的材料费用＝360×5＝1 800(元)

C产品应分配的材料费用＝1 920×5＝9 600(元)

采用上述方法计算分配材料费用，不仅能计算出每种产品应分配的材料费用，而且还能计算出每种产品耗用材料的实际数量。这样就为考核材料消耗定额的执行情况提供了资料，有利于加强成本的核算和管理。但这种计算方法比较麻烦，为了简化材料费用的分配工作，对于不需要考核材料实际耗用量的企业，可采用按材料定额耗用量的比例直接分配材料费用的方法。其计算公式为：

$$材料费用分配率=\frac{材料实际总耗用量\times 材料单价}{各种材料定额耗用量之和}$$

某产品应分配的材料费用=该产品材料定额耗用量×材料费用分配率

现仍以例2-3的资料为例，采用上面公式的计算结果如下。

材料费用分配率＝(3 240×5)÷(1 200＋450＋2 400)＝4(元/千克)

A产品应分配的材料费用＝1 200×4＝4 800(元)

B产品应分配的材料费用＝450×4＝1 800(元)

C产品应分配的材料费用＝2 400×4＝9 600(元)

上述两种计算方法的计算结果相同，企业可根据具体情况选择使用。

(2) 产品重量(产量、体积)比例分配法

产品重量比例分配法是指按照各种产品的重量(产量、体积)比例分配材料费用的一种方法。这种方法一般在产品所耗用材料的多少与产品重量(产量、体积)有着直接联系的情况下采用。其计算公式为：

$$材料费用分配率=\frac{材料实际总耗用量\times 材料单价}{各种产品重量(产量、体积)之和}$$

某产品应分配的材料费用＝该产品的重量(产量、体积)×材料费用分配率

例2－4 某公司生产甲、乙两种产品，共耗用A材料50 400千克，5元／千克。甲产品的重量为14 000千克，乙产品的重量为26 000千克。采用产品重量比例分配法分配材料费用的结果如下。

材料费用分配率＝50 400×5÷(14 000＋26 000)＝6.3(元/千克)

甲产品应分配的材料费用＝14 000×6.3＝88 200(元)

乙产品应分配的材料费用＝26 000×6.3＝163 800(元)

(3) 材料定额成本比例分配法

材料定额成本比例分配法是指按照产品材料定额成本比例分配材料费用的一种方法。这种方法一般适用于几种产品共同耗用几种材料的情况。其计算公式为：

某产品材料定额成本＝该产品实际产量×单位产品定额材料成本

材料定额成本分配率＝各种产品实际材料费用总额÷各种产品材料定额成本之和

某产品应分配材料费用＝该产品材料定额成本×材料定额成本分配率

例2－5 甲企业生产A、B两种产品，共耗用甲、乙两种材料，耗用甲材料687.5千克，4元／千克；每千克5元，耗用乙材料3 500千克，A产品实际产量为350件，单位产品材料定额成本为20元；B产品实际产量为620件，单位产品材料定额成本为25元。采用按照材料定额成本比例分配法分配材料费用的结果如下。

A产品材料定额成本＝350×20＝7 000(元)

B产品材料定额成本＝620×25＝15 500(元)

材料定额成本分配率＝(687.5×4＋3 500×5)÷(7 000＋15 500)＝0.9

A产品应分配的材料费用＝7 000×0.9＝6 300(元)

B产品应分配的材料费用＝15 500×0.9＝13 950(元)

(4) 材料费用分配的核算及账务处理

在实际工作中，材料费用的分配是通过编制材料费用分配表的方式进行的。材料费用分配表可先按各生产车间和部门分别编制，然后全厂合并编制一张材料费用汇总分配表。一般来说，对于用于产品生产，并构成产品主要实体或有助于产品形成的各种材料，其分配原则是直接材料费用直接计入某种产品成本的“直接材料”成本项目，间接材料费用分配计入各有关产品成本的“直接材料”成本项目；对于生产车间、销售和行政管理部门一般耗用的材料，应分别计入“制造费用”、“销售费用”和“管理费用”的相关项目中，在材料费用的分配中，对于直接用于生产各种产品的材料，如果数量较少，金额较小，根据重要性原则，可以采用简化的分配方法，即全部记入“制造费用”账户中，以省去一些复杂的计算分配工作；除了生产过程中使用的材料外，对于发出的其他用途的材料，应根据其发生的具体用途，分别计入到“其他业务成本”、“在建工程”等相关项目中。

例2－6 A公司有两个基本生产车间和两个辅助生产车间，生产甲、乙、丙3种产品，2016年5月根据各种领料凭证编制的材料费用分配表如表2.5所示。

表2.5　材料费用分配表

A公司　　　　　　　　　　2016年5月　　　　　　　　　　元

应借账户		成本或费用项目	直接计入	分配计入	费用合计
基本生产成本	甲产品	直接材料	40 000	2 000	42 000
	乙产品	直接材料	80 000	4 000	84 000
	丙产品	直接材料	120 000	6 000	126 000
	小　计		240 000	12 000	252 000
辅助生产成本	供水车间	机物料消耗	7 000		7 000
	供电车间	机物料消耗	9 000		9 000
	小　计		16 000		16 000
制造费用	一车间	机物料消耗	10 000		10 000
	二车间	机物料消耗	14 000		14 000
	小　计		24 000		24 000
管理费用		材料费	20 000		20 000
销售费用		材料费	4 000		4 000
在建工程		材料费	30 000		30 000
其他业务成本		材料费	5 000		5 000
合　计			339 000	12 000	351 000

根据材料费用分配表，可编制如下会计分录。

借：生产成本——基本生产成本——甲产品——直接材料　　42 000
　　　　　　　　　　　　——乙产品——直接材料　　84 000
　　　　　　　　　　　　——丙产品——直接材料　　126 000
　　　　　——辅助生产成本——供水车间——机物料消耗　　7 000
　　　　　——辅助生产成本——供电车间——机物料消耗　　9 000
　　制造费用——基本生产车间——一车间——机物料消耗　　10 000
　　　　　——基本生产车间——二车间——机物料消耗　　14 000
　　管理费用——材料费　　20 000
　　销售费用——材料费　　4 000
　　在建工程——材料费　　30 000
　　其他业务成本　　5 000
　　贷：原材料　　351 000

例2－7　B公司有两个基本生产车间和两个辅助生产车间，生产甲、乙、丙3种产品。月初结存材料的计划成本为100 000元，成本差异为超支5 760元；2016年5月入库材料的计划成本为281 000元，成本差异为节约21 000元。2016年5月，根据各种领料凭证编制

的材料费用分配表如表2.6所示。

表2.6 材料费用分配表

B公司 2016年5月 元

应借账户		成本或费用项目	计划成本	差异额	实际成本
基本生产成本	甲产品	直接材料	40 000	-1 600	38 400
	乙产品	直接材料	60 000	-2 400	57 600
	丙产品	直接材料	100 000	-4 000	96 000
	小 计		200 000	-8 000	192 000
辅助生产成本	供水车间	机物料消耗	17 000	-680	16 320
	供电车间	机物料消耗	13 000	-520	12 480
	小 计		30 000	-1 200	28 800
制造费用	一车间	机物料消耗	8 000	-320	7 680
	二车间	机物料消耗	7 000	-280	6 720
	小 计		15 000	-600	14 400
管理费用		材料费	2 000	-80	1 920
在建工程		材料费	3 000	-120	2 880
合 计			250 000	-10 000	240 000

结合前面学过的材料按计划成本计价的核算内容，计算该公司本月的材料成本差异率是多少。

$$材料成本差异率 = \frac{5\ 760 - 21\ 000}{100\ 000 + 281\ 000} = -0.04$$

根据上述材料费用分配表，可编制如下会计分录。

借：生产成本——基本生产成本——甲产品——直接材料 38 400
——乙产品——直接材料 57 600
——丙产品——直接材料 96 000
——辅助生产成本——供水车间——机物料消耗 16 320
——辅助生产成本——供电车间——机物料消耗 12 480
制造费用——基本生产车间——一车间——机物料消耗 7 680
——基本生产车间——二车间——机物料消耗 6 720
管理费用——材料费 1 920
在建工程——材料费 2 880
贷：原材料 250 000
材料成本差异 10 000

2.2　人工成本的核算

2.2.1　人工成本核算的意义及任务

1. 人工成本核算的意义

人工成本的核算是对计入产品成本和期间费用的职工薪酬进行归集和分配的过程。职工薪酬费用是企业产品成本和期间费用的重要组成内容。企业必须不断改善劳动组织，努力节约劳动力，合理控制职工薪酬支出，提高劳动生产率的以不断降低职工薪酬费用。人工成本核算的正确与否，直接影响到损益的计算及劳动者生产经营积极性的调动。因此，加强人工成本的核算，具有十分重要的意义。

2. 人工成本核算的任务

为正确计算计入产品成本及期间费用的人工成本，充分调动广大生产经营者的积极性，进行人工成本的核算需完成以下几方面的任务。

（1）做好人工成本核算的基础工作

人工成本核算的基础工作包括考勤记录、产量和工时记录、质量检验记录等。这些原始记录是进行职工薪酬费用计算和分配的主要依据。它的准确程度直接影响到职工薪酬费用的计算和费用分配是否准确。因此，应做好人工成本核算的基础工作，建立健全各项原始记录，并确保其真实可靠，为成本计算、成本分析和决策提供有用信息。

（2）准确地计算职工薪酬

在健全原始记录的基础上，企业应采用适当的方法，准确计算每位职工应得的工资等职工薪酬，做好与职工的薪酬结算工作。每位职工应得的工资薪酬也是汇总计算全厂职工薪酬的基础。职工薪酬的计算直接关系到每位职工的切身利益，影响职工生产劳动积极性和创造性的发挥；直接关系到企业的发展前景，影响企业的可持续发展。因此，必须准确计算职工薪酬。

（3）合理地归集人工成本

职工薪酬应按职工提供服务的受益对象进行归集。归集时，应按照国家关于工资总额范围的规定，正确执行国家统一规定的成本开支范围，准确划清应计入产品成本与期间费用和不应计入产品成本与期间费用的职工薪酬的界限，将各部门的职工工资薪金单正确加以汇总，编制出工资薪金结算汇总表，作为职工薪酬核算的依据。

（4）正确地计算人工成本

除因解除与职工的劳动关系给予的补偿外，企业应当根据职工提供服务的受益对象，分别按下列情况处理：应由生产产品、提供劳务负担的职工薪酬，计入产品成本或劳务成本；应由在建工程、无形资产负担的工资薪酬，计入建造固定资产和无形资产成本；上述两项之外的其他职工薪酬，计入当期损益。企业根据上述分配原则和工资薪金结算汇总表提供的资料，编制工资薪金费用汇总表。

2.2.2　职工薪酬的构成

1. 职工薪酬的含义与内容

职工薪酬是指企业为获得职工提供的服务而给予各种形式的报酬以及其他相关支出。从薪酬涵盖的时间和支付形式来看，职工薪酬包括企业在职工在职期间和离职后给予的所有货币性薪酬和非货币性福利；从薪酬支付的对象来看，职工薪酬包括提供给职工本人及其配偶、子女或其他被赡养人的福利。

这里的职工是指与企业订立劳动合同的所有人员，含全职、兼职和临时职工，也包括虽未与企业订立劳动合同，但由企业正式任命的企业治理层和管理层人员，如董事会成员、监事会成员等，同时还包括在企业的计划和控制下，虽未与企业订立劳动合同或未由企业正式任命，但为企业提供与职工类似服务的人员，如劳务用工合同人员。

职工薪酬包括以下几种。

① 职工工资、奖金、津贴和补贴。

② 职工福利费。

③ 医疗保险费、养老保险费、失业保险费、工伤保险费和生育保险费等社会保险费。

④ 住房公积金。

⑤ 工会经费和职工教育经费。

⑥ 非货币性福利。

⑦ 因解除与职工的劳动关系给予的补偿。

⑧ 其他与获得职工提供的服务相关的支出。

2. 工资总额的组成

工资总额是指各单位在一定时期内直接支付给本单位全部职工的劳动报酬的总额。工资总额与职工薪酬是两个既有联系又有区别的概念，工资总额是职工薪酬的主要构成内容，其组成如下。

(1) 计时工资

计时工资是指按计时工资标准（包括地区生活费补贴）和工作时间支付给职工个人的劳动报酬。它包括对已做工作按计时工资标准支付的工资；实行结构工资制的单位支付给职工的基础工资和职务（岗位）工资；学徒工的生活费等。

(2) 计件工资

计件工资是指对已做工作按计件单价支付给职工个人的劳动报酬。它包括在实行超额累进计件、直接无限计件、限额计件、超定额计件等工资制度下，按劳动部门或主管部门批准的定额和计件单价支付给职工的工资；按工作任务包干办法支付给职工的工资；按销售额提成或利润提成办法支付给职工的工资。

(3) 奖金

奖金是指支付给职工个人的超额劳动报酬和增收节支的劳动报酬。它包括生产奖、节约奖、劳动竞赛奖等。

(4) 津贴和补贴

津贴和补贴是指为补偿职工特殊或额外的劳动消耗和因其他特殊原因支付给职工的津贴，以及为保证职工工资水平不受物价影响支付给职工个人的物价补贴。它包括补偿职工特殊或额外劳动消耗津贴、保健性津贴和其他津贴、物价补贴等。

(5) 加班加点工资

加班加点工资是指按规定支付给职工个人的加班工资和加点工资。

(6) 特殊情况下支付的工资

特殊情况下支付的工资是指根据国家法律、法规和政策的规定，由于疾病、工伤、产假、计划生育假、婚丧假、探亲假、定期休假、停工学习、执行国家或社会义务等原因按计时工资标准或这一标准的一定比例支付的工资，以及附加工资和保留工资等。

2.2.3 工资薪金的结算方法

1. 工资薪金的计算方法

由于工资性质的奖金、津贴和补贴、特殊情况下支付的工资均按规定标准计算，计算方法简单，因此，这里只介绍计时工资薪金、计件工资薪金和加班工资薪金的计算方法。

(1) 计时工资薪金的计算

计时工资薪金的计算有月薪制和日薪制两种计算方法。

月薪制是指按职工的月标准薪金，扣除缺勤薪金，计算其应付工资薪金的一种方法。采用月薪制，不论该月是多少天，只要职工出满勤，就可以得到全勤工资薪金。如果有缺勤，则应从月标准工资薪金中扣除缺勤薪金。因此，这种方法又称为“扣缺勤法”。其计算公式为：

$$\text{应付计时工资薪金} = \text{月标准工资薪金} - \text{缺勤天数} \times \text{日工资薪金率}$$

在按小时计算缺勤时间时，上述公式可改成：

$$\text{应付计时工资薪金} = \text{月工资薪金} - \text{缺勤小时数} \times \frac{\text{日工资薪金}}{\text{每班工作小时数}}$$

日工资薪金也称日工资薪金率或工资标准，是指每位职工在单位时间（如每小时、每天）应得的平均工资薪金数额。日工资薪金的计算有3种方法。

① 按全年平均月计薪天数计算

按全年平均每月计薪天数计算日工资薪金，是用月工资薪金收入除以全年平均月计薪天数计算的。根据劳动和社会保障部《关于职工全年月平均工作时间和工资折算问题的通知》（劳社部发〔2008〕3号），日工资薪金按月计薪天数21.75天［月计薪天数＝（365天－104天）÷12月］折算。其计算公式为：

$$\text{日工资薪金} = \text{月工资薪金} \div 21.75$$

采用这种方法计算日工资薪金比较简单，双休日不付工资薪金，缺勤期间是双休日的，不扣工资薪金。

例2-8　甲公司职工张行月工资薪金为2 000元，6月份缺勤4天（缺勤期间有休息日2天），有双休日8天，其计时工资薪金的计算结果如下。

日工资薪金＝2 000÷21.75＝91.95（元）

应付计时工资薪金＝2 000－2×91.95＝1 816.10（元）

② 按全年平均每月日历日数计算

按全年平均每月日历日数计算日工资薪酬，是根据月工资薪酬收入除以全年平均每月日历日数计算的。其计算公式为：

日工资薪金＝月工资薪金÷30

采用这种方法计算时，日工资薪金包括双休日的工资薪金，缺勤期间若是双休日，照扣工资薪金。

例2-9　甲公司职工张涛月工资薪金为3 000元，6月份缺勤4天（缺勤期间有休息日2天），有双休日8天，其计时工资薪金的计算结果如下。

日工资薪金＝3 000÷30＝100（元）

应付计时工资薪金＝3 000－4×100＝2 600（元）

③ 按当月满勤日数计算

按当月满勤日数计算日工资薪金，是根据月工资薪金收入除以当月满勤日数计算的。其计算公式为：

$$日工资薪金=\frac{月工资薪金}{当月满勤日数}$$

当月满勤日数＝当月日历日数－当月双休日天数－当月节假日天数

采用这种计算方法，由于每个月的双休日和节假日不相同，所以，每个月计算的当月满勤日数不相同，日工资薪金也不相同。因此，采用这种方法的计算工作量较大，但是计算的应付职工工资薪金的金额比较准确。

例2-10　甲公司职工张好月工资薪金为2 200元，6月份缺勤2天，有双休日8天。其计时工资薪金的计算结果如下。

当月满勤日数＝30－8－0＝22（天）

日工资薪金＝2 200÷22＝100（元）

应付计时工资薪金＝2 200－2×100＝2 000（元）

(2) 日薪制

日薪制是指按职工实际出勤日数和日工资薪金率计算其应付工资薪金的一种方法。这种方法又称为出勤工资薪金累进法。其计算公式为：

应付计时工资薪金＝月出勤日数×日工资薪金＋病假应发工资薪金

病假应发工资薪金＝病假日数×日工资薪金×应发比例

例2-11 甲公司职工张恒月工资薪金为2 610元，7月份病假2天，事假2天，有双休日9天，出勤18天，病假、事假期间没有节假日，病假工资薪金按月工资薪金的80%计算。

若日工资薪金按30天计算，则：

日工资薪金＝2 610÷30＝87（元）

应付计时工资薪金＝(18＋9)×87＋2×87×80%＝2 488.20（元）

若日工资薪金按21.75天计算，则：

日工资薪金＝2 610÷21.75＝120（元）

应付计时工资薪金＝18×120＋2×120×80%＝2 352（元）

即问即答

如果例2-11中职工的工资按月薪制，日工资薪金率分别为30天和21.75天，请计算该公司职工张恒的应付计时工资薪金是多少。

参考答案：

若日工资薪金按30天计算，则：

日工资薪金＝2 610÷30＝87（元）

应付计时工资薪金＝2 610－2×87－2×87×20%＝2 401.20（元）

若日工资薪金按21.75天计算，则：

日工资薪金＝2 610÷21.75＝120（元）

应付计时工资薪金＝2 610－2×120－2×120×20%＝2 322（元）

（3）计件工资薪金的计算

计件工资薪金按照支付对象的不同，可分为个人计件工资薪金和集体计件工资薪金。在计算计件工资薪金时，对于由于材料缺陷等客观原因产生的废品，即料废，应照付计件工资薪金；对于由于工人加工过失等原因而产生的废品，即工废，则不应支付计件工资薪金。计件工资薪金一般只适用于生产工人工资薪金的计算。其计算公式为：

应付计件工资薪金＝∑[（合格品数量＋料废品数量）×计件单价]

① 个人计件工资薪金的计算

个人计件工资薪金是以个人完成的产品数量和规定的计件单价计算的工资薪金。

例2-12 A公司职工张波5月份生产甲产品1 000件，乙产品800件，验收时发现甲产品料废3个，工废5个，其余合格，甲、乙产品的计件单价分别为0.9元和2.5元。要求计算张波本月份应得计件工资薪金。

应付张波5月份的计件工资薪金＝(1 000－5)×0.9＋800×2.5＝2 895.5（元）

有些企业为了简化计算工作，将每一工人完成的各种产品产量，按定额工时折算成定额总工时，再乘以规定的小时工薪率计算计件工资薪金。其计算公式为：

应付计件工资薪金＝[（合格品数量＋料废品数量）×定额工时]×小时工薪率

例2－13 A公司职工张华2016年5月份生产甲产品500件，乙产品800件，验收时发现甲产品料废3个，工废5个，其余合格，甲、乙产品的定额工时分别为0.2小时和0.1小时，该职工的小时工薪率为15元。要求计算张华本月份应得计件工资薪金。

应付张华5月份的计件工资薪金＝[(500－5)×0.2＋800×0.1]×15＝2 685(元)

② 集体计件工资薪金的计算

在企业中，有的产品生产是按集体（班、组）进行的，则计件工资薪金需以集体为对象进行计算。具体分两步：第1步，先按上述计算个人计件工资薪金的方法，计算出集体计件工资薪金总额；第2步，采用一定的方法，将集体计件工资薪金总额在集体各成员之间进行分配。

例2－14 A公司有4名职工组成生产小组，2016年5月份生产甲产品1 062件，计件单价为15元，其余资料如表2.7所示。要求计算每名职工本月份应得计件工资薪金。

表2.7 计件工资薪酬分配表

A公司　　　　2016年5月　　　　元

姓　名	小时工薪率	实际工作小时	计时工薪	分配率	应付计件工薪
张一	20	160	3 200		4 320
王二	18	168	3 024		4 082.4
李三	16	176	2 816		3 801.6
吴四	15	184	2 760		3 726
合　计			11 800	1.35	15 930

从表2.7的计算结果可以看出：

某职工应付计件工资薪金＝该职工应付计时工资薪金×计件工薪分配率

某职工应付计时工资薪金＝该职工工作小时数×小时工薪率

$$计件工薪分配率 = \frac{集体应付计件工薪总额}{集体职工应付计时工薪之和}$$

集体应付计件工薪总额＝集体完成工作量总和×计件单价

(4) 加班工资薪金的计算

① 职工全年月平均工作时间和工资折算的规定

根据劳动和社会保障部《关于职工全年月平均工作时间和工资折算问题的通知》（劳社部发〔2008〕3号）的规定：

- 实行综合计算工时工作制的劳动者，其实际工作时间超过制度工作时间的部分应视为延长工作时间，即每年实际工作时间超过250天（或2 000小时）、每季度实际工作时间超过62.5天（或500小时）、每月实际工作时间超过20.83天（或166.64小时）的部分属于延长工作时间。
- 月工资收入是指劳动者在制度工作时间内提供正常劳动情况下，由用人单位按月支付给劳动者的劳动报酬。月工资收入按月计薪天数21.75天折算的日工资，可以作为劳动者延长工作时间的日工资标准计算加班工资。月工资收入按月计薪小时数174小时折算的小时工资，可以作为劳动者延长工作时间的小时工资标准计算加点工资。

在计算日或者小时工资基数时，首先应按照劳动合同约定的劳动者本人工资标准确定；劳动合同没有约定的，按照集体合同约定的加班工资基数以及休假期间工资标准确定；劳动合同、集体合同均未约定的，按照劳动者本人正常劳动应得的工资薪金确定。依照上述原则确定的加班工资基数不得低于当地规定的最低工资标准。

② 加班工资薪金的支付标准（系数）

安排劳动者在日标准工作时间以外延长工作时间的，按照不低于小时工资基数的150%支付加班工资；安排在休息日工作的，应当安排其同等时间补休，不能安排补休的，按照不低于日或者小时工资基数的200%支付加班工资；安排在节假日工作的，按照不低于日或者小时工资基数的300%支付加班工资。

例2－15　甲公司职工张红的月工资薪金为1 740元。如果公司安排张红在5月1日法定休假日加班，则公司应支付给张红多少加班工资薪金？

张红日工资薪金＝1 740÷21.75＝80（元）

应支付给张红的加班工资薪金＝80×3＝240（元）

即如果公司安排张红在5月1日法定休假日加班，则除了应支付给张红当日的80元以外，还应当支付其不低于240元的加班工资薪金。如果5月2日是星期日，张红继续加班，公司首先应安排补休，否则需支付两倍的工资薪金。

③ 加班工资薪金的例外情况

除以上两种情况外，还有两种特殊的加班工资算法。一种是因工作性质需要，企业采取集中上班、集中休息的方式安排工作，并经劳保部门批准的实行综合计算工时工作制。企业应当按照劳动者实际工作的时间计算其工资；劳动者总实际工作时间超过总标准工作时间的部分，视为延长工作时间，应支付不低于小时工资基数150%的加班工资；安排劳动者在法定休假日工作的，应支付不低于日或者小时工资基数300%的加班工资。另一种是，经劳动保障部门批准实行不定时工作制岗位的劳动者，在明确工作量的前提下，其本人的工作和休息时间可以自主安排，所以用人单位可以不支付加班工资。

2. 工资薪金结算汇兑表的编制

企业按规定计算出每一职工的应付工资薪金后，应在规定日期发放给职工。为了反映企业与职工之间工资薪金的结算情况，企业财务部门应根据各车间、部门的职工工资薪金单，汇总编制工资薪金结算汇总表，作为应付职工薪酬的依据。有关工资薪金结算汇总表的样式如表2.8所示。

表2.8　工资薪金结算汇总表

元

部门	标准工资薪金	奖金	津帖和补贴		加班加点工薪	特殊情况下支付的工薪		应付工薪	代扣款项			实发工薪
			岗位津贴	副食补贴		病假	探亲		水电费	房租	小计	

2.2.4　工资薪金费用的分配

为了如实地反映企业与职工之间各项工资薪金费用的结算情况，企业应设置“应付职工薪酬”账户。该账户属于负债类账户，用来核算企业根据有关规定应付给职工的各种薪酬。本账户应当设置“工资”、“职工福利费”、“社会保险费”、“住房公积金”、“工会经费”、“职工教育经费”、“非货币性福利”、“辞退福利”等项目进行明细核算。

企业每月发生的工资薪金费用，应按其发生的地点和用途进行分配。直接生产工人的工资薪金费用应记入“生产成本——基本生产成本”或“生产成本——辅助生产成本”账户的借方；车间管理人员的工资薪金费用应记入“制造费用”账户的借方；行政管理人员的工资薪金费用应记入“管理费用”账户的借方；专设销售机构人员的工资薪金费用应记入“销售费用”账户的借方。根据这一分配原则和工资薪金结算汇总表及其他有关资料，即可编制工资薪金费用分配表。

还需注意的是，在计时工资薪金制下，对于生产车间发生的工资薪金费用，如果只用于生产一种产品，则直接计入该产品的“直接人工”成本项目中；但如果用于生产多种产品，则生产工人的工资薪金费用应采用适当的标准分配后，再计入各种产品的“直接人工”成本项目中。工资薪金费用常用的分配标准有各种产品的生产工时（实际工时或定额工时）。其计算公式为：

$$\text{工资薪金费用分配率}=\frac{\text{生产工人工资薪金费用总额}}{\text{各种产品实际（或定额）工时之和}}$$

某种产品应分配工资薪金费用＝该种产品生产实际（或定额）工时×工资薪金费用分配率

例2－16　A公司生产甲、乙两种产品，2016年5月份根据有关资料编制的工资薪金费用分配表如表2.9所示。

表2.9 工资薪金费用分配表

A公司　　2016年5月　　元

<table>
<tr><th colspan="2" rowspan="2">应借账户</th><th rowspan="2">成本或
费用项目</th><th rowspan="2">直接计入</th><th colspan="2">分配计入</th><th rowspan="2">合 计</th></tr>
<tr><th>生产工时</th><th>分配额
(分配率0.06)</th></tr>
<tr><td rowspan="3">基本生产
成本</td><td>甲产品</td><td>直接人工</td><td>5 000</td><td>20 000</td><td>1 200</td><td>6 200</td></tr>
<tr><td>乙产品</td><td>直接人工</td><td>7 000</td><td>30 000</td><td>1 800</td><td>8 800</td></tr>
<tr><td>小计</td><td></td><td>12 000</td><td>50 000</td><td>3 000</td><td>15 000</td></tr>
<tr><td>制造费用</td><td>基本生产车间</td><td>工资</td><td>4 000</td><td></td><td></td><td>4 000</td></tr>
<tr><td rowspan="3">辅助生产
成本</td><td>机修车间</td><td>工资</td><td>6 000</td><td></td><td></td><td>6 000</td></tr>
<tr><td>运输车间</td><td>工资</td><td>4 500</td><td></td><td></td><td>4 500</td></tr>
<tr><td>小计</td><td></td><td>10 500</td><td></td><td></td><td>10 500</td></tr>
<tr><td colspan="2">销售费用</td><td>工资</td><td>2 000</td><td></td><td></td><td>2 000</td></tr>
<tr><td colspan="2">管理费用</td><td>工资</td><td>6 500</td><td></td><td></td><td>6 500</td></tr>
<tr><td colspan="2">在建工程</td><td>工资</td><td>5 000</td><td></td><td></td><td>5 000</td></tr>
<tr><td colspan="2">合 计</td><td></td><td>40 000</td><td></td><td>3 000</td><td>43 000</td></tr>
</table>

根据上述工资薪金费用分配表,可编制如下会计分录。

借:生产成本——基本生产成本——甲产品　　6 200
　　　　　　　　　　　　　——乙产品　　8 800
　　生产成本——辅助生产成本——机修车间　　6 000
　　　　　　　　　　　　　——运输车间　　4 500
　　制造费用　　4 000
　　销售费用　　2 000
　　管理费用　　6 500
　　在建工程　　5 000
　　贷:应付职工薪酬　　43 000

2.2.5 其他薪酬费用的归集与分配

在职工为企业提供服务的期间,企业应根据职工提供服务的受益对象,将应确认的职工薪酬计入相关资产成本或者当期损益,同时确认为应付职工薪酬。

计量除工资薪金之外的其他薪酬时,国家规定了计提基础和计提比例的,应当按照国家规定的标准计提,如应向社会保险经办机构等交纳的医疗保险费、养老保险费、失业保险费、工伤保险费、生育保险费等社会保险费,应向住房公积金管理机构交存的住房公积金,以及工会经费和职工教育经费等。没有规定计提基础和计提比例的,企业应当根据历史经验数据和实际情况,合理预计当期应付职工薪酬。当期实际发生金额大于预计金额的,应当补提职工薪酬;当期实际发生金额小于预计金额的,应当冲回多提的职工薪酬。

企业以自产产品作为非货币性福利发放给职工的,应当根据受益对象,按照该产品的公允价值计入相关资产成本或当期损益,同时确认应付职工薪酬。

企业将拥有的房屋等资产无偿提供给职工使用的，应当根据受益对象，将该住房每期应计提的折旧计入相关资产成本或当期损益，同时确认应付职工薪酬。企业租赁房屋等资产给职工无偿使用的，应当根据受益对象，将每期应付的租金计入相关资产成本或当期损益，同时确认应付职工薪酬。难以认定受益对象的非货币性福利，直接计入当期损益和应付职工薪酬。

2.3 外购动力费用及其他费用的核算

2.3.1 外购动力费用的核算

1. 外购动力费用支出的核算

外购动力费用是指企业耗费的从外部购入的电力、蒸汽等所发生的费用。企业耗用的动力有的是辅助生产车间自行生产的，有的是从外单位直接购入使用的。外购动力实际上也相当于外购材料，只是没有以实物形式存在，因此，外购动力无收、发、存等环节，也无法设置专门账户进行核算，而是在外购时直接记入有关成本、费用账户。但在实际工作中，由于外购动力付款期与成本、费用核算期并不一致，即外购动力付款期往往是下月初，而成本、费用核算期一般在月末进行，因而外购动力付款时并不反映在有关成本、费用账户，而是先记入“应付账款”账户，等到月末核算成本、费用时，再将其分配到有关成本、费用账户中。当然，企业如果每月支付动力费的日期基本固定，而且与每月付款日到月末的应付动力费用相差不大时，也可不通过“应付账款”账户，而将每月支付的动力费用直接借记有关成本、费用账户，贷记“银行存款”账户。

2. 外购动力费用的分配

企业的外购动力费用是按用途进行分配的。在分部门或产品安装有仪器仪表的情况下，所发生的外购动力费用根据仪表所显示的耗用动力数量和规定的动力单价计算；在没有安装仪器仪表以及车间生产用的动力无法按产品安装仪器仪表计量的情况下，所发生的外购动力费用应采用一定的分配方法在各受益对象之间进行分配，分配方法有生产工时或机器工时比例分配法、定额耗用量比例分配法等。

企业产品生产耗用的燃料和外购动力费用，如果数量较大，则应专门设置“燃料及动力”成本项目，如果产品生产耗用的燃料和外购动力费用不多，也可以不设置此成本项目，将发生的外购动力费用记入“制造费用”账户，随同其他制造费用一并分配；属于基本车间共同耗用的外购动力费用(如照明用的电费)，应记入“制造费用”账户；属于辅助车间耗用的外购动力费用，应记入“生产成本——辅助生产成本”账户；属于管理部门耗用的外购动力费用，应记入“管理费用”账户。

提示

在专门设置“燃料及动力”成本项目时，对于产品生产耗用的燃料及动力费用，能够分清由哪种产品耗用的，直接计入该产品成本的“燃料及动力”成本项目；对于几种产品共同耗用而分不清哪种产品耗用的燃料及动力费用的，则应采用适当的分配标准，在各种产品之间进行分配。

例2－17　甲公司2016年5月份实际消耗电力50 000度，每度0.90元，共支付电费45 000元。按当月电表数据，企业管理部门耗电2 000度，车间管理部门耗电3 000度，生产车间产品生产耗电45 000度(该公司本月生产甲、乙两种产品，甲产品实耗工时2 000小时，乙产品实耗工时3 000小时)。该月编制的外购动力费用分配计算表如表2.10所示。

表2.10　外购动力费用分配计算表

甲公司　　　　　　　　　　2016年5月　　　　　　　　　　元

用电部门	应借账户	耗电量		分配动力费用		
		数量／度	单价／(元/度)	实耗工时／小时	分配率／(元/小时)	动力费用
基本生产车间	生产成本——甲产品			2 000		16 200
	生产成本——乙产品			3 000		24 300
	小计	45 000	0.9	5 000	8.1	40 500
车间管理部门	制造费用	3 000	0.9			2 700
企业管理部门	管理费用	2 000	0.9			1 800
合　计		50 000	0.9			45 000

根据上述外购动力费用分配表，可编制如下会计分录。

借：生产成本——基本生产成本——甲产品　　16 200
　　　　　　　　　　　　　——乙产品　　24 300
　　制造费用　　2 700
　　管理费用　　1 800
　　贷：应付账款(或银行存款)　　45 000

2.3.2　折旧费用的核算

1. 影响固定资产折旧的因素

影响固定资产折旧的因素主要有以下几个方面。

① 固定资产原价，指固定资产的成本。

② 固定资产的预计净残值，是指假定固定资产预计使用寿命已满并处于使用寿命终了时的预期状态，企业目前从该项资产处置中获得的扣除预计处置费用后的金额。

③ 固定资产减值准备，是指固定资产已计提的固定资产减值准备累计金额。

④ 固定资产的使用寿命，是指使用固定资产的预计期间，或者该固定资产所能生产产品或提供劳务的数量。企业确定固定资产使用寿命时，应当考虑下列因素。

- 预计生产能力或实物产量。
- 预计有形损耗和无形损耗。
- 法律或者类似规定中对资产使用的限制。

企业应当根据固定资产的性质和使用情况，合理确定固定资产的使用寿命和预计净残值。固定资产的使用寿命、预计净残值一经确定，不得随意变更。

2. 固定资产折旧的计提范围

企业应当对所有的固定资产计提折旧。但是，已提足折旧仍继续使用的固定资产和单独计价入账的土地除外。因进行大修理而停用的固定资产，应当计提折旧，计提的折旧额应计入相关资产成本或当期损益。在确定计提折旧的范围时还应注意以下几点。

① 固定资产应当按月计提折旧。当月增加的固定资产，当月不计提折旧，从下月起计提折旧；当月减少的固定资产，当月仍计提折旧，从下月起不计提折旧。

② 固定资产提足折旧后，无论能否继续使用，均不再计提折旧，提前报废的固定资产也不再补提折旧。

③ 已达到预定可使用状态但尚未办理竣工决算的固定资产，应当按照估计价值确定其成本，并计提折旧，待办理竣工决算后，再按实际成本调整原来的暂估价值，但不需要调整已计提的折旧额。

3. 固定资产折旧的方法

企业应当根据与固定资产有关的经济利益的预期实现方式，合理地选择固定资产折旧方法。可选用的折旧方法包括年限平均法、工作量法、双倍余额递减法和年数总和法等。固定资产的折旧方法一经确定，不得随意变更。

(1) 年限平均法

年限平均法又称直线法，是指将固定资产的应计提折旧额均衡地分配到资产预计使用寿命内的一种方法。采用这种方法计算的每期折旧额均相等。其计算公式为：

年折旧率＝(1－预计净残值率)÷预计使用寿命(年)×100%

月折旧率＝年折旧率÷12

月折旧额＝固定资产原价×月折旧率

例2－18 甲公司有一栋房屋，原价为500 000元，预计可使用20年，净残值率为2%。试计算该房屋的年折旧率和月折旧额。

年折旧率＝(1－2%)÷20×100%＝4.9%

月折旧率＝4.9%÷12＝0.41%

月折旧额＝500 000×0.41%＝2 050(元)

(2) 工作量法

工作量法是根据实际工作量计算每期应计提折旧额的一种方法。其计算公式为：

单位工作量折旧额＝固定资产原价×(1－预计净残值率)÷预计总工作量

某项固定资产月折旧额＝该项固定资产当月工作量×单位工作量折旧额

例2－19 甲公司的一台机器设备原价为800 000元，预计生产产品产量为4 000 000个，预计净残值率为5%，本月生产产品40 000个。假设甲公司没有对该机器设备计提减值准备，试计算该台机器设备本月折旧额。

单个折旧额＝800 000×(1－5%)÷4 000 000＝0.19(元/个)

本月折旧额＝40 000×0.19＝7 600(元)

(3) 双倍余额递减法

双倍余额递减法是在不考虑固定资产净残值的情况下，根据每期期初固定资产账面净值和双倍的直线法折旧率计算固定资产折旧的一种方法。其计算公式为：

年折旧率＝2÷预计使用寿命(年)×100%

月折旧率＝年折旧率÷12

月折旧额＝固定资产账面净值×月折旧率

提示

由于双倍余额递减法不考虑固定资产的净残值，在应用这种方法时，必须注意这样一个问题，即不能使固定资产的折余价值降低到它的预计净残值以下。因此，当按双倍余额递减法计算的折旧金额小于这时固定资产的折旧价值扣除预计净残值后在剩余使用年限内平均摊销算得的金额时，就要将固定资产折余价值(净值)扣除预计净残值后的净额在使用年限内平均摊销。

例2－20 甲公司某项设备原价为120万元，预计使用寿命为5年，预计净残值率为4%；假设甲公司没有对该机器设备计提减值准备。按双倍余额递减法计算折旧，每年折旧额计算如下。

年折旧率＝2÷5×100%＝40%

第1年应提的折旧额＝120×40%＝48(万元)

第2年应提的折旧额＝(120－48)×40%＝28.8(万元)

第3年应提的折旧额＝(120－48－28.8)×40%＝17.28(万元)

从第4年起改按年限平均法(直线法)计提折旧。

第4、5年应提的折旧额＝(120－48－28.8－17.28－120×4%)÷2＝10.56(万元)

（4）年数总和法

年数总和法又称合计年限法，是将固定资产的原值减去净残值后的净额乘以一个逐年递减的分数计算每年的折旧额。这个分数的分子代表固定资产尚可使用的年数，分母代表使用年数的逐年数字总和。其计算公式为：

年折旧率＝尚可使用年限÷预计使用寿命的年数总和×100%

月折旧率＝年折旧率÷12

月折旧额＝(固定资产原价－预计净残值)×月折旧率

例2－21 沿用例2－20，采用年数总和法计算的各年折旧额如表2.11所示。

表2.11 折旧的计算 元

年 份	尚可使用年限	原价－净残值	年折旧率	每年折旧额	累计折旧
第1年	5	1 152 000	5/15	384 000	384 000
第2年	4	1 152 000	4/15	307 200	691 200
第3年	3	1 152 000	3/15	230 400	921 600
第4年	2	1 152 000	2/15	153 600	1 075 200
第5年	1	1 152 000	1/15	76 800	1 152 000

4. 折旧费用分配的核算

企业的固定资产应当按月计提折旧。对于按规定计提的折旧费用，应当根据固定资产的使用地点和用途进行分配，分别计入相关资产的成本或者当期损益。

① 企业基本生产车间所使用的固定资产，其计提的折旧应计入制造费用。

② 管理部门所使用的固定资产，其计提的折旧应计入管理费用。

③ 销售部门所使用的固定资产，其计提的折旧应计入销售费用。

④ 自行建造固定资产过程中使用的固定资产，其计提的折旧应计入在建工程成本。

⑤ 经营租出的固定资产，其计提的折旧应计入其他业务成本。

⑥ 未使用的固定资产，其计提的折旧应计入管理费用。

提示

折旧费用的归集通常是采用固定资产折旧计算表形式进行的，而折旧费用的分配则是通过编制固定资产折旧费用分配表进行的。

例2－22 甲公司2016年5月份固定资产折旧费用及各有关部门分配的折旧费用如表2.12所示。

表2.12 固定资产折旧费用分配表

甲公司　　2016年5月　　元

应借账户	使用部门	上月折旧额	上月增加折旧额	上月减少折旧额	本月应提折旧额
制造费用	基本生产车间	4 500	500	800	4 200
辅助生产成本	锅炉	1 000	400	600	800
	机修	3 200	800	500	3 500
	小计	4 200	1 200	1 100	4 300
管理费用	管理	1 500	300	200	1 600
销售费用	销售	3 000	700	500	3 200
合　计		13 200	2 700	2 600	13 300

根据上述固定资产折旧费用分配表，可编制如下会计分录。

借：制造费用——折旧费　　4 200
　　生产成本——辅助生产成本——锅炉车间　　800
　　生产成本——辅助生产成本——机修车间　　3 500
　　管理费用——折旧费　　1 600
　　销售费用——折旧费　　3 200
　　贷：累计折旧　　13 300

2.3.3 其他费用的核算

其他费用是指除前述各项要素费用以外的费用，包括邮电费、印刷费、租赁费、图书资料费、办公费、差旅费、试验检验费、排污费、误餐补助费、保险费、交通补贴费、职工培训费以及利息和有关费用性税金等。这些费用发生时，应按发生的车间、部门和用途，分别借记“制造费用”、“管理费用”、“销售费用”、“财务费用”、“生产成本——辅助生产成本”、“在建工程”等账户，贷记“银行存款”或“库存现金”等账户。在其他费用凭证较多的情况下，也可根据有关的凭证，汇总编制其他费用汇总分配表，据此登记相关明细账。其他费用汇总分配表的样式如表2.13所示。

表2.13 其他费用汇总分配表

分配对象		办公费	差旅费	水电费	保险费	其　他	合　计
基本生产车间		4 500		3 500	2 800	1 200	12 000
辅助生产车间	供电	3 000		1 500			4 500
	锅炉	2 000		3 200	1 800		7 000
	小计	5 000		4 700	1 800		11 500
行政管理		6 000	5 000	4 000	2 500	2 000	19 500
销售部门		2 000	6 000	2 000			10 000
合　计		17 500	11 000	14 200	7 100	3 200	53 000

根据上述其他费用汇总分配表，可编制如下会计分录。

借：制造费用——基本生产车间　　12 000

　　生产成本——辅助生产成本——供电车间　　4 500

　　生产成本——辅助生产成本——锅炉车间　　7 000

　　管理费用　　19 500

　　销售费用　　10 000

　　贷：银行存款等　　53 000

本章小结

企业在生产经营活动中会发生各种耗费，这些耗费有的构成产品成本，有的则作为期间费用计入当期损益。本章讲述的主要内容是产品成本构成要素的核算，而且主要是分配核算，具体包括材料费用、人工成本、外购动力费用、折旧费用及其他费用的核算。材料费用、人工成本、外购动力、折旧和其他费用的分配等一般是通过编制费用分配表进行的，并根据分配表确定的项目分别计入产品成本和期间费用等项目。

材料费用在产品成本构成中占有重要地位，是费用要素核算的重点内容之一。它具体包括原料及主要材料、外购半成品、辅助材料、修理用备件、包装材料、燃料、周转材料等耗费。材料费用核算就是对生产经营过程中耗费的材料根据领料凭证归集和分配到有关成本计算对象的过程。归集的材料费用，其分配原则是直接材料费用直接计入某种产品成本的“直接材料”成本项目中，间接材料费用分配计入各有关产品成本的“直接材料”成本项目中，分配时可以采用材料定额耗用量、材料定额成本、重量、体积、实际产量、标准产量等作为分配标准进行分配。分配标准的选择以合理负担为原则。

人工成本包括生产工人工资、福利费等职工薪酬。工资总额的组成包括计时工资、计件工资、奖金、津贴和补贴、加班加点工资、特殊情况下支付的工资。计时工资薪金的计算有月薪制和日薪制两种计算方法。计件工资薪金可分为个人计件工资薪金和集体计件工资薪金两种。

在计时工资薪金制下，对于生产车间发生的工资薪金费用，如果只用于生产一种产品，则生产工人的工资薪金费用直接计入该产品的“直接人工”成本项目中；但如果用于生产多种产品，则生产工人的工资薪金费用应采用适当的标准分配后，再计入各种产品的“直接人工”成本项目中。工资薪金费用常用的分配标准有各种产品的生产工时（实际工时或定额工时）。

企业每月发生的工资薪金费用，应按其发生的地点和用途进行分配。直接生产工人的工资薪金费用应记入“生产成本——基本生产成本”或“生产成本——辅助生产成本”账户的借方；车间管理人员的工资薪金费用应记入“制造费用”账户的借方；行政管理人员的工资薪金费用应记入“管理费用”账户的借方；专设销售机构人员的工资薪金费用应记入“销售费用”账户的借方。根据这一分配原则和工资薪金结算汇总表及其他有关资料，即可编制工资薪金费用分配表。

外购动力费用是指企业从外部购入的电力、蒸汽等支付的费用。企业的外购动力费用是按用途进行分配的。在分部门或产品安装有仪器仪表的情况下，所发生的外购动力费用根据仪表所显示的耗用动力数量和规定的动力单价计算；在没有安装仪器仪表以及车间生产用的动力无法按产品安装仪器仪表计量的情况下，所发生的外购动力费用应采用一定的分配方法在各受益对象之间进行分配，分配方法有生产工时或机器工时比例分配法、定额耗用量比例法等。为了加强企业对能源耗费的核算和管理，对燃料和外购动力费用耗费比较大的企业，在产品成本项目里专门设置"燃料及动力"项目予以反映；如果此项耗费较少，也可直接分配计入制造费用。

固定资产折旧费的分配，是根据编制的固定资产折旧计算表进行的，记入"制造费用"、"管理费用"等账户。折旧方法包括年限平均法、工作量法、双倍余额递减法和年数总和法等。

其他费用主要是指生产车间为组织和管理生产发生的费用，以及企业管理部门发生的一些费用。这些费用在进行归集和整理后，分别记入"制造费用"和"管理费用"账户中。

课后练习

一、复习思考题

1. 材料费用的分配方法有哪些？应如何选择？
2. 职工薪酬包括哪些内容？工资总额包括哪些内容？
3. 固定资产的折旧方法有哪些？
4. 日工资薪金的计算方法有几种？每种方法有什么特点和区别？
5. 个人计件工资薪金如何计算？

二、判断题

1. 材料费用的分配一般是通过编制材料费用分配表进行的。（ ）
2. 要素费用中的人工成本是指应计入产品成本中的生产工人的工资薪金。（ ）
3. 在几种产品共同耗用几种材料的情况下，材料费用的分配应采用产品材料定额成本比例分配法进行。（ ）
4. 固定资产折旧费是产品成本的组成部分，应该全部计入产品成本。（ ）
5. 采用月标准工资薪金除以30天计算日工资薪金的方法时，缺勤期间为节假日的，照发工资薪金。（ ）

三、单项选择题

1. 按产品材料定额成本比例分配法分配材料费用时，其适用的条件是（ ）。
   A. 产品的产量与所耗用的材料有密切的联系
   B. 产品的重量与所耗用的材料有密切的联系
   C. 几种产品共同耗用几种材料
   D. 各项材料消耗定额比较准确、稳定
2. 在几种产品共同耗用几种材料的情况下，材料费用的分配可采用（ ）。
   A. 定额耗用量比例分配法　B. 产品产量比例分配法
   C. 产品重量比例分配法　D. 产品材料定额成本比例分配法
3. 直接用于产品生产并构成该产品实体的材料费用应记入的账户是（ ）。

A.“生产成本” B.“制造费用”
C.“管理费用” D.“销售费用”

4. 用月标准工资薪金除以全年平均每月工作日数计算日工资薪金时，全年平均每月的工作日数为（　　）。

A. 30天 B. 21.75天
C. 31天 D. 20.83天

5. 下列不得计入产品成本的费用是（　　）。

A. 车间厂房折旧费 B. 车间机物料消耗
C. 房产税、车船税 D. 有助于产品形成的辅助材料

四、多项选择题

1. 计入产品成本的各种材料费用，按其用途分配，应记入（　　　　）账户的借方。

A.“生产成本” B.“管理费用”
C.“制造费用” D.“销售费用”

2. 要素费用的分配原则是（　　　　）。

A. 直接费用直接计入产品成本
B. 直接费用分配计入产品成本
C. 间接费用直接计入产品成本
D. 间接费用分配计入产品成本

3. 生产领用的材料被多种产品耗用且不能分清每种产品的消耗数量时，将材料费用在各种产品当中进行分配可采用的分配方法有（　　　　）。

A. 定额耗用量比例分配法 B. 产品产量比例分配法
C. 产品重量比例分配法 D. 产品材料定额成本比例分配法

4. 计算日工资薪金时可用月标准工资薪金除以（　　　　）。

A. 30天 B. 21.75天
C. 31天 D. 当月满勤日数

5. 下列属于特殊情况下支付的工资有（　　　　）。

A. 病假支付的工资 B. 工伤支付的工资
C. 探亲支付的工资 D. 婚假支付的工资

五、技能训练题

技能训练一

目的：练习按定额耗用量比例分配法分配材料费用。

资料：某企业一生产车间2016年5月份生产甲、乙两种产品，共同领用丙材料64 320千克，5元／千克。本月生产甲产品5 500件，单位材料消耗定额4.2千克；本月生产乙产品4 750件，单位材料消耗定额3.6千克。

要求：按定额耗用量比例分配法分配材料费用。

技能训练二

目的:练习按产品产量比例分配法分配材料费用。

资料:某企业一生产车间2016年5月份生产甲、乙两种产品,共耗用A种材料6 000千克,18元/千克,甲产品重2 000千克,乙产品重1 200千克。

要求:按产品产量比例分配法分配材料费用。

技能训练三

目的:练习按产品材料定额成本的比例分配材料费用。

资料:某企业一生产车间2016年5月份生产甲、乙两种产品,领用A、B两种材料,实际成本总计66 480元。本月投产甲产品20件、乙产品10件,甲产品的消耗定额为:A材料5千克,B材料8千克;乙产品的材料消耗定额是:A材料7千克,B材料9千克。A、B两种材料的计划单价分别是12元和14元。

要求:按产品材料定额成本比例分配法分配材料费用。

技能训练四

目的:练习按产品产量比例分配法分配材料费用。

资料:某企业一生产车间2016年5月份生产甲、乙两种产品,共耗用A材料6 000千克,20元/千克。本月份共生产甲产品100件,乙产品300件。

要求:按产品产量比例分配法分配材料费用。

技能训练五

目的:练习月薪制下日工资薪金的计算。

资料:职工张强月标准工资为1 740元,6月份日历日数为30天,共9个休息日,该职工请病假7天(其中有2天是休息日),本月出勤16天。张强本月奖金200元,津贴和补贴260元,星期天加班2天,病假支付标准为标准工资的80%。

要求:采用日工资薪金计算的3种方法,分别计算张强本月的应付工资薪金(采用月薪制计算)。

技能训练六

目的:练习个人计件工资薪金的计算。

资料:职工张丽6月份加工甲、乙两种产品,加工甲产品300件,乙产品150件。验收时发现甲产品有废品30件,其中料废10件,工废20件;乙产品全部合格。该职工的小时工资率为8元,甲产品的定额工时为0.5小时,乙产品的定额工时为1小时。

要求:计算张丽本月的应付计件工资薪金。

技能训练七

目的:练习集体计件工资薪金的计算。

资料:某企业一小组共有职工4人,本月份共生产甲产品846件,每件产品的计件单价10元。4名职工的工作天数分别为:甲职工25天,乙职工24天,丙职工23天,丁职工21天。

要求:计算该小组应得的计件工资,并按实际工作天数计算每位职工应得的计件工资薪金,将计算结果填入表2.14中。

表2.14 计件工资分配表

元

工人姓名	实际工作天数	计件工资分配率	应付计件工资
合 计			

技能训练八

目的:练习人工成本的分配。

资料:某企业一生产车间2016年5月份发生生产工人的工资360 000元,共生产3种产品。3种产品的生产工时分别为:甲产品2 000小时,乙产品4 000小时,丙产品3 000小时。

要求:按生产工时的比例计算每种产品应分配的工资费用,并将计算结果填入表2.15中。

表2.15 工资费用分配表

元

分配对象	分配标准	分配率	分配金额
甲产品			
乙产品			
丙产品			
合 计			

技能训练九

目的:练习固定资产折旧的工作量法。

资料:某企业的一辆运输车原价600 000元,预计总行驶里程50万千米,预计报废时的净残值率为5%。本月行驶6 000千米。

要求:采用工作量法计算本月的折旧额。

技能训练十

目的:练习固定资产折旧的双倍余额递减法和年数总和法。

资料:某企业的一项固定资产的原价为100万元,预计使用年限为5年,净残值4 000元。

要求:按双倍余额递减法和年数总和法计算该固定资产的年折旧额。

第3章 辅助生产费用与制造费用的核算

学习目标

1. 了解辅助生产部门的特点、辅助生产成本和制造费用明细账的设置。
2. 基本掌握辅助生产费用和制造费用分配的账务处理。
3. 重点掌握辅助生产费用和制造费用的分配方法。
4. 能够处理实际工作中辅助生产费用和制造费用的核算。

引导案例

小李是某高职院校会计专业二年级的学生，暑假期间，他到亲戚开办的一家公司的会计科实习，他的职责是协助辅助生产部门的会计进行供电和供水车间的成本归集和分配。小李在学习财务会计课程时，听说过辅助生产成本的核算，但不知道企业的辅助生产部门有哪些，辅助生产有什么特点，如何进行辅助生产费用的归集和分配。带着这些疑问，他开始了暑期的会计实习工作。现在我们就来学习本章内容，解决小李的一些疑问。

3.1 辅助生产费用核算

3.1.1 辅助生产费用的概念及特点

辅助生产是企业生产经营活动的重要组成部分，其主要任务是为企业基本生产、管理部门或辅助生产本身提供各种产品或劳务。有的辅助生产只生产一种产品或提供一种劳务，如供电、供水、供气、供风、运输等；有的则生产多种产品或提供多种劳务，如从事工具、模具、修理用备件的制造，以及机器设备的修理等。辅助生产提供的产品和劳务，有时也可以对外销售，但这不是辅助生产的主要任务。

辅助生产部门为生产产品和提供劳务所耗费的各种生产费用之和构成这些产品和劳务的成本。但对耗用这些产品或劳务的基本生产车间和部门来说，这些辅助生产产品和劳务的成本，又是一种费用，即辅助生产费用。因而，辅助生产产品和劳务成本的高低对基本生产的产品成本和企业的管理费用水平有很大的影响。同时，只有辅助生产产品和劳务成本确定以后，才能计算基本生产的产品成本。因此，企业要正确、及时地进行辅助生产成本的核算，严格控制并正确归集与分配辅助生产费用，以便正确计算产品成本和盈亏。

3.1.2 辅助生产费用的归集

1. 辅助生产费用归集的账户设置

辅助生产费用的归集是通过"生产成本——辅助生产成本"账户进行的。该账户应按车间和产品品种设置明细账，进行明细核算。

2. 辅助生产费用归集的程序

辅助生产费用归集的程序与基本生产费用归集程序类似。辅助生产车间的制造费用一般应先记入"制造费用"账户中按辅助生产车间设置的明细账户的借方，然后从其贷方直接或分配转入"生产成本——辅助生产成本"账户的借方。如果企业的辅助生产规模不大，所发生的制造费用不多，为简化核算工作，其制造费用也可以直接记入"生产成本——辅助生产成本"账户的借方，而不通过"制造费用"账户核算。这样，在计算辅助生产成本时，可以将产品成本项目与制造费用项目结合起来，设立简化项目，在辅助生产明细账户中按照这种简化项目归集、计算成本。辅助生产完工的产品或劳务成本应从"生产成本——辅助生产成本"账户的贷方转出。

3.1.3 辅助生产费用的分配

归集在"生产成本——辅助生产成本"账户借方的辅助生产费用，由于各辅助生产车间的产品或劳务的种类不同，其转出与分配程序也不一样。辅助生产主要是为基本生产、行政管理等部门提供劳务，但在辅助生产之间也相互提供劳务。例如，供电车间为机修车间提供电力，机修车间为供电车间提供修理劳务，等等。这时，为了计算电力成本，需要计算机修劳务成本；为了计算机修劳务成本，又要确定电力成本。因此，辅助生产费用的核算与成本计算比较复杂。

在实际工作中，通常采用直接分配法、一次交互分配法、代数分配法、计划成本分配法和顺序分配法对辅助生产费用进行分配。

(1) 直接分配法

直接分配法是把辅助生产车间所发生的产品或劳务成本全部直接分配给辅助生产部门以外的受益对象负担的一种方法。其计算公式为：

$$\text{辅助生产费用分配率}=\frac{\text{该辅助生产部门直接发生的费用总额}}{\text{该辅助生产部门提供给辅助生产部门以外受益对象的劳务总量}}$$

某受益对象应负担的辅助生产费用＝该受益对象接受的劳务数量×辅助生产费用分配率

例3－1 甲公司有供电、供水两个辅助生产车间，2016年5月份各车间发生的费用为：供电车间82 500元，供水车间3 900元。各车间、部门耗用的辅助生产劳务数量如表3.1所示。

表3.1 辅助生产车间成本及劳务数量汇总表

元

劳务名称	计量单位	劳务耗用情况					合 计
		供电车间	供水车间	一车间	二车间	管理部门	
电	度	—	1 000	25 000	28 000	2 000	56 000
水	吨	200	—	640	420	240	1 500

根据上述资料采用直接分配法编制辅助生产费用分配表，如表3.2所示。

表3.2 辅助生产费用分配表(直接分配法)

甲公司 元

劳务供应车间	待分配劳务费用	应分配劳务数量	分配率	分配单位及数额						
				一车间		二车间		管理部门		合 计
				数量	金额	数量	金额	数量	金额	
供电车间	82 500	55 000	1.5	25 000	37 500	28 000	42 000	2 000	3 000	82 500
供水车间	3 900	1 300	3	640	1 920	420	1 260	240	720	3 900
合 计	86 400	—	—	—	39 420	—	43 260	—	3 720	86 400

供电费用分配率＝82 500÷(56 000－1 000)＝1.5(元／度)

供水费用分配率＝3 900÷(1 500－200)＝3(元／吨)

根据表3.2的计算结果，编制如下会计分录。

借：制造费用——一车间 39 420

——二车间 43 260

管理费用 3 720

贷：生产成本——辅助生产成本——供电车间 82 500

——供水车间 3 900

直接分配法简便易行，但这种方法对辅助生产车间之间相互提供的劳务没有进行分配，因而使各辅助生产车间的成本费用不完整，不利于考核辅助生产成本费用水平，也影响分配到辅助生产部门以外的其他各车间、部门的劳务费用金额的准确性。该方法一般适合在辅助生产内部相互提供劳务不多、不进行费用的交互分配，对辅助生产成本和企业产品成本影响不大的情况下采用。

(2) 一次交互分配法

一次交互分配法是将辅助生产部门相互提供的劳务先行交互分配，然后将各辅助生产部门交互分配后的实际费用全部分配给辅助生产部门以外各受益单位的一种方法。采用这种分配方法时，应分两次进行：第一次只限于各辅助生产车间之间根据相互提供的产品或劳务进行交互分配费用，基本生产车间和行政管理等部门从略；第二次是将辅助生产车间分配前的费用，加上从其他辅助生产车间分配转入的费用，减去已分配给其他辅助生产车间的费用，计算出各辅助生产车间的实际费用，再采用直接分配法分配给基本生产车间和行政管理部门等受益单位。其计算步骤和公式如下。

第一步交互分配：

$$\text{某辅助生产车间交互费用分配率}=\frac{\text{该辅助生产车间直接发生的费用}}{\text{该辅助生产车间提供的劳务总量}}$$

某辅助生产车间应分入的辅助生产费用＝该辅助生产车间耗用其他辅助生产车间劳务量×其他辅助生产车间交互费用分配率

某辅助生产车间应分出的辅助生产费用＝该辅助生产车间提供给其他辅助生产车间劳务量×该辅助生产车间交互费用分配率

第二步对外分配：

$$\text{某辅助生产车间对外费用分配率}=\frac{\text{该辅助生产车间对外待分配的费用}}{\text{该辅助生产车间对外提供的劳务总量}}$$

某辅助生产车间对外待分配的费用＝该辅助生产车间直接发生的费用＋分配转入的费用－分配转出的费用

某受益单位应负担的辅助生产费用＝该受益单位耗用的劳务量×该辅助生产车间对外费用率

例3－2　仍以例3-1中的资料为例，采用一次交互分配法计算分配的辅助生产费用，如表3.3所示。

表3.3　辅助生产费用分配表（一次交互分配法）

甲公司　　　　　　　　　　　　2016年5月　　　　　　　　　　　　元

项　目			交互分配			对外分配		
劳务供应车间			供电车间	供水车间	合计	供电车间	供水车间	合计
待分配劳务费用			82 500	3 900	86 400	81 547	4 853	86 400
应分配劳务数量			56 000度	1 500吨	—	55 000	1 300	
分配率（单位成本）			1.473	2.6		1.482 7	3.733	
受益单位及数额	供水车间	数量	1 000					
		金额	1 473		1 473			
	供电车间	数量		200				
		金额		520	520			
	一车间	数量				25 000	640	
		金额				37 067	2 389	39 456
	二车间	数量				28 000	420	
		金额				41 515	1 568	43 083
	管理部门	数量				2 000	240	
		金额				2 965	896	3 861
	金额合计					81 547	4 853	86 400

表中的交互分配率计算如下。

供电车间交互分配率＝82 500÷56 000＝1.473(元／度)

供水车间交互分配率＝3 900÷1500＝2.60(元／吨)

对外分配费用计算如下。

供电车间对外分配费用＝82 500＋520－1 473＝81 547(元)

供水车间对外分配费用＝3 900＋1 473－520＝4 853(元)

对外费用分配率计算如下。

供电车间对外费用分配率＝81 547÷55 000＝1.4827(元／度)

供水车间对外费用分配率＝4 853÷1 300＝3.733(元／吨)

根据计算结果,编制如下会计分录。

① 交互分配

借:生产成本——辅助生产成本——供水车间　　1 473
　　　　　　　　　　　　　——供电车间　　520
　贷:生产成本——辅助生产成本——供水车间　　520
　　　　　　　　　　　　　　——供电车间　　1 473

② 对外分配

借:制造费用——车间　　39 456
　　　　　——二车间　　43 083
　管理费用　　3 861
　贷:生产成本——辅助生产成本——供电车间　　81 547
　　　　　　　　　　　　　　——供水车间　　4 853

一次交互分配法克服了直接分配法在辅助生产车间之间不分配费用的缺点,使辅助生产车间的成本计算更加准确。但是由于一次交互分配法要进行交互和对外两次分配,因而增加了计算的工作量。这种方法一般适用于各辅助生产部门相互之间提供劳务较多的企业。

(3) 代数分配法

代数分配法是运用代数中解方程组的原理,计算出辅助生产产品或劳务的单位成本,然后再根据各个受益单位耗用产品或劳务的数量(包括各辅助生产车间之间和其他各受益车间、部门受益的劳务数量)和单位成本分配辅助生产劳务费用的一种方法。

例3－3 仍以例3-1的资料为例,采用代数分配法计算分配率,即电和水的单位劳务成本如下。

设X代表供电车间每度电的劳务成本,Y代表供水车间每吨水的劳务成本。根据资料建立的二元一次方程组如下。

$$\begin{cases}82\,500+200Y=56\,000X\\3\,900+1\,000X=1\,500Y\end{cases}$$

求解得:

$$\begin{cases}X=1.486\\Y=3.59\end{cases}$$

根据计算出的电和水的单位劳务成本，编制辅助生产费用分配表，如表3.4所示。

表3.4　辅助生产费用分配表（代数分配法）

元

受益单位	供电车间		供水车间		金额合计
	数量／度	金额(1.486)	数量／吨	金额(3.59)	
供电车间			200	718	718
供水车间	1 000	1 486			1 486
小　计	1 000	1 486	200	718	2 204
一车间	25 000	37 150	640	2 298	39 448
二车间	28 000	41 608	420	1 508	43 116
小　计	53 000	78 758	1 060	3 806	82 564
管理部门	2 000	2 972	240	862	3 834
合　计	56 000	83 216	1 500	5 386	88 602

根据计算结果，编制如下会计分录。

借：生产成本——辅助生产成本——供电车间　　718
　　　　　　　　　　　　　——供水车间　　1 486
　　制造费用——一车间　　39 448
　　　　　　——二车间　　43 116
　　管理费用　　3 834
　　贷：生产成本——辅助生产成本——供电车间　　83 216
　　　　　　　　　　　　　　　——供水车间　　5 386

采用代数分配法分配辅助生产费用，其最大的优点是分配结果准确。但是，在实际工作中，当企业的辅助生产车间较多时，需要设置的未知数较多，计算工作较为繁琐，因而这种方法一般适用于辅助生产车间较少或会计工作实现了电算化的企业。

(4) 计划成本分配法

计划成本分配法是按事先确定的辅助生产车间提供的产品或劳务的计划单位成本和各受益单位的受益量分配辅助生产费用的一种方法。采用这种方法的分配步骤如下。

1）按事先确定的辅助生产车间提供的产品或劳务的计划单位成本和各受益单位的受益量，计算各受益单位应负担的辅助生产费用。

2）计算各辅助生产车间实际发生的费用（包括按计划成本分配转入的费用）。

3）计算各辅助生产车间的成本差异并进行处理。辅助生产车间实际发生的费用与按计划单位成本分配转出的费用之间的差额，即辅助生产的成本差异，这种成本差异从理论上讲应在各辅助生产车间之间进行分配。为了简化分配工作，可直接将其记入“管理费用”账户中。如果是超支差异，应增加管理费用；反之，应冲减管理费用。采用计划成本分配法分配辅助生产费用时。其计算公式为：

某车间、部门应分配的辅助生产费用＝该车间、部门的劳务耗用量×该辅助生产车间提供产品或劳务的计划单位成本

某辅助生产车间的实际成本＝该辅助生产车间直接发生的实际费用＋由其他辅助生产

车间分配转入的计划成本

某辅助生产车间的成本差异＝该辅助生产车间的实际成本－该辅助生产车间按计划成本分配的金额

例3－4　仍以例3-1的资料为例，假定电的计划单位成本为1.5元／度，水的计划单位成本为3.5元／吨。按计划成本分配法分配成本，各辅助车间实际成本与计划成本的差额计入管理费用。据此编制按计划成本分配的辅助生产费用分配表，如表3.5所示。

表3.5　辅助生产费用分配表（计划成本分配法）

甲公司　　　　2016年5月　　　　元

受益单位＼供应单位			供电车间		供水车间		费用合计
			数量／度	费用	数量／吨	费用	
待分配费用和数量			56 000	82 500	1 500	3 900	86 400
计划单位成本				1.50		3.50	
辅助生产	供电车间	水费			200	700	700
	供水车间	电费	1 000	1 500			1 500
	小　计		1 000	1 500	200	700	2 200
制造费用	基本生产一车间	电费	25 000	37 500			37 500
		水费			640	2 240	2 240
		小计	25 000	37 500	640	2 240	39 740
	基本生产二车间	电费	28 000	42 000			42 000
		水费			420	1 470	1 470
		小计	28 000	42 000	420	1 470	43 470
管理费用	行政管理部门	电费	2 000	3 000			3 000
		水费			240	840	840
		小计	2 000	3 000	240	840	3 840
按计划成本分配合计			56 000	84 000	1 500	5 250	89 250
辅助生产实际成本				83 200		5 400	86 600
辅助生产成本差异				－800		150	－650

根据计算结果，编制如下会计分录。

① 按计划成本分配

借：生产成本——辅助生产成本——供电车间　　700
　　　　　　　　　　　　　　——供水车间　　1 500
　　制造费用——一车间　　39 740
　　　　　　——二车间　　43 470
　　管理费用　　3 840
　贷：生产成本——辅助生产成本——供电车间　　84 000
　　　　　　　　　　　　　　　——供水车间　　5 250

提示

供电车间的实际成本 = 82 500 + 700 = 83 200（元）
供水车间的实际成本 = 3 900 + 1 500 = 5 400（元）

② 调整辅助生产成本差异

借：管理费用　　650

　贷：生产成本——辅助生产成本——供电车间　　800

　　　　　　　　　　　　　——供水车间　　150

采用计划成本分配法，各辅助生产费用只计算分配一次，而且各辅助生产车间提供的产品或劳务的计划单位成本是事先确定的，因而简化了计算工作量，加快了各车间成本计算的速度，同时也便于分析考核各辅助生产车间和其他各车间、部门成本计划的执行情况，有利于加强企业经济核算。但采用该分配方法时，辅助生产车间产品或劳务的计划单位成本必须合理地加以确定，否则会影响辅助生产费用分配的准确性。因此，计划成本分配法一般适用于辅助生产计划单位成本制定比较准确的企业。

（5）顺序分配法

顺序分配法是按照各辅助生产车间之间受益多少的顺序排列，受益少的排在前，受益多的排在后，然后按顺序分配辅助生产费用的一种方法。该方法的特点是，前者分配给后者，而后者不分配给前者，后者的分配额等于其直接发生的费用加上从前者分配转入的费用。例如，企业有供电和供水两个辅助生产车间，供电车间耗用水费较少，而供水车间耗用电费较多，这就可以按照供电—供水的顺序排列，先分配电费，再分配水费。

采用顺序分配法时，首先要根据各个辅助生产车间相互受益的多少确定排列顺序，受益少的排在前面，受益多的排在后面。分配费用时，先把排在最前面的辅助生产车间直接发生的费用分配给排在它后面的辅助生产车间和其他车间部门；再把排在第二的辅助生产车间直接发生的费用加上第一个辅助生产车间分配转入的费用，分配给除了排在第一的辅助生产车间以外的其他辅助生产车间以及其他车间和部门；以此类推，直至排在最后的一个辅助生产车间把其直接发生的费用加上前面各辅助生产车间分配转入的费用，直接分配给各辅助生产以外的车间和部门。其计算公式为：

$$\text{某辅助生产车间费用分配率} = \frac{\text{该辅助生产车间直接发生的费用} + \text{分配转入费用}}{\text{该辅助车间向其他车间、部门提供新产品或劳务数量}}$$

某车间、部门应分配的辅助生产费用 = 该车间或部门耗用的产品或劳务数量×辅助生产费用分配率

例3－5 仍以例3-1的资料为例，由于供电车间耗用供水车间的费用少，而供水车间耗用供电车间的费用多，因此，供电车间排列在先，先将费用分配出去。分配时既要将电费分配给基本生产车间、行政管理等部门，还要分配给排列在后的供水车间。由于供水车间排列在后，因此，其所分配的费用由两部分组成，即本车间发生的费用和供电车间分配转入

的费用；其所分配的劳务数量，不包括供电车间耗用的200吨水。根据以上分析，编制辅助生产费用分配表，如表3.6所示。

表3.6 辅助生产费用分配表（顺序分配法）

甲公司 元

项目	分配数量	分配费用			分配率	分配额							
		直接发生费用	分配转入费用	小计		供水车间		一车间		二车间		管理部门	
						数量	金额	数量	金额	数量	金额	数量	金额
供电车间	56 000	82 500		82 500	1.473	1 000	1 473	25 000	36 830	28 000	41 250	2 000	2 947
供水车间	1 300	3 900	1 473	5 373	4.133			640	2 645	420	1 736	240	992
合计		86 400	1 473	87 873		1 000	1 473		39 475		42 986		3 939

表中的分配率计算如下。

供电车间费用分配率＝82 500÷56 000＝1.473(元/度)

供水车间费用分配率＝(3 900＋1 473)÷1 300＝4.133(元/吨)

根据计算结果，编制如下会计分录。

① 借：制造费用——一车间 36 830
　　　　　　——二车间 41 250
　　管理费用 2 947
　　生产成本——辅助生产成本——供水车间 1 473
　　贷：生产成本——辅助生产成本——供电车间 82 500

② 借：制造费用——一车间 2 645
　　　　　　——二车间 1 736
　　管理费用 992
　　贷：生产成本——辅助生产成本——供水车间 5 373

采用顺序分配法分配辅助生产费用的优点是计算方法简便。但是，由于排列在先的辅助生产车间不负担耗用排列在后辅助生产车间的费用，这会对分配结果的合理性和准确性有一定的影响。因此，这种方法一般适用于辅助生产车间相互提供产品或劳务有明显的顺序，并且排列在先的辅助生产车间耗用排列在后的辅助生产车间的费用较少的情况。

以上分别介绍了辅助生产费用的各种分配方法，企业应根据生产的特点和管理的要求，确定合理的分配方法来分配辅助生产费用。

3.2 制造费用的核算

3.2.1 制造费用的内容及分类

制造费用是产品制造成本的重要组成部分，它是企业各生产单位为组织和管理生产而发生的各项生产费用,包括产品制造成本中除直接材料成本、直接人工成本和其他直接费用以外的其余一切制造成本。

制造费用的内容很广泛,一般包括机物料消耗、管理人员工资、福利费等职工薪酬、折旧费、租赁费(不包括融资租赁)、保险费、周转材料摊销、水电费、取暖费、保险费、运输费、劳动保护费、设计制图费、试验检验费、差旅费、办公费、在产品盘亏、毁损和报废(减盘盈)以及季节性修理期间的停工损失等。

制造费用的上述项目,可以分为以下几类。

① 直接用于产品生产,但是管理上不要求单独核算,因而在产品成本明细账中没有专门设置成本项目的费用。例如,专门用于某种产品生产的机器设备的折旧费、修理费、保险费、租赁费等。

② 间接用于产品生产的费用。例如,生产用房屋的折旧费、保险费、租赁费、生产用的照明费、取暖费、机物料消耗等。

③ 生产部门(如分厂、车间、班组)用于组织和管理生产经营活动而发生的费用。例如,管理人员的工资、福利费等职工薪酬。

3.2.2 制造费用的归集

1. 制造费用核算的账户设置

企业发生的制造费用应通过"制造费用"账户进行归集和分配。该账户的借方登记发生的制造费用,贷方登记分配计入有关成本核算对象的制造费用。企业应按不同的生产部门设置制造费用明细账,按具体的制造费用项目设置专栏。该账户采用按年度计划分配率法分配制造费用,月末应无余额。有关制造费用明细账的样式如表3.7所示。

表3.7 制造费用明细账

车间: 年 月 元

年		摘要	合计	工资薪金	办公费	水电费	折旧费	机物料消耗	劳动保护费	保险费	其他
月	日										

2. 制造费用的归集

企业基本生产车间发生的制造费用,应分别记入按不同车间设置的制造费用各明细账户的借方,月末按成本核算方法的规定将制造费用分配计入各有关成本计算对象时,再将其从该账户的贷方转入"生产成本——基本生产成本"账户的借方。

辅助生产车间发生的制造费用,若通过"制造费用"账户核算,应参照基本生产车间制造费用的核算方法,直接或分配转入"生产成本——辅助生产成本"账户的借方;若不通过"制造费用”账户核算，则应在费用发生时直接记入“生产成本——辅助生产成本” 账户的借方。

3.2.3 制造费用的分配

企业归集的制造费用，月末必须按一定的分配标准和方法，分配计入到产品制造成本中去。生产单一产品的企业或车间，其所归集的制造费用可以直接计入该种产品的制造成本；生产多种产品的企业或车间，其所归集的制造费用，应采用适当的方法，分配计入各成本计算对象的制造成本。制造费用的分配方法主要有生产工人工时比例分配法、生产工人工资薪金比例分配法、机器工时比例分配法和年度计划分配率法等。

1. 生产工人工时比例分配法

生产工人工时比例分配法是按照各种产品所耗用生产工人实际工时的比例分配制造费用的一种方法。其计算公式为：

制造费用分配率＝制造费用总额÷各种产品生产工时总数

某产品应分配的制造费用＝该种产品生产工时×制造费用分配率

采用生产工人工时比例分配法分配制造费用，可使产品负担制造费用的多少与劳动生产率的高低联系起来。例如，劳动生产率提高，则单位产品生产工时减少，其所负担的制造费用也就降低。因此，这是一种常用的方法。如果企业产品的工时定额比较准确，则也可按不同产品的定额工时的比例分配制造费用。

例3－6 甲公司一生产车间2016年5月份生产A、B两产品所发生的制造费用为160 000元，A、B两种产品的生产工时分别为20 000小时和30 000小时。计算A、B产品应分配的制造费用，则：

制造费用分配率＝80 000÷(20 000＋30 000)＝3.2(元／小时)

A产品应负担的制造费用＝20 000×3.2＝64 000(元)

B产品应负担的制造费用＝30 000×3.2＝96 000(元)

根据计算结果，编制制造费用分配表，如表3.8所示。

表3.8 制造费用分配表

甲公司　　　　2016年5月　　　　元

应借账户		生产工人工时	分配金额(分配率3.2)
基本生产	A产品	20 000	64 000
	B产品	30 000	96 000
合　计		50 000	160 000

根据计算结果，编制如下会计分录。

借：生产成本——基本生产成本——A产品　　64 000

　　　　　　　　　　　　　　——B产品　　96 000

　贷：制造费用　　160 000

例3－7　甲公司一生产车间2016年5月份生产A、B产品的数量分别为12 000件和9 000件，两种产品的工时定额分别是3小时和5小时，所发生的制造费用共计202 500元。计算A、B产品应分配的制造费用，则：

A产品的定额工时＝12 000×3＝36 000(小时)

B产品的定额工时＝9 000×5＝45 000(小时)

制造费用分配率＝202 500÷(36 000＋45 000)＝2.5(元/小时)

A产品应负担的制造费用＝36 000×2.5＝90 000(元)

B产品应负担的制造费用＝45 000×2.5＝112 500(元)

根据计算结果，编制制造费用分配表，如表3.9所示。

表3.9　制造费用分配表

甲公司　　　　2016年5月　　　　元

应借账户		产品数量／件	工时定额	定额工时	分配金额(分配率2.5)
基本生产	A产品	12 000	3	36 000	90 000
	B产品	9 000	5	45 000	112 500
合　计				81 000	202 500

根据计算结果，编制如下会计分录。

借：生产成本——基本生产成本——A产品　　90 000

　　　　　　　　　　　　　　——B产品　　112 500

　贷：制造费用　　202 500

2. 生产工人工资薪金比例分配法

生产工人工资比例分配法是按照计入各种产品成本的生产工人实际工资薪金的比例分配制造费用的一种方法。其计算公式为：

制造费用分配率=制造费用总额÷各产品生产工人工资薪金总额

某种产品应负担的制造费用＝该种产品生产工人工资薪金×制造费用分配率

例3－8　甲公司一生产车间2016年5月份生产A、B两种产品所发生的制造费用为100 000元，A、B两种产品生产工人的工资薪金分别为200 000元和300 000元。计算A、B产品应分配的制造费用，则：

制造费用分配率＝100 000÷(200 000＋300 000)＝0.2(元／小时)

A产品应负担的制造费用＝200 000×0.2＝40 000(元)

B产品应负担的制造费用＝300 000×0.2＝60 000(元)

根据计算结果，编制制造费用分配表，如表3.10所示。

表3.10 制造费用分配表

甲公司　　　　　　　　　　　　2016年5月　　　　　　　　　　　　元

应借账户		生产工人工资薪金	分配金额(分配率0.2)
基本生产	A产品	200 000	40 000
	B产品	300 000	60 000
合　计		500 000	100 000

根据计算结果，编制如下会计分录。

借：生产成本——基本生产成本——A产品　　40 000

　　　　　　　　　　　　　——B产品　　60 000

　贷：制造费用　　100 000

采用生产工人工资薪金比例分配法的优点是核算工作简便，资料容易取得。但是，该方法只能适用于各种产品机械化程度大致相同的情况，否则会影响制造费用分配的合理性。

3. 机器工时比例分配法

机器工时比例分配法是按照各种产品所耗用机器设备运转时间为分配标准来分配制造费用的一种方法。其计算公式为：

制造费用分配率＝制造费用总额÷各种产品机器工作总时数

某种产品应负担的制造费用＝该产品机器工作时数×制造费用分配率

例3－9　甲公司一生产车间2016年5月份生产A、B产品所耗用的机器工时分别为50 000小时和30 000小时，本月所发生的制造费用共计160 000元。计算A、B产品应分配的制造费用，则：

制造费用分配率＝160 000÷(50 000＋30 000)＝2(元／小时)

A产品应负担的制造费用＝50 000×2＝100 000(元)

B产品应负担的制造费用＝30 000×2＝60 000(元)

根据计算结果，编制制造费用分配表，如表3.11所示。

表3.11 制造费用分配表

甲公司　　　　　　　　　　　　2016年5月　　　　　　　　　　　　元

应借账户		机器工时	分配金额(分配率2)
基本生产	A产品	50 000	100 000
	B产品	30 000	60 000
合　计		80 000	160 000

根据计算结果，编制如下会计分录。

借：生产成本——基本生产成本——A产品　　100 000

　　　　　　　　　　　　　——B产品　　60 000

　贷：制造费用　　160 000

采用机器工时比例分配法，各种产品分配的制造费用多少与该产品所耗用机器设备运转时间的长短成比例，所以这种方法适用于机械化、自动化程度高的企业的制造费用分配。

4. 年度计划分配率法

年度计划分配率法又称预定分配率法，是指按照年度开始前预先确定的年度计划分配率分配各月制造费用的一种方法。采用这种方法，对各月份实际发生制造费用与按年度计划分配率进行分配的制造费用的差异，平时各月份并不进行调整，到年末才进行调整。该分配方法的基本步骤如下。

（1）计算年度计划分配率

年度计划分配率的计算公式为：

年度制造费用计划分配率＝年度制造费用计划总额÷年度各种产品计划产量定额标准数

年度各种产品计划产量定额标准数可以是各种产品计划产量的生产工人工时，也可以是直接生产工人工资薪金，还可以是机器工时数等。

（2）按计划分配率分配制造费用

按计划分配率分配制造费用的公式为：

某种产品应负担的制造费用＝该月该种产品实际产量定额标准×年度制造费用计划分配率

（3）年末调整分配差异额

对于按计划分配率法分配的制造费用数额与制造费用实际发生额之间的差异额，年末时，将其按已分配的制造费用的比例进行一次再分配。如果实际发生的制造费用大于按年度计划分配率分配的制造费用，用蓝字补记；反之，则用红字冲减。

例3－10 甲公司一车间2016年全年计划制造费用总额为360 000元，全年计划产量为A产品2 000件，B产品3 000件。单件产品工时定额为A产品3小时，B产品4小时。

假定9月份的实际产量为A产品220件，B产品250件，该月制造费用实际发生额为35 000元，则：

年度计划分配率＝360 000÷(2 000×3＋3 000×4)＝20(元／小时)

9月份A产品应分配制造费用＝220×3×20＝13 200(元)

9月份B产品应分配制造费用＝250×4×20＝20 000(元)

根据计算结果，编制如下会计分录。

借：生产成本——基本生产成本——A产品　　13 200
　　　　　　　　　　　　　　——B产品　　20 000
　　贷：制造费用　　33 200

假定2016年该车间全年的实际产量为A产品2 100件，B产品2 900件，全年实际制造费用为355 315元，则：

全年实际总工时＝2 100×3＋2 900×4＝17 900(小时)

全年制造费用已分配数＝17 900×20＝358 000(元)

实际制造费用与已分配制造费用的差异额＝355 315－358 000＝－2 685(元)

制造费用再分配费用率＝－2 685÷17 900＝－0.15(元／小时)

A产品应再分配的制造费用＝2 100×3×(－0.15)＝－945(元)

B产品应再分配的制造费用＝2 900×4×(－0.15)＝－1 740(元)

根据计算结果，编制如下会计分录。

借：生产成本——基本生产成本——A产品　　945

　　　　　　　　　　　　　　——B产品　　1 740

　贷：制造费用　　2 685

即问即答

假定2016年该车间全年实际产量为A产品2 100件，B产品2 900件，全年实际制造费用为361 580元，则年末应调整的差异额是多少？根据计算结果编制相应的会计分录。

参考答案：

实际制造费用与已分配制造费用的差异额＝361 580－358 000＝3 580(元)

制造费用再分配费用率＝3 580÷17 900＝0.2(元／小时)

A产品应再分配的制造费用＝2 100×3×0.2＝1 260(元)

B产品应再分配的制造费用＝2 900×4×0.2＝2 320(元)

根据计算结果，编制如下会计分录。

借：生产成本——基本生产成本——A产品　　1 260

　　　　　　　　　　　　　　——B产品　　2 320

　贷：制造费用　　3 580

采用年度计划分配率法分配制造费用，不必每月计算分配率，这就简化和加快了制造费用的分配工作，并且能够及时反映各月制造费用的预算数与实际数的差异。特别是在季节性生产或季节性费用比重大的企业或车间，采用该分配方法，可以避免各月制造费用分配率相差悬殊的弊端。因此，这种方法主要适用于季节性生产企业。

提示

在采用年度计划分配率法分配制造费用的情况下，“制造费用”账户由于其借方实际发生的制造费用与分配结转的制造费用的贷方往往不一致，因此，“制造费用”账户会有余额。借方余额反映实际发生大于以后分配的费用，贷方余额反映实际发生小于按计划分配转出的差额。对于年末余额，除其中属于为下年生产做准备的部分可结转下年外，其余的都应当在当年年度终了时调整本年度的产品成本。

通过对制造费用的归集与分配，除了采用年度计划分配率法的企业以外，“制造费用”总账账户和所属明细账月末都应无余额。

本章小结

辅助生产部门是为基本生产车间、管理部门或辅助生产本身提供产品或劳务的,一般不对外服务。因此,它所发生的费用应在各受益单位之间进行分配。辅助生产部门发生的耗费是通过设立"生产成本——辅助生产成本"账户专门反映的,辅助生产部门的制造费用,既可以专门设置"制造费用"账户反映,也可在发生时直接记入"生产成本——辅助生产成本"账户。专门设置"制造费用"账户反映的,期末要将制造费用分配转入"生产成本——辅助生产成本"账户。辅助生产部门的生产成果包括产品(如工具、模具等)和劳务两大类,如是生产产品,其核算方法与基本生产的核算方法相同;如果是提供劳务,则应在报告期末将辅助生产成本采用适当的分配方法分配给各受益对象。分配方法主要有直接分配法、交互分配法、代数分配法、计划成本分配法和顺序分配法等。通过对辅助生产费用进行分配,应计入产品成本的生产费用最终分别归集到"生产成本——基本生产成本"和"制造费用"两个账户。

制造费用是企业各生产单位为组织和管理生产而发生各项生产费用。企业发生的制造费用应通过"制造费用"账户进行归集和分配。企业归集的制造费用,月末必须按一定的分配标准及方法分配,计入产品的制造成本。生产单一产品的企业或车间,其所归集的制造费用可以直接计入该种产品的制造成本;生产多种产品的企业或车间,其所归集的制造费用,应采用适当的方法,分配计入各成本计算对象的制造成本。制造费用的分配方法主要有生产工人工时比例分配法、生产工人工资薪金比例分配法、机器工时比例分配法和年度计划分配率法等。

课后练习

一、复习思考题

1. 辅助生产费用的分配方法有哪几种?各种方法有哪些优缺点?其适用条件如何?
2. 什么是制造费用?它包括哪些内容?
3. 制造费用分配的方法有哪些?简述各种方法的适用条件。

二、判断题

1. 对于辅助生产车间发生的费用,都应在"生产成本——辅助生产成本"账户中进行核算。 ( )
2. 辅助生产车间发生的费用,都应于月末借记"生产成本——基本生产成本"等账户,贷记"生产成本——辅助生产成本"账户。 ( )
3. 在所有的辅助生产费用分配方法中,最准确的是一次交互分配法。 ( )
4. 采用直接分配法分配辅助生产费用时,辅助生产费用之间相互提供产品或劳务的,也应计算其各自应负担的金额。 ( )
5. "制造费用"账户是集合分配账户,因此,企业对制造费用无论采用什么方法分配,该账户期末均无余额。 ( )

三、单项选择题

1. 辅助生产车间完工的修理用备件，应借记的账户是(　　)。
A. “周转材料”　　B. “原材料”
C. “修理用备件”　　D. “自制半成品”

2. 在下列各种分配方法中，属于辅助生产费用分配方法的是(　　)。
A. 约当产量法　　B. 按计划成本分配法
C. 按定额成本分配法　　D. 生产工时比例分配法

3. 在辅助生产费用的各种分配方法中，分配结果最准确的是(　　)。
A. 直接分配法　　B. 一次交互分配法
C. 代数分配法　　D. 计划成本分配法

4. 采用一次交互分配法分配辅助生产费用时，计算第二阶段直接分配率的公式中的分子数应是(　　)。
A. 该辅助生产车间直接发生的费用
B. 该辅助生产车间直接发生的费用加上分配转入的费用
C. 该辅助生产车间直接发生的费用加上分配转入减去分配转出的费用
D. 该辅助生产车间直接发生的费用减去分配转出的费用

5. 采用顺序分配法分配辅助生产费用时，计算辅助生产车间费用分配率的公式中的分子数应是(　　)。
A. 该辅助生产车间直接发生的费用
B. 该辅助生产车间直接发生的费用加上分配转入的费用
C. 该辅助生产车间直接发生的费用加上分配转入减去分配转出的费用
D. 该辅助生产车间直接发生的费用减去分配转出的费用

6. 采用计划成本分配法分配辅助生产费用时，实际成本与按计划成本分配额的差额应于期末时计入(　　)。
A. 制造费用　　B. 管理费用
C. 财务费用　　D. 生产成本

7. 采用交互分配法分配辅助生产费用时，第二阶段的对外分配应(　　)。
A. 在辅助生产车间以外的各受益单位之间进行分配
B. 在辅助生产车间以内的各受益单位之间进行分配
C. 辅助生产车间、部门之间进行分配
D. 只分配给基本生产车间

8. 在辅助生产费用的各种分配方法中，最简便的是(　　)。
A. 顺序分配法　　B. 直接分配法
C. 交互分配法　　D. 代数分配法

9. 辅助生产的直接分配法一般是将辅助生产车间发生的费用(　　)。
A. 直接记入“辅助生产车间”明细账
B. 直接记入“辅助生产成本”明细账
C. 直接分配给所有受益单位

D. 直接分配给辅助生产以外的各受益单位

10. 采用顺序分配法分配辅助生产费用时，其分配的顺序是（　　）。

A. 先辅助生产车间后基本生产车间

B. 先辅助生产车间内部后对外部单位

C. 按辅助生产车间受益金额多少进行

D. 按辅助生产车间提供劳务金额的多少进行

四、多项选择题

1. 下列各种方法中，属于辅助生产费用分配方法的是（　　）。

A. 交互分配法　　B. 代数分配法

C. 计划成本分配法　　D. 顺序分配法

2. 在（　　）的情况下，辅助生产车间的制造费用可以不通过“制造费用”账户进行核算。

A. 车间不生产商品产品　　B. 车间的规模很小

C. 制造费用很多　　D. 制造费用很少

3. 采用一次交互分配法分配辅助生产费用时，计算第二阶段的直接分配率的公式中的分子数应是（　　）。

A. 该辅助生产车间直接发生的费用　　B. 加上分配转入的费用

C. 减去分配转出的费用　　D. 加上分配转出的费用

4. 辅助生产费用的顺序分配法一般适用于（　　）的情况。

A. 辅助生产车间相互提供产品或劳务有着明显顺序

B. 辅助生产车间相互提供产品或劳务没有顺序

C. 排列在先的辅助生产车间耗用排列在后的辅助生产车间的费用较少

D. 排列在先的辅助生产车间耗用排列在后的辅助生产车间的费用较多

5. 采用顺序分配法分配辅助生产费用时，辅助生产车间一般应该（　　）。

A. 按车间规模的大小顺序排列　　B. 按车间受益大小顺序排列

C. 按车间规模大小或受益多少顺序排列　　D. 受益少的车间先将费用分配出去

五、技能训练题

技能训练一

目的：练习辅助生产费用的各种分配方法。

资料：某企业设有供电、供水两个辅助生产车间，2016年5月份发生的辅助生产待分配费用和劳务供应量如下。

① 待分配费用为供电车间25 200元，供水车间90 000元。

② 劳务供应量如表3.12所示。

③ 计划单位成本为每度电1.40元，每吨水1.20元。

表3.12 辅助生产车间劳务供应量

受益单位 劳务供应	供电车间	供水车间	基本生产车间	厂 部	合 计
供电量／度		1 000	18 000	2 000	21 000
供水量／吨	3 000		66 000	6 000	75 000

要求:用5种方法分配辅助生产费用,编制辅助生产费用分配表,并编制会计分录。

技能训练二

目的:练习制造费用的分配方法。

资料:某企业基本生产车间生产甲、乙、丙3种产品。本月共耗用生产工时28 000小时,其中,甲产品9 000小时,乙产品12 000小时,丙产品7 000小时。本月共发生制造费用72 800元。

要求:采用生产工时比例法分配制造费用,并编制会计分录。

技能训练三

目的:练习制造费用的分配方法。

资料:某企业一生产车间本月份生产甲、乙、丙3种产品,共发生制造费用96 000元,甲产品发生生产工人的工资薪金为36 000元,乙产品发生生产工人的工资薪金为20 000元,丙产品发生生产工人的工资薪金为24 000元。

要求:采用生产工人工资比例法分配制造费用,并编制会计分录。

技能训练四

目的:练习制造费用的分配方法。

资料:某企业一生产车间全年计划制造费用额为360 000元,各种产品全年定额工时为400 000小时。12月份甲产品实际产量的定额工时为26 000小时,乙产品实际产量的定额工时为11 000小时。年末核算时,该车间全年共发生制造费用378 000元。1—11月份按计划分配率分配的制造费用为甲产品244 800元,乙产品107 100元。

要求:按年度计划分配率分配制造费用,并编制会计分录。

第4章

废品损失和停工损失的核算

学习目标

1. 了解废品损失和停工损失的含义和核算内容。
2. 掌握废品损失和停工损失的计算方法。
3. 重点掌握废品损失和停工损失的账务处理。

引导案例

小李在企业实习时，发现生产车间在生产过程中会出现一些特殊的问题，如在生产合格品的同时也会出现不合格品，它们与合格品同样负担了成本，可是却没有给企业带来利润，那么这部分不合格品的成本怎么处理呢？企业由于原材料供应不足而导致停产，可是在此期间车间的日常支出还在发生，这些支出又该如何核算呢？带着这些疑问，我们来学习本章的内容。

4.1 废品损失的核算

4.1.1 废品损失的含义

废品是指质量不符合规定的技术标准或条件，不能按照原定用途使用，或者需要加工修理后才能使用的在产品、半成品、零部件或产成品。

废品按照产生的原因可分为料废品和工废品。料废品是指由于材料质量、规格、性能不符合要求而产生的废品；工废品是指在产品生产过程中，由于加工工艺技术、工人操作方法及技术水平方面的缺陷而产生的废品。分清料废品和工废品有利于查明废品产生的原因，从而明确经济责任。

废品按能否修复的技术上的可能性和经济上的合理性，可以分为可修复废品和不可修复废品两种。所谓可修复废品，是指该废品在技术上是可以修复的，而且在修复过程中所支付的费用在经济上是合算的；所谓不可修复废品，是指该废品在技术上不能修复，或者虽可修复，但所花费的修复费用在经济上是不合算的。

即问即答

某企业单位产品的生产成本为500元，生产时发现一件废品，已经发生的生产成本为200元，如果要修复，在技术上是可行的，但是在修复时需要发生费用520元。这件产品属于可修复废品还是不可修复废品？

在了解了废品的基本含义后，对于废品损失的概念也就不难理解了。废品损失是指不可修复废品的生产成本及可修复废品在修复过程中发生的费用，扣除赔偿和回收残料以后的净损失。相关计算公式为：

不可修复废品的净损失=不可修复废品的生产成本－不可修复废品的残值－应收过失人赔款

可修复废品的净损失=修复费用－可修复废品的残值－应收过失人赔款

应当注意的是，无论是生产时发现的废品还是入库后发现的废品都应属于废品。如果产品入库时确系合格品，但由于保管不善、运输不当等原因使产品损坏变质而发生的损失，不包括在"废品损失"中，应列作管理费用；如果质量虽不符合规定标准，但经检验不需要返修并可以降价出售的产品，则其降价损失作为销售损益体现，不列入"废品损失"；企业因实行"三包"而发生的"三包损失"，也应列作销售费用，不应列入"废品损失"。

质量检验部门发现废品时，应该填制废品通知单，列明废品的种类、数量、生产废品的原因和过失人等。成本会计人员应该会同检验人员对废品通知单所列废品生产的原因和过失人等项目加强审核。只有经过审核的废品通知单，才能作为废品损失核算的依据。

4.1.2　废品损失的核算

废品损失核算的主要原始凭证是废品通知单。废品通知单一般由企业质检人员在发现废品时填制，也可以由生产废品的生产单位填制。废品通知单一式三联：其中一联由生产单位存查；另外两联分别交到质检部门和会计部门。其格式如表4.1所示。

表4.1　废品通知单

班组：　　　　　　　　　年　月　日　　　　　　　　字第　号

<table>
<tr><td>工号</td><td></td><td>图号</td><td></td><td>工序</td><td></td></tr>
<tr><td>废品名称</td><td>单　位</td><td colspan="2">数　量</td><td>单位工时</td><td>总工时</td></tr>
<tr><td></td><td></td><td colspan="2"></td><td></td><td></td></tr>
<tr><td></td><td></td><td colspan="2"></td><td></td><td></td></tr>
<tr><td>合　计</td><td></td><td colspan="2"></td><td></td><td></td></tr>
<tr><td>废品原因</td><td colspan="3"></td><td>检查决定</td><td></td></tr>
</table>

质量检验员：　　　　　　组长：　　　　　　生产工人(责任者)：

1. 废品损失的核算形式及账户设置

（1）不单独核算废品损失

有些进行简单生产的企业，在产品的生产过程中，不易产生废品，或即便产生废品，损失额也比较小，而且管理上不需要单独考核废品损失。为了简化核算程序，可以采用不单独核算废品损失的方法。

在不单独核算废品损失的企业中，可修复废品的修复费用应直接计入生产成本的有关成本项目；不可修复废品只扣除产量，不结转成本；废品的残料价值和过失人赔款可直接冲减相应"基本生产成本"明细账中的"直接材料"和"直接人工"成本项目。

（2）单独核算废品损失

在大中型复杂生产的企业中，产品生产时易产生废品，而且管理上也要求单独考核废品损失及其相关成本项目的费用，因而可以采用单独核算废品损失的方法。在单独核算废品损失的企业中，可以单独设置"废品损失"总账，也可以在"基本生产成本"总账下设"废品损失"二级账，账内按成本项目设专栏进行核算，并且在"基本生产成本"明细账的成本项目中，还应增设"废品损失"成本项目，以便单独体现废品损失的费用额。

"废品损失"账户的借方归集可修复废品的修复费用和不可修复废品的实际生产成本；贷方登记废品残料回收的价值、应收过失人赔偿款及计入当期产品成本的净损失。该账户月末一般无余额。

2. 废品损失的归集与分配

（1）不可修复废品损失的归集与分配

不可修复废品的净损失应该等于不可修复废品的生产成本扣除残值和赔偿后的净额，那么，首先要计算废品在生产过程中所耗费的成本是多少。由于废品和合格品是在统一过程中生产的，所以必须采用一定的方法将合格品成本和废品成本分离。一般有两种方法：一是按废品所耗实际成本计算，二是按废品所耗定额成本计算。

① 按废品所耗实际生产成本计算

不可修复废品损失按实际成本计算，其结果较为准确，但工作量较大，并且只能在月末生产费用算出后才能进行，不利于及时控制废品损失。

1）完工入库时发现废品

如果不可修复废品发现于完工入库时，这时单位废品负担的各项费用与单位完工产品完全相同，可按照合格品的数量和废品的数量比例分配成本。计算公式相对比较简单，即：

$$\text{生产费用分配率}=\frac{\text{生产费用}}{\text{合格产品量}+\text{废品产量}}$$

$$\text{废品应负担生产费用额}=\text{废品产量}\times\text{分配率}$$

2）生产过程中发现废品

- 如果在生产过程中发现废品，原材料一次性投入时，材料费用可按照合格品数量和废品数量比例分配。其计算公式为：

$$直接材料费用分配率 = \frac{直接材料费用总额}{合格品产量 + 废品产量}$$

废品应负担材料费用额=废品产量×直接材料费用分配率

注意:如果材料不是一次性投入，则要采用一定的方法计算在产品的约当产量后，再将材料费用按合格品数量和在产品的约当产量比例分配(详细内容在第5章介绍)。

- 其他费用按工时比例分配。其计算公式为：

$$直接人工分配率 = \frac{直接人工总额}{合格品生产工时 + 废品生产工时}$$

废品应负担直接人工=废品生产工时×直接人工分配率

$$制造费用分配率 = \frac{制造费用总额}{合格品生产工时 + 废品生产工时}$$

废品应负担制造费用＝废品生产工时×制造费用分配率

例4-1 某基本生产车间生产甲产品，本月投产700件，完工验收入库时发现废品80件。合格品生产工时为1 700小时，废品生产工时为300小时。甲产品成本明细账所计合格品与废品的全部生产费用为:原材料14 000元，直接人工13 000元，制造费用3 000元。原材料于生产开始时一次性投入，废品材料作价入库100元。

要求:根据以上资料，计算并核算不可修复废品的生产成本。

1）计算并结转材料成本。

$$直接材料分配率 = \frac{14\ 000}{620 + 80} = 20(元/件)$$

废品应负担的直接材料=80×20=1 600(元)

借:废品损失　　1 600

　贷:生产成本——基本生产成本——甲产品——直接材料　　1 600

2）计算并结转人工成本。

$$直接人工分配率 = \frac{13\ 000}{1\ 700 + 300} = 6.5(元/小时)$$

废品应负担的直接人工=300×6.5=1 950(元)

借:废品损失　　1 950

　贷:生产成本——基本生产成本——甲产品——直接人工　　1 950

3）计算并结转制造费用。

$$制造费用分配率 = \frac{3\ 000}{1\ 700 + 300} = 1.5(元/小时)$$

废品应负担的直接材料=300×1.5=450(元)

借:废品损失　　450

　贷:生产成本——基本生产成本——甲产品——制造费用　　450

4）结转回收残料价值。

借:原材料　　100

　贷:废品损失　　100

5）将废品净损失转入本月同种产品成本。

借：生产成本——基本生产成本——甲产品——废品损失　　3 900

　贷：废品损失　　3 900

不可修复废品成本计算表如表4.2所示。

表4.2　不可修复废品成本计算表

20××年××月　　元

项　目	产　量	直接材料	生产工时	直接工资	制造费用	合　计
费用总额	700	14 000	2 000	13 000	3 000	30 000
费用分配率		20		6.50	1.5	
废品成本	80	1 600	1 700	1 950	450	4 000
废品残值		100				100
废品净损失		1 500	300	1 950	450	3 900

需要指出的是，以上介绍的是单独核算废品损失时的处理，如果不单独核算废品损失，只需将材料冲减基本生产成本即可。

② 按废品定额成本计算

在消耗定额和费用定额比较健全的企业，也可以按废品所耗定额费用计算不可修复废品的生产成本，即按废品的实际数量和各项消耗定额、费用定额计算不可修复废品的生产成本，实际成本与定额成本的差异额全部由合格品负担。

采用费用定额计算废品成本方法简便，计算及时，有利于控制废品损失，故应用较为广泛。

例4－2　某车间加工丙产品，本月共领用材料23 100元，发生直接人工8 500元，制造费用7 350元。完成合格品1 000件，废品50件。每件废品的定额成本为：直接材料20元，直接人工10元，制造费用8元。根据责任鉴定应由责任人赔偿200元，回收残料价值100元。废品净损失由同种产品的合格品成本负担。

要求：根据以上资料，计算并核算不可修复废品的生产成本。

废品损失=50×(20+10+8)=1 900(元)

1）结转不可修复废品的生产成本。

借：废品损失——丙产品　　1 900

　贷：生产成本——丙产品　　1 900

2）应收赔偿款。

借：其他应收款——某人　　200

　贷：废品损失——丙产品　　200

3）回收残料。

借：原材料　　100

　贷：废品损失——丙产品　　100

4）结转废品净损失。

借：生产成本——丙产品　　1 600

贷：废品损失——丙产品　　1 600

（2）可修复废品损失的核算

可修复废品的损失是指废品在修复过程中发生的所有修复费用，包括修复过程中耗用的材料、发生的人工费用和制造费用。修复费用的归集根据直接材料、直接人工和制造费用分配表的分配结果，记入“废品损失”账户的借方。修复费用中需要由责任人赔偿的部分，应冲抵废品损失，从贷方转入“其他应收款”账户的借方。账户的借方余额，为可修复废品的净损失，与本月不可修复废品的净损失合计后，转入“基本生产成本”账户的废品损失项目。

可修复废品损失一般在废品修复时计算。其计算公式为：

可修复废品损失＝可修复废品修复费用－可修复废品的残值－应收过失人赔款

可修复废品修复费用＝修复废品材料费用＋修复废品工资及福利费＋修复废品制造费用

应当指出的是，可修复废品的修复费用是指当月实际发生的修复费用，它与发现可修复废品的时间无关——无论可修复废品是本月发现的，还是以前月份发现的，只要在本月进行修复，所发生的修复费用都作为本月的废品损失进行核算。

例4－3　某企业加工车间生产乙产品，验收入库时发现10件可修复废品，已修复入库。根据材料费用分配汇总表提供的资料，修复乙产品领用材料的实际成本为800元。根据工资费用分配汇总表和制造费用分配表提供的资料，乙产品在修复过程中耗用工时50小时，根据计算，每小时工资为10元，每小时制造费用为6元。由此可知，废品应负担的工资费为500元，制造费用为300元。

根据上述资料编制会计分录如下。

借：废品损失——乙产品	1 600	
贷：原材料		800
应付职工薪酬		500
制造费用		300
借：生产成本——乙产品	1 600	
贷：废品损失——乙产品		1 600

4.2　停工损失的核算

4.2.1　停工损失的含义

停工损失是指企业的生产车间或生产班组在停工期间发生的各项费用。它包括停工期间支付的职工工资及福利费、所耗用的燃料和动力费及应负担的制造费用。

停工的原因有很多，可以从不同的角度进行分类。从时间方面看，有长期停工（如因季节而停工）和临时停工（如因停水、停电而停工）；从范围方面看，有全面停工（如因自然灾害、停业整顿而停工）和局部停工（如因某一条生产线检修而停工）；从原因方面看，有计划内停工（如因计划内大修理而停工）和计划外停工（如因待料、机械故障而停工）；从管理角度看，有正常停工（计划内停工）和非正常停工（计划外停工）。无论是哪一种停工，只要企业继续存在，停工产品以后还要继续生产，在停工期间都会发生一些必需或必要的支出。

4.2.2 停工损失的核算

停工损失核算的主要原始凭证是停工报告单。企业在发生停工时由车间填制，并在考勤记录中登记。其样式如表4.3所示。

表4.3 停工报告单

填制日期：　　　　　　　　　　　　　　　　　　字第　号

车间			工段			班组			设备
工　人			停工时间			工资结算			责任者：
姓名	工号	级别	开始	终结	延续	工资率	支付/(%)	金额/元	
									停工原因：
工人从事其他工作记录： 备注：									

负责人：　　　　　　　　　　　　　　　　　　制表：

为了单独核算停工损失，要在会计科目中设置“停工损失”核算科目和“生产成本——基本生产成本——停工损失”项目。“停工损失”科目的借方登记生产单位本月发生的各项停工损失；贷方登记应收的过失单位或个人的赔款和分配结转的停工净损失；该科目月末一般无余额。“停工损失”科目是为了归集和分配停工损失而设立的。该科目应按车间设立明细账，账内按成本项目分设专栏或专行，进行明细核算。

1. 停工损失的归集

例4－4 某厂第一车间生产甲产品，由于停电停工6天，停工期间应支付工人工资6 000元，日常耗用材料100元，停工期间应负担制造费用300元。

根据以上资料，编制会计分录如下。

借：停工损失——第一车间　　　　　　　6 400

　　贷：应付职工薪酬　　　　　　　　　　6 000

　　　　原材料　　　　　　　　　　　　　　100

制造费用——第一车间　　300

2. 停工损失的处理

基本车间因意外停工而发生的各种损失应区分情况进行处理。计划内停工一般由生产成本负担；计划外停工由于是不可抗力造成的，应计入营业外支出，其他计入生产成本。

以下几种情况应单独处理。

① 辅助生产车间的停工损失计入辅助生产成本；小于一个工作日的停工损失计入制造费用。

② 季节性、修理期间的停工损失先计入制造费用，通过预提或待摊的方法处理，由开工期间的生产成本负担。

③ 计划减产造成全厂连续停工10天以上，或企业主要生产车间连续停工一个月以上，或者由自然灾害造成的停工损失，应计入营业外支出。

④ 如果停工期间发生的损失由责任人或保险公司赔偿，应计入其他应收款。

需要注意的是，对于计入产品成本的停工损失，如果企业生产的产品不止一种，则应采用适当的分配方法，分配计入该车间各种产品成本明细账的“停工损失”成本项目。

停工损失的归集和分配如图4.1所示。

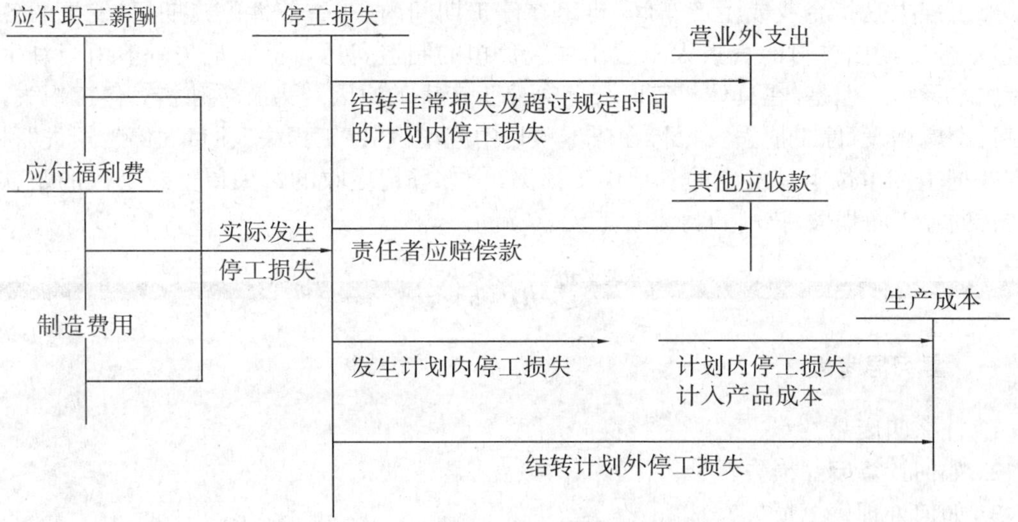

图4.1　停工损失的归集和分配

例4－5　例4-4中的停电是由于外部供电部门修理电路造成的，经协商，供电部门同意赔偿1 400元。

根据以上资料，编制会计分录如下。

借：其他应收款——供电局　　1 400

　　生产成本——基本生产成本——甲产品　　5 000

　贷：停工损失——第二基本生产车间　　6 400

本章小结

在现有生产条件下，企业不可避免地会产生一些损失性费用。损失性费用绝大部分计入产品成本，从而导致产品成本偏高。因此，企业必须对损失性费用加强控制。按发生的原因，损失性费用可以分为废品损失、停工损失和在产品的盘亏毁损。

废品是指那些质量不符合技术标准的规定，不能按照原定用途加以利用的，或是只有通过加工修复后才能利用的产成品和半成品，而无论它们是在生产中发现的，还是在入库后发现的。废品可分为可修复废品和不可修复废品。可修复废品是指废品经过修复可以使用，而且花费的修复费用在经济上是合算的；不可修复废品是指废品不能修复，或者所花费的修复费用在经济上是不合算的。废品损失，包括不可修复废品的成本减去废品可回收残值后的报废损失，以及可修复废品的修复费用。为了单独核算停工损失，在会计科目中应增设“废品损失”科目，在成本项目中应增设“废品损失”项目。该科目借方登记发生的可修复废品的修复费用、不可修复废品的成本；贷方登记应由保险公司、责任人赔偿的损失和结转的废品净损失。废品的净损失应转入当月生产的同种产品中，由合格产品负担。经上述结转后，“废品损失”科目应没有余额。

停工损失是指企业或生产车间、班组在停工期间内（非季节性停工期间）发生的各项费用，包括停工期内支付的直接人工费用和应负担的制造费用。停工损失一般由当月生产的产品成本承担。但是，在具体核算时要区分停工产生的原因。为了单独核算停工损失，在会计科目中应增设“停工损失”科目，在成本项目中应增设“停工损失”项目。“停工损失”科目的借方登记生产单位本月发生的各项停工损失，贷方登记应收的过失单位或个人的赔款和分配结转的停工净损失；该科目月末一般无余额。

课后练习

一、复习思考题

1. 什么叫废品？
2. 如何计算废品损失？
3. 如何处理停工损失？

二、判断题

1. 采用按废品所耗定额费用计算不可修复废品成本时，废品的生产成本是按废品数量和各项费用定额计算的，不需要考虑废品实际发生的生产费用。（　）

2. “废品损失”账户期末一般有借方余额。（　）

3. 停工损失中，季节性生产和大修理停工的损失列作制造费用计入产品成本，其他各种非正常停工的损失列作营业外支出。（　）

4. 停工损失是企业基本生产车间因停工发生的各种费用，这些费用通过“制造费用”账户归集。（　）

5. 对非意外原因造成的在产品短缺与毁损，报经批准后计入企业当月的废品损失。（ ）
6. 企业无论在什么环节发现的废品，都应并入废品损失内核算。（ ）
7. 废品损失一般都由当月完工产成品成本负担。（ ）

三、单项选择题

1. 下列项目中，应该计入产品成本停工损失的是（ ）。
   A. 由于自然灾害引起的非正常停工损失
   B. 非正常原因发生的停工损失
   C. 固定资产修理期间的停工损失
   D. 非季节性停工损失
2. “废品损失”账户月末（ ）。
   A. 如果有余额，余额一定在贷方　B. 如果有余额，余额一定在借方
   C. 一定没有余额　D. 可能有借方或贷方余额
3. 自然灾害造成的停工损失应计入（ ）。
   A. 产品成本　B. 营业外支出　C. 管理费用　D. 废品损失
4. “废品损失”账户核算的内容之一是（ ）。
   A. 产品销售后的修理费用
   B. 生产过程中发现的不可修复废品的生产成本
   C. 出售不合格品的降价损失
   D. 库存产品因水灾而变质的损失
5. 结转不可修复废品的生产成本时，应编制的会计分录是（ ）。
   A. 借：废品损失
      贷：原材料等
   B. 借：废品损失
      贷：基本生产成本
   C. 借：其他应收款
      贷：废品损失
   D. 借：基本生产成本
      贷：废品损失
6. “废品损失”账户应按（ ）设立明细账。
   A. 产品品种　B. 废品种类　C. 车间　D. 责任人
7. 可修复废品的废品损失是指（ ）。
   A. 返修前发生的原材料费用
   B. 返修前发生的制造费用
   C. 返修后发生的修理费用
   D. 返修前发生的生产费用加上返修后发生的修理费用
8. 下列各项损失中，不属于废品损失的是（ ）。
   A. 可以降价出售的不合格品的降价损失
   B. 可修复废品的修复费用

C. 不可修复废品的生产成本扣除回收残料价值后的损失
D. 生产过程中发现的和入库后发现的不可修复废品的生产成本

四、多项选择题

1. 下列各项损失中，不属于废品损失的有(　　　　)。
A. 产品入库以后发现的生产中的废品的损失
B. 产品入库以后发现的由于保管不善发生的废品的损失
C. 降价出售不合格品的降价损失
D. 产品销售后发现的废品由于包退发生的损失
E. 产品销售后发现的废品由于包换发生的损失

2. 核算废品损失过程中，可能贷记的账户有(　　　　)。
A. “基本生产成本”　　B. “废品损失”
C. “应付职工薪酬”　　D. “制造费用”
E. “原材料”

3. 可修复废品必须同时具备的条件包括(　　　　)。
A. 经过修复可以使用　　B. 经过修复仍不能使用
C. 所花费的修复费用在经济上合算　　D. 可以修复，但在经济上不合算

4. 废品是指不符合规定的技术标准，不能按原定用途使用，或者需要加工修理后才能使用的(　　　　)。
A. 原材料　　B. 在产品　　C. 半成品　　D. 产成品
E. 低值易耗品

5. “废品损失”账户借方应反映(　　　　)项目。
A. 可修复废品的生产成本　　B. 不可修复废品的生产成本
C. 可修复废品的工资费用　　D. 可修复废品的动力费用
E. 回收废料的价值

6. 下列各项中，可用以计算不可修复废品生产成本的有(　　　　)。
A. 按所耗实际费用计算　　B. 按所耗定额费用计算
C. 按所耗实际费用扣除残值计算　　D. 按所耗定额费用扣除残值计算

五、技能训练题

技能训练一

目的:掌握废品损失的核算方法。

资料:某工业企业各种费用分配表所列甲种产品可修复废品的修复费用为原材料3 700元，应付生产工人工资1 400元，提取的生产工人职工福利费196元，制造费用2 364元，合计7 660元。不可修复废品成本按定额成本计价。不可修复废品损失计算表所列甲产品不可修复废品的定额成本资料为：不可修复废品20件，每件原材料费用定额50元；20件废品的定额工时为120小时，每小时的费用定额为工资及福利费4元，制造费用6.8元。可修复废品和

不可修复废品的残料作为辅助材料入库，按计划成本计价480元。应由过失人赔款300元。废品净损失由当月同种产品成本负担。

要求：

1. 计算甲产品不可修复废品的生产成本。

2. 计算甲产品可修复废品和不可修复废品的净损失。

3. 编制归集可修复废品的修复费用，以及结转不可修复废品生产成本、废品残值和废品净损失的会计分录。

技能训练二

目的：掌握废品损失的核算方法。

资料：某企业共生产甲产品100件，生产过程中发现1件不可修复废品。甲产品成本明细账归集的生产费用为直接材料125 000元，直接人工4 875元，制造费用24 375元，合计154 250元。原材料于生产开始时一次性投入。生产工时为：合格品1 505小时，废品120小时，合计1 625小时。废品回收的材料计价200元。另外，该100件产品中有2件可修复废品，发现时当即进行修复，耗用原材料200元，工人工资40元，制造费用50元，向过失人索赔100元。

要求：计算不可修复废品、可修复废品损失，并编制废品损失归集与结转的会计分录。

第5章

产品成本在完工产品和在产品之间的分配

学习目标

1. 了解广义在产品和狭义在产品的含义。
2. 基本掌握在产品的清查及盈亏的核算。
3. 重点掌握生产费用在完工产品和在产品的各种分配方法,特别是约当产量法。
4. 能够运用正确的方法处理实际工作中完工产品和在产品的分配。

引导案例

在暑假的实习过程中,小王发现企业在月底生产出了很多的产品,工人们将产品包装后送进了仓库准备销售。但是,还有一些产品在月末并没有完成所有工序,也就是没有形成真正的产品。这时候,小王就产生了疑问:“在‘基础会计’和‘财务会计’课程出现有关题目的时候都是产品到月末全部完工,或者是月末一件都没完工,这样就很好确定产品的成本。而在实际工作中,都是有部分产品完工了,还有部分产品未完工,有的生产了10%,有的生产了一半,有的生产了90%,等等。那么,这时候该如何来确定产品的成本呢?”小王请教了实习老师,老师告诉他,关于这个问题会在“成本会计”课程中学到。现在我们就来学习本章内容,解决小王的疑问。

5.1 在产品的核算

5.1.1 在产品的含义

从工业企业角度来看,所谓在产品也叫“在制品”,是指处在生产过程之中,尚未最终完工的产品。在产品有广义和狭义之分,广义的在产品包括正在生产、加工、制造的在制品和已经加工完成部分在加工阶段的自制半成品;狭义的在产品是指在生产过程中加工制造的在制品。不同含义的在产品,适用不同的产品成本计算方法。正确区分广义和狭义的在产品可以防止由于概念不清而给成本计算工作带来不必要的麻烦。

所谓完工产品是指已经完成企业全部加工过程并可对外销售的产品，即产成品。完工产品按其包含的内容不同，可分为狭义的完工产品和广义的完工产品。狭义的完工产品是指已经完成企业全部加工过程并可对外销售的产品，即产成品；广义的完工产品则不仅包括产成品，还包括只完成某一步骤生产的中间产品，即自制半成品。

企业在生产经营过程中发生的各项费用，经过一定的归集和分配，均已按成本项目集中归集在“生产成本——基本生产成本”账户的借方。要计算本月完工产品成本，应将期初的在产品成本加上本月所发生的全部生产费用，然后在企业的在产品和完工产品之间进行分配，最终得出本月完工产品成本和期末在产品成本。

本月生产费用与月初、月末在产品及本月完工产品成本之间的关系，可以用以下公式来表示：

月初在产品成本＋本月生产费用＝本月完工产品成本＋月末在产品成本

从公式中可以知道，如果月末、月初没有在产品，本月生产费用就等于本月完工产品成本；如果本月产品全部没有完工，计入这种产品成本的全部生产费用加上月初在产品成本，就是月末在产品成本；如果既有完工产品，又有月末在产品，这时应将月初在产品成本加上本月的生产费用，然后再将这些费用采用适当的分配方法在本月完工产品与期末在产品之间进行分配。

在月初在产品成本与本月生产费用已经确定的情况下，费用的分配有3种方法：同时计算出完工产品成本和月末在产品成本；先确定期末在产品成本，再计算出完工产品成本；先确定完工产品成本，再计算出期末在产品成本。

这3种分配方法，无论采用哪种，都必须先取得在产品数量的核算资料。

5.1.2 在产品数量的确定

每一个企业都会存在大量的在产品，并且品种、规格较多，流动性较大。同原材料、产成品等存货一样，必须加强对在产品的收、发、结、存的日常管理，同时还要对在产品在各道工序之间的结转加强管理。

车间对在产品的日常管理，通常必须设置在产品收发结存账(即在产品台账)。该账户一般按照车间、产品品种及在产品的名称进行设置，为各种在产品的收、发、结、存提供核算资料，对于多工序生产的企业，还可以按工序进行反映。在产品收发结存账要根据签收后的收发凭证及时登记，并要定期进行实物盘点核对，做到账实相符。月末，车间调度员应将在产品清单交车间会计员，据此对在产品进行计价。在产品收发结存账的样式如表5.1所示。

在产品收发结存账的填制，不仅对企业正确计算产品的成本，加强生产资金管理有重要意义，而且结合在产品的定期清查工作，可以定期查清在产品的实存数和盈亏数量，对保护企业财产起着重要的作用。

表5.1 在产品收发结存账

名称:甲产品
台

车间:第三车间

日 期	摘 要	收 入		发 出			结 存	
		凭证号	数量	凭证号	数量	废品	完工	未完工
（略）	（略）		20		12		6	2
			33		31	1		1
			12		8		2	2
	合 计		300		245	4	28	23

5.1.3 在产品清查及盈亏的核算

为了核实在产品的数量，保护在产品的安全完整，企业必须认真做好在产品的清查工作。清查可以定期进行，也可以不定期进行。清查时，应根据盘点结果和在产品收发结存账编制在产品盘存表（见表5.2），填制在产品的账面数、实存数和盘亏、盘盈数，以及盘亏的原因和处理意见等；对于报废和毁损的在产品，还应登记其残值。成本核算人员还应对在产品的清查结果进行审核，并进行如下账务处理。

① 在清查中发现在产品盘盈时，应做如下会计分录。

借:生产成本——基本生产成本

　　贷:待处理财产损溢——待处理流动资产损溢

无论是何种原因引起的盘盈，经过审批后进行的处理如下。

借:待处理财产损溢——待处理流动资产损溢

　　贷:制造费用

② 在清查中发现在产品盘亏和毁损时，应做如下会计分录。

借:待处理财产损溢——待处理流动资产损溢

　　贷:生产成本——基本生产成本

经批准后，分别按照盘亏和毁损的原因进行如下处理。

借:原材料（回收的残值）

　　其他应收款（保险公司或过失人的赔偿）

　　营业外支出（非常损失、扣除残值和赔偿后的净损失）

　　制造费用（正常损耗）

　　贷:待处理财产损溢——待处理流动资产损溢

表5.2 在产品盘存表

部门:　　　　　　　　　　　　　　　　　　　　　　　　年 月 日

品名	规格	单位	账面数量	盘点数量	盘 盈		盘 亏		差异原因	处理意见
					数量	金额	数量	金额		

部门主管:　　　　　　　　盘点人:　　　　　　　　经管人:

即问即答

在“财务会计”课程中关于现金及固定资产的盘点出现盈亏时应如何进行账务处理？

5.2　生产费用在完工产品和在产品之间的分配

在成本计算工作中，生产费用在完工产品和在产品之间的分配是一个重要而又比较复杂的问题。企业应当根据产品的生产特点，如月末结存在产品数量的多少、各月月末在产品结存数量变化的大小、月末结存在产品价值的大小、各项费用在成本中所占比重的大小以及企业定额管理基础工作扎实与否等，结合企业的管理要求，选择既合理又简便的分配方法。

5.2.1　不计算月末在产品成本法

这种方法适用于各月末在产品数量很少，算不算在产品成本对完工产品成本的影响较小，管理上不要求计算在产品成本的产品。例如，砖瓦企业中在窑中焙烧的砖坯，自来水企业中经过净化生产的水，由于数量一般比较稳定，为了简化核算工作，可以不计算在产品成本。该种产品本月归集的全部生产费用就是其完工产品成本。

5.2.2　月末在产品成本按年初固定数计算法

这种方法适用于在产品数量较少，或者在产品数量虽大，但各月之间在产品数量变动不大，月初、月末在产品成本的差额不大，算不算各月在产品成本的差额对完工产品成本的影响都不大的产品。

各月在产品成本可固定按年初数计算。当月发生的生产费用，可全部作为当期完工产品的总成本。但要注意的是，必须在年终进行实际盘点，并根据实盘的数量重新计算在产品成本，同时作为下一年度各月在产品的固定数。

例5－1　某企业生产的甲产品采用在产品成本按年初固定数计算的方法。本年初的在产品成本资料为原材料38 000元，工资及福利费23 000元，制造费用9 000元，共计70 000元。2013年3月份发生的生产费用为：原材料152 000元，工资及福利费用57 000元，制造费用21 000元。试计算3月份完工产品成本及月末在产品成本。

本例中，由于甲产品采用在产品成本按年初固定数计算的方法，所以在产品成本的年初数既是3月初的在产品成本，也是月末的在产品成本。其计算方法如表5.3所示。

表5.3　产品成本计算表

2016年3月　　　　元

项　目	原材料	工资福利费	制造费用	合　计
月初在产品成本(固定数)	38 000	23 000	9 000	70 000
本月发生费用	152 000	57 000	21 000	230 000
合　计	190 000	80 000	30 000	300 000
月末在产品成本(固定数)	38 000	23 000	9 000	70 000
完工产品成本	152 000	57 000	21 000	230 000

5.2.3　月末在产品成本按所耗原材料费用计算法

这种方法适用于各月末在产品数量较多，而且数量变化也较大，同时原材料费用在成本中所占比重较大的产品，如纺织、造纸、酿酒行业的原材料费用约占产品成本的80%以上。

采用这种方法，月末在产品只计算耗用的原材料费用，不计算所耗用的工资及福利费等加工费用，产品的工资、福利费及加工费用全部计入完工产品成本。某种产品的全部成本费用减去月末在产品原材料费用，就是完工产品的成本。

例5－2　某企业生产甲产品，该产品原材料费用在产品成本中所占比重较大，在产品按所耗原材料费用进行计算。材料在生产开始一次性投入，甲产品2016年3月初的在产品材料成本为12 000元，本月发生的费用为原材料48 000元，燃料及动力3 000元，工资及福利费6 000元，制造费用1 200元，共计58 200元。本月完工产品500件，月末在产品100件。试计算甲产品的在产品成本及完工产品成本。

$$原材料费用分配率 = \frac{12\ 000 + 48\ 000}{500 + 100} = 100(元/件)$$

月末在产品成本＝100×100＝10 000(元)

完工产品原材料费用＝100×500＝50 000(元)

完工产品成本＝50 000＋3 000＋6 000＋1 200＝60 200(元)

计算方法如表5.4所示。

表5.4　产品产量及费用分配表

品名：甲产品　　　　2016年3月　　　　元

<table>
<tr><th>项　目</th><th>月初成本</th><th>本月费用</th><th>合　计</th><th>完工数量</th><th>在产品数量</th><th>分配率</th><th>完工产品成本</th><th>在产品成本</th></tr>
<tr><td>原材料</td><td>12 000</td><td>48 000</td><td>60 000</td><td rowspan="5">500</td><td rowspan="5">100</td><td>100</td><td>50 000</td><td>10 000</td></tr>
<tr><td>动力费用</td><td>—</td><td>3 000</td><td>3 000</td><td>—</td><td>3 000</td><td>—</td></tr>
<tr><td>工资费用</td><td>—</td><td>6 000</td><td>6 000</td><td>—</td><td>6 000</td><td>—</td></tr>
<tr><td>制造费用</td><td>—</td><td>1 200</td><td>1 200</td><td>—</td><td>1 200</td><td>—</td></tr>
<tr><td>合　计</td><td>12 000</td><td>58 200</td><td>70 200</td><td>—</td><td>60 200</td><td>10 000</td></tr>
</table>

本例中，原材料是在生产开始时一次性投入的，因此，直接材料费用可以按完工产品和

月末在产品的数量比例分配。如果材料分批投入，月末应首先确定在产品数量，然后分别计算其应负担的材料成本。

5.2.4　月末在产品成本按完工产品成本计算法

这种方法适用于月末在产品已经接近完工，或者在产品已经加工完毕，但尚未验收或包装入库的产品。

采用这种方法，可将接近完工或已完工但尚未验收包装的在产品视同为完工产品，按完工产品数量和在产品数量的比例分配原材料及工资等项目费用。

例5－3　某企业生产乙产品，2016年3月末在产品接近完工，其成本按完工产品成本计算，材料在生产开始一次性投入。甲产品月初在产品材料成本为20 000元，燃料及动力3 000元，工资及福利费9 000元，制造费用1 000元，合计33 000元。本月发生的费用为：原材料30 000元，燃料及动力2 000元，工资及福利费11 000元，制造费用2 000元，共计45 000元。本月完工产品450件，月末在产品50件接近完工。试计算乙产品在产品成本及完工产品成本。

计算方法如表5.5所示。

表5.5　产品产量及费用分配表

品名：乙产品　　　　2016年3月　　　　元

项　目	月初成本	本月费用	合　计	完工数量	在产品数量	分配率	完工产品成本	在产品成本
原材料	20 000	30 000	50 000			100	45 000	5 000
动力费用	3 000	2 000	5 000			10	4 500	500
工资费用	9 000	11 000	20 000	450	50	40	18 000	2 000
制造费用	1 000	2 000	3 000			6	2 700	300
合　计	33 000	45 000	78 000			—	70 200	7 800

5.2.5　约当产量比例法

这种方法适用于月末在产品数量较多，各月末在产品数量变化大，产品成本中直接材料和各项加工费用所占的比重相差不大的产品。约当产量比例法在工业企业的成本核算中应用很广泛。

1. 约当产量

约当产量是指将月末在产品的数量按其完工程度折算为相当于完工产品的数量，即在产品大约相当于产成品的数量。其计算公式为：

在产品的约当产量＝在产品数量×在产品的完工程度（投料程度）

(1) 直接材料费用投料程度(投料率)的计算

产品负担的材料成本与在产品的投料程度紧密相关，而与在产品的完工程度没有直接的关系。因此，在上述公式中，计算用于直接材料分配的约当产量是根据投料程度确定的。在产品投料程度是指在产品已投入的材料费占完工产品材料费的比重。由于投入形式不同，在产品的投料程度也不同。一般而言，投入形式有以下3种。

① 直接材料在生产开始时一次性投入。这时的在产品投料程度应按100%计算，因为此时无论处于何种完工程度下，由于材料已经全部投入，因此，每单位在产品耗用的原材料和每单位完工产品耗用的原材料是完全一致的，在产品的约当产量也就是在产品的实际数量。

提示

直接材料在生产初期一次性投入的，则在产品和完工产品耗料程度相当。

② 直接材料在每道工序开始时一次性投入。这时每一工序内的在产品所耗用的直接材料与在该工序内完工的半成品所耗用的直接材料相同。这时的在产品投料程度可按如下公式计算。

$$某工序投料率 = \frac{前几道工序累计的原材料费用定额 + 本道工序原材料费用定额}{完工产品原材料费用定额}$$

例5－4 某产品经过3道工序加工完成，原材料于每个工序开始时投入。月末，该产品的在产品数量及原材料消耗定额如表5.6所示。要求计算各工序在产品的投料程度及月末在产品直接材料成本项目的约当产量。

表5.6 在产品数量及原材料消耗定额表 件

工　序	月末在产品数量	单位产品原材料消耗定额
1	100	70
2	120	80
3	140	100
合　计	360	250

根据资料，编制各工序投料程度及约当产量表，如表5.7所示。

表5.7 各工序在产品投料程度及约当产量表 件

工　序	月末在产品数量	单位产品原材料消耗定额	投料程度	在产品的约当产量
1	100	70	28%	28
2	120	80	60%	72
3	140	100	100%	140
合　计	360	250	—	240

其计算如下。

$$第一工序在产品投料程度=\frac{70}{250}\times100\%=28\%$$

$$第二工序在产品投料程度=\frac{70+80}{250}\times100\%=60\%$$

$$第三工序在产品投料程度=\frac{70+80+100}{250}\times100\%=100\%$$

第一工序在产品约当产量＝100×28%＝28(件)

第二工序在产品约当产量＝120×60%＝72(件)

第三工序在产品约当产量＝140×100%＝140(件)

③ 直接材料随加工程度陆续投入。这时，直接材料的投入程度与产品的完工进度完全一致或基本一致。因此，在产品直接材料的投料程度同其他费用的完工程度完全一致，直接材料可以与工资、制造费用等其他费用一起按完工程度进行折算。

(2) 其他费用的完工程度(完工率)的计算

对于直接材料以外的直接工资和制造费用等其他成本费用项目的计算，则与直接材料成本项目有所不同。因为这些费用不可能一次性投入，只能随着加工的过程而逐渐累积起来。产品完工程度越高，该产品应负担的这部分费用也越多。在直接工资和制造费用这些成本项目中，月末对在产品的约当产量的计算首先要测定在产品的完工程度(完工率)，然后以月末在产品的数量乘以完工率，求得约当产量。分工序计算在产品完工程度的公式为：

$$某道工序在产品完工率=\frac{单位在产品前工序累计工时定额+单位在产品本工序工时定额\times50\%}{单位完工产品工时定额}\times100\%$$

例5－5　某产品经过3道工序加工完成，各工序工时定额及在产品数量如表5.8所示。要求计算各工序在产品的完工程度及月末在产品其他费用项目的约当产量。

表5.8　工时定额及在产品数量表　　　　件

工　序	月末在产品数量	单位在产品工时定额
1	100	50
2	120	30
3	140	20
合　计	360	100

根据资料，编制各工序在产品完工程度及约当产量表，如表5.9所示。

表5.9 各工序在产品完工程度及约当产量表

件

工 序	月末在产品数量	单位产品工时定额	完工程度	在产品的约当产量
1	100	50	25%	25
2	120	30	65%	78
3	140	20	90%	126
合 计	360	100	—	229

计算如下。

$$第一工序在产品完工程度 = \frac{50 \times 50\%}{100} \times 100\% = 25\%$$

$$第二工序在产品完工程度 = \frac{50 + 30 \times 50\%}{100} \times 100\% = 65\%$$

$$第三工序在产品完工程度 = \frac{50 + 30 + 20 \times 50\%}{100} \times 100\% = 90\%$$

第一工序在产品约当产量＝100×25%＝25(件)

第二工序在产品约当产量＝120×65%＝78(件)

第三工序在产品约当产量＝140×90%＝126(件)

2. 约当产量法

约当产量法是先将月末实际结存的在产品数量按其完工程度折合为相当于完工产品的数量，即在产品约当产量，然后按照完工产品产量与月末在产品约当产量的比例分配生产费用，以确定完工产品成本与月末在产品成本的方法。其计算公式为：

$$某成本项目费用分配率 = \frac{月初在产品成本 + 本月发生的成本费用}{完工产品质量 + 在产品约当产量}$$

完工产品该项成本费用＝完工产品数量×费用分配率

在产品该项成本费用＝在产品约当产量×费用分配率

或

在产品该项成本费用＝项目费用总额－完工产品该项成本费用

例5－6 某厂生产甲产品，月初结存在产品100件，本月投产280件，月末结存在产品80件，完工程度为70%。原材料在开工时一次性投入。月初在产品成本及本月发生费用如表5.10所示。要求采用约当产量法计算完工产品与月末在产品成本。

表5.10 产品成本计算单

元

项 目	原材料	工资及福利费	制造费用	合 计
月初在产品成本	4 080	1 602	2 100	7 782
本月发生费用	17 200	6 230	7 156	30 586

① 直接材料的分配

由于原材料是在开工时一次性投入的，所以在产品约当产量即为在产品实际数量。

完工产品数量＝100＋280－80＝300（件）

完工产品应负担的原材料 $=\dfrac{4\ 080+17\ 200}{300+80}\times 300=16\ 800$（元）

在产品应负担的原材料 $=\dfrac{4\ 080+17\ 200}{300+80}\times 80=4\ 480$（元）

② 工资福利费、制造费用等其他费用的分配

在产品的完工程度为70%，因此：

在产品约当产量＝80×70%＝56（件）

完工产品应负担的工资福利费 $=\dfrac{1\ 602+6\ 230}{300+56}\times 300=6\ 600$（元）

在产品应负担的工资福利费 $=\dfrac{1\ 602+6\ 230}{300+56}\times 56=1\ 232$（元）

完工产品应负担的制造费用 $=\dfrac{2\ 100+7\ 156}{300+56}\times 300=7\ 800$（元）

在产品应负担的制造费用 $=\dfrac{2\ 100+7\ 156}{300+56}\times 56=1\ 456$（元）

③ 完工产品及在产品成本的计算

完工产品总成本＝16 800＋6 600＋7 800＝31 200（元）

完工产品单位成本＝31 200÷300＝104（元／件）

在产品总成本＝4 480＋1 232＋1 456＝7 168（元）

提示

约当产量法的本质就是将在产品折算为相当于完工产品的数量，以便同完工产品以平等的身份进行分配。在折算的过程中，由于各项消耗的情况差异，需要按成本项目分别折算，其中的材料项目往往需要单独核算和分配。

5.2.6　定额比例法

定额比例法是产品的生产费用按照完工产品和月末在产品的定额消耗量或定额费用的比例，分配计算完工产品成本和月末在产品成本的方法。其中，原材料费用按照原材料定额消耗量或原材料定额费用比例分配；工资和福利费、制造费用等各项加工费，既可以按定额工时比例分配，也可以按定额费用比例分配。定额比例法适用于定额管理基础较好，各项消耗定额或费用定额比较准确、稳定，各月末在产品数量变动较大的产品。其计算公式为：

各项费用分配率 $=\dfrac{\text{月初在产品费用}+\text{本月生产费用}}{\text{完工产品定额工时或材料费用}+\text{在产品定额工时或材料费用}}$

完工产品原材料费用＝完工产品原材料定额成本×原材料费用分配率

在产品原材料费用＝在产品原材料定额成本×原材料费用分配率

完工产品其他费用＝完工产品其他费用定额工时×其他费用分配率

在产品其他费用＝在产品其他费用定额成本×其他费用分配率

例5－7 某厂生产A产品，2016年3月初的在产品费用为：原材料1 600元，工资1 200元，制造费用550元。本月发生费用为：原材料9 800元，工资4 400元，制造费用3 300元。本月完工产品200件，在产品100件，完工产品原材料单位定额消耗量40千克，工时定额消耗量25小时；月末在产品原材料定额消耗量40千克，工时定额消耗量20小时。要求采用定额比例法计算完工产品和月末在产品成本。

根据资料计算如下。

$$原材料成本分配率=\frac{1\ 600+9\ 800}{200\times40+100\times40}=0.95(元/千克)$$

$$工资分配率=\frac{1\ 200+4\ 400}{200\times25+100\times20}=0.8(元/工时)$$

$$制造费用分配率=\frac{550+3\ 300}{200\times25+100\times20}=0.55(元/工时)$$

完工产品应负担原材料成本＝200×40×0.95＝7 600(元)

在产品应负担原材料成本＝100×40×0.95＝3 800(元)

完工产品应负担工资费用＝200×25×0.8＝4 000(元)

在产品应负担工资费用＝100×20×0.8＝1 600(元)

完工产品应负担制造费用成本＝200×25×0.55＝2 750(元)

在产品应负担制造费用成本＝100×20×0.55＝1 100(元)

完工产品成本＝7 600+4 000+2 750＝14 350(元)

月末在产品成本＝3 800+1 600+1 100＝6 500(元)

根据资料，编制有关的产品成本计算单，如表5.11所示。

表5.11 产品成本计算单

产品名称：A产品　　2016年3月　　元

项 目	原材料	工 资	制造费用	合 计
月初在产品费用	1 600	1 200	550	3 350
本月生产费用	9 800	4 400	3 300	17 500
合 计	11 400	5 600	3 850	20 850
月末在产品成本	3 800	1 600	1 100	6 500
完工产品总成本	7 600	4 000	2 750	14 350

5.2.7 定额成本法

定额成本法又称按定额成本估价扣除法，是指按照预先制定的定额成本计算月末在产品成本，即月末在产品成本按其数量和单位定额成本计算。这种分配方法适用于定额管理基础比较好，各项消耗定额或费用定额比较准确、稳定，而且各月在产品数量变动不大的产品。运用该方法时，应根据各种在产品有关定额资料以及在产品的月末结存数量，计算各种月末在产品的定额成本。

采用定额成本法时，首先根据在产品数量和单位定额成本计算月末在产品成本，然后将成本从本月生产费用总额中扣除，余额即为完工产品的总成本。其计算公式为：

月末在产品成本＝月末在产品数量×在产品单位定额成本

完工产品总成本＝本月全部生产费用－月末在产品成本

例5－8 某厂生产B产品，该产品2016年3月初和本月生产费用累计为：原材料费用14 200元，工资及福利费4 065元，制造费用3 500元。原材料在生产开始时一次性投入。单位产品原材料费用定额为40元，月末在产品70件。定额工时共计800小时，每小时费用定额为：工资及福利费1.5元，制造费用2元。要求按定额成本法分配计算完工产品和月末在产品费用。

根据资料，计算如下。

① 月末在产品定额成本

原材料费用＝70×40＝2 800(元)

工资及福利费＝800×1.5＝1 200(元)

制造费用＝800×2＝1 600(元)

月末在产品定额成本＝2 800＋1 200＋1 600＝5 600(元)

② 完工产品成本

原材料费用＝14 200－2 800＝11 400(元)

工资及福利费＝4 065－1 200＝2 865(元)

制造费用＝3 500－1 600＝1 900(元)

完工产品成本＝11 400＋2 865＋1 900＝16 165(元)

根据资料，编制有关生产费用分配表，如表5.12所示。

表5.12 生产费用分配表

产品名称：B产品　　　　2016年3月　　　　元

项　目	生产费用累计	在产品定额成本	完工产品成本
原材料	14 200	2 800	11 400
工资及福利费	4 065	1 200	2 865
制造费用	3 500	1 600	1 900
合　计	21 765	5 600	16 165

提示

定额成本法的特点是以定额确定在产品成本，进而得出完工产品成本；定额比例法的特点是同时以定额身份进行分配。

本章小结

前面几章讲述了如何进行各种费用的归集。企业在实际生产过程中，往往存在着大量的在产品，所以如何将各类成本费用正确地在完工产品和在产品之间进行分配，以及分配方法选择的正确与否，对以后产品的成本及售价的确定就显得至关重要。本章首先阐述了在产品的含义、其数量的确定和清查及盈亏的核算，以便正确地判断在产品的数量，为后面进行分配收集正确的数据；其次重点讲述了几种常见的分配方法。

不计算月末在产品成本法适用于各月末在产品数量很少，算不算在产品成本对完工产品成本的影响较小，管理上不要求计算在产品成本的产品；月末在产品成本按年初固定数计算法适用于在产品数量较少，或者在产品数量虽多但各月之间在产品数量变动不大，月初、月末在产品成本的差额不大的产品；月末在产品成本按所耗原材料费用计算法适用于各月末在产品数量较多，各月之间在产品数量变化也较大，同时原材料费用在成本中所占比重较大的产品；月末在产品成本按完工产品成本计算法适用于月末在产品已经接近完工，或者已经加工完毕，但尚未验收或包装入库的产品。以上几种方法在一些特殊行业中使用较多。

在工业企业的成本核算中，应用最为广泛的是约当产量法。采用这种方法，必须正确地判断出在产品的约当产量，从而将成本费用在在产品和完工产品之间进行分配，而要计算出约当产量，必须采用正确的方法，判断出在产品的完工程度或投料程度，这些内容在本章中都做了详细的介绍。

对于定额管理基础较好的企业，可以采取本章中介绍的另外两种方法，即定额比例法和定额成本法。

课后练习

一、复习思考题

1. 什么是在产品？如何理解在产品的两种不同含义？
2. 生产费用在完工产品和在产品之间分配的方法有哪些？如何选择不同的分配方法？
3. 什么是约当产量？什么是约当产量法？
4. 如何确定在产品的投料率？
5. 如何确定在产品的完工率？

二、判断题

1. 各月末在产品数量变化不大的产品，可以不计算其月末在产品成本。　（　）

2. 月末在产品成本按年初固定数计算法适用于在产品数量较少，或者在产品数量虽多，但各月之间在产品数量变动不大，月初、月末在产品成本的差额不大，算不算各月在产品成本的差额，对完工产品成本的影响都不大的产品。　（　）

3. 任何企业都可以采用定额成本法在完工产品和在产品之间分配生产费用。　（　）

4. 在产品的盘亏无论是何种原因，只能增加制造费用的账面价值。　（　）

5. 某工序在产品完工率＝(该工序工时定额＋前面各工序累计工时定额之和×50%)÷产品工时定额。 (　)

三、单项选择题

1. 原材料如果是在生产开始时一次性投入的，则原材料费用可以按完工产品与月末在产品的(　　)比例分配。

A. 定额费用　　B. 定额工时
C. 按完工率计算的约当产量　　D. 实际数量

2. 在计算完工产品成本时，如果不计算在产品成本，必须具备的条件有(　　)。

A. 各月末在产品数量很少　　B. 各月末在产品数量比较稳定
C. 定额管理基础较好　　D. 各月末在产品数量较多

3. 假定某企业生产甲产品，本月完工300件，月末在产品200件，在产品完工程度为50%；月初和本月发生的原材料费用共40 000元，原材料在生产开始时一次性投入，则完工产品和月末在产品的原材料费用分别为(　　)。

A. 16 000元和24 000元　　B. 24 000元和16 000元
C. 30 000元和10 000元　　D. 10 000元和30 000元

4. 假定某企业生产甲产品的工时定额为100小时，由两道工序组成，每道工序的定额工时分别为80小时和20小时，则第二道工序的完工程度是(　　)。

A. 60%　　B. 80%　　C. 90%　　D. 100%

5. 采用约当产量法计算完工产品和在产品成本时，如果原材料不是在生产开始时一次性投入，而是分工序在每道工序开始时一次性投入，原材料消耗定额为第一工序80千克，第二工序20千克，则第二工序在产品的投料率为(　　)。

A. 60%　　B. 80%　　C. 90%　　D. 100%

四、多项选择题

1. 以下属于在完工产品与在产品之间分配费用的方法有(　　　)。

A. 不计算月末在产品成本法　　B. 直接分配法
C. 交互分配法　　D. 约当产量法

2. 在产品盘亏时，已查清原因并经批准可能在贷方发生的账户有(　　　)。

A. “制造费用”　　B. “营业外支出”
C. “营业外收入”　　D. “其他应收款”

3. 约当产量法的适用条件是(　　　)。

A. 在产品数量较多　　B. 各个成本项目所占比重相差大
C. 各项在产品数量变化大　　D. 各个成本项目所占比重相差不大

4. 采用约当产量法时，需要按完工程度确定在产品约当产量之后，再进行分配的生产费用有(　　　)。

A. 材料费用　　B. 工资费用
C. 福利费用　　D. 制造费用

5. 以下采取月末在产品成本按所耗原材料费用计算法分配完工产品和在产品的行业

有(　　　　)。

A. 造纸业　　B. 自来水业　　C. 纺织业　　D. 酿酒业

五、技能训练题

技能训练一

目的:练习按不计算在产品成本的方法分配完工产品与在产品成本。

资料:某企业生产的A产品由于月末在产品数量很少,因此不需要计算月末在产品成本。本月发生的生产费用为:原材料20 000元,工资及福利费5 000元,制造费用3 000元。本月完工产品1 000件,月末在产品5件。

要求:计算A产品的完工产品总成本和单位成本。

技能训练二

目的:练习按年初固定数计算的方法分配完工产品与在产品成本。

资料:某企业生产的B产品每月末在产品数量较多,但各月在产品数量变化不大,在产品按年初固定数计算。本月初在产品成本为:原材料12 000元,工资及福利费3 000元,燃料2 000元,制造费用1 000元。本月发生的生产费用为:原材料27 000元,工资及福利费7 800元,燃料3 200元,制造费用2 000元。本月完工产品2 000件,月末在产品800件。

要求:计算B产品的完工产品总成本和单位成本。

技能训练三

目的:练习按所耗原材料费用计算的方法分配完工产品与在产品成本。

资料:某企业生产的C产品的原材料费用在产品成本中所占比重较大,在产品按所耗原材料费用进行计算。材料在生产开始一次性投入,月初在产品材料成本为80 000元。本月发生的费用为:原材料120 000元,燃料及动力7 000元,工资及福利费8 000元,制造费用5 000元。本月完工产品350件,月末在产品150件。

要求:计算C产品的完工产品总成本和单位成本,并计算C产品的月末在产品成本。

技能训练四

目的:练习在产品投料率的计算。

资料:某企业生产的D产品分两道工序完成,原材料在各工序开始时一次性投入。单位产品原材料消耗定额为100千克,第一道工序为70千克,第二道工序为30千克。

要求:按原材料投入程度计算D产品在各工序的投料率。

技能训练五

目的:练习在产品投料率的计算。

资料:某企业生产的D产品分两道工序完成,原材料在各工序开始后陆续投入。单位产品原材料消耗定额为100千克,第一道工序为70千克,第二道工序为30千克。在产品在每道工序的原材料的消耗定额按本工序的50%计算。

要求：按原材料投入程度计算D产品在各工序的投料率。

技能训练六

目的：练习在产品完工率的计算。

资料：某企业生产的D产品分两道工序完成，单位产品工时定额为50小时，其中第一道工序为30小时，第二道工序为20小时，每道工序在产品的工时定额按本工序工时定额的50%计算。

要求：计算D产品在各工序的完工率。

技能训练七

目的：练习约当产量法。

资料：某厂生产E产品，月初结存在产品100件，本月投产400件，月末结存在产品200件，完工程度为50%。原材料在开工时一次性投入。月初在产品成本及本月发生费用如表5.13所示。

表5.13　月初在产品成本及本月发生费用

元

项　目	原材料	工资及福利费	制造费用	合　计
月初在产品成本	4 000	1 000	2 000	7 000
本月发生费用	16 000	4 000	2 000	22 000

要求：采用约当产量法计算E产品的完工产品与月末在产品成本。

技能训练八

目的：练习约当产量法。

资料：某厂生产F产品，分两道工序完成，原材料在每道工序生产时一次性投入。单位产品原材料消耗定额为500千克，其中第一道工序为300千克，第二道工序为200千克；单位产品工时定额为100小时，其中第一道工序为40小时，第二道工序为60小时，每道工序在产品工时定额按本工序工时定额的50%计算；本月共有完工产品800件，第一道工序在产品数量200件，第二道工序在产品数量80件。该产品月初及本月生产费用累计为：原材料费用160 000元，工资及福利费75 112元，制造费用42 136元。

要求：采用约当产量法计算F产品的完工产品与月末在产品成本。

技能训练九

目的：练习定额比例法。

资料：某厂生产G产品，该产品本月初在产品成本为：原材料2 000元，工资及福利费1 600元，制造费用800元。本月的生产费用为：原材料25 800元，工资和福利费9 600元，制造费用3 400元。本月完工产品400件，月末在产品100件，单位材料定额完工产品和在产品均为2元，完工产品单位工时定额为1.5元，在产品单位工时定额为1元。

要求：采用定额比例法计算G产品的完工产品与月末在产品成本。

技能训练十

目的：练习定额成本法。

资料：某厂生产H产品，该产品月初和本月的生产费用累计为：原材料费用100 000元，工资及福利费20 000元，制造费用10 000元。原材料在生产开始时一次性投入。单位产品原材料费用定额为500元，月末在产品80件。定额工时共计2 000小时，每小时费用定额为：工资及福利费2元，制造费用1.2元。

要求：采用定额成本法计算H产品的完工产品与月末在产品成本。

第6章 产品成本计算的品种法

学习目标

1. 了解生产特点和管理要求对产品成本计算的影响。
2. 熟悉产品成本计算的基本方法、辅助方法及实际应用。
3. 基本掌握品种法的概念、特点和适用范围。
4. 重点掌握品种法的成本计算程序及计算方法。

引导案例

第5章解决了月末产品由于完工程度不同，其月末生产成本应采用何种方法在完工产品和月末在产品之间进行分配这一问题。在归集和分配生产费用的过程中，产品的成本都是按照最终产品的品种直接进行核算的。有的学生就提出："有的企业生产的产品是分很多步骤完成的，如汽车的生产分别有发动机、轮胎、车体等很多生产步骤，该如何归集和分配这类产品的生产费用呢？还有，我们的校服是专门定做的一批服装，与其他学校甚至本校其他班级的校服都不同，如果所有学校的校服都是在一个加工厂加工生产，其成本又是如何计算出来的呢？"本章就来解决这些问题。

6.1 生产特点和管理要求对产品成本计算的影响

企业产品成本计算的过程，就是对生产经营过程中所发生的费用，按照一定的对象进行归集和分配，计算出产品的总成本和单位成本的过程。决定产品成本计算方法的主要因素是产品计算对象，而决定产品成本计算对象的因素是生产类型特点和管理要求。为了正确计算产品成本，企业必须根据自身的生产特点，并考虑成本管理的要求，选择适当的成本计算方法。因此，在研究产品成本计算方法之前，首先要了解企业的生产类型特点和成本管理要求对成本计算方法的影响，只有根据不同生产类型特点和成本管理要求，选择不同的成本计算方法，才能正确地计算产品成本。

6.1.1　工业企业的生产特点

企业生产的类型，就是指企业产品的生产特点。企业产品的生产特点不同，成本核算的组织方式和成本计算的方法也不相同。因此，要做好成本核算工作，就必须研究生产的分类。按照工业生产的一般特点，工业企业的生产可做如下分类。

1. 按生产工艺过程的特点分类

产品生产工艺过程是指产品从投料到完工的生产工艺、加工制造的过程。按生产工艺过程的特点，产品生产可以分为单步骤生产和多步骤生产。

① 单步骤生产又称简单生产，即生产工艺过程不能间断，或不能分散在不同地点进行的生产。此类生产的生产周期较短，工艺较简单。例如，发电厂、采掘工业等的生产。

② 多步骤生产又称复杂生产，即产品的生产工艺过程由若干可以间断、可以分散在不同时间和地点进行的生产步骤所组成的生产。此类生产的生产周期较长，工艺较复杂。多步骤生产按其产品的加工方式不同，又可分为连续加工式生产和装配式(平行加工)生产。

- 连续加工式生产是指从原材料投入生产到产品完工，要依次经过各生产步骤的连续加工的生产，即前一步骤完工的半成品为后一步骤加工的对象。例如，纺织、冶金、造纸等的生产。
- 装配式(平行加工)生产是指各个生产步骤可以在不同的地点和时间同时进行，即先将原材料平行加工成零件、部件，然后再将零件、部件装配成产成品。例如，机械、仪表、服装、汽车等的生产。

2. 按生产组织方式分类

生产组织方式是指企业生产的专业化程度，具体是指企业在一定时期内生产产品品种的多少、同种类产品的数量以及生产的重复程度。按生产组织方式，产品生产可以分为大量生产、成批生产和单件生产。

① 大量生产是指不断地大量重复生产相同产品的生产。此类生产的产品品种少、产量较大，如纺织、面粉等的生产。

② 成批生产是指按照事先规定的产品批别和数量进行的生产。此类生产的产品品种较多、产量较大，生产具有重复性，如服装、机械的生产。按照产品批量的大小，成批生产又可分为大批生产和小批生产。大批生产的产品批量较大，往往重复生产，在生产性质上接近大量生产；小批生产产品批量较小，一批产品一般可同时完工，在生产性质上接近单件生产。

③ 单件生产是根据订货单位的要求，个别的、性质特殊的产品的生产，如船舶、飞机、新产品试制等。单件生产类似于小批生产。

将上述生产工艺过程的特点和生产组织的特点相结合，可形成不同的生产企业类型。单步骤生产和多步骤连续加工式生产一般是大量大批生产，可分别称为大量大批单步骤生产和大量大批连续式多步骤生产。多步骤装配式(平行式加工)生产可以是大量生产，也可以是成批生产，还可以是单件生产——前一种可称为大量大批装配式(平行式加工)多步骤生产，后两种可统称为单件小批装配式(平行式加工)多步骤生产。以上4种生产类型，是就整个企业而言的，主要是讲述基本生产车间的特点及类型。

6.1.2 企业生产类型特点和成本管理要求对产品成本计算方法的影响

企业采用哪种成本计算方法，在很大程度上是由产品的生产特点，即生产类型所决定的，而不同的生产类型对成本管理的要求也不一样。生产特点和管理要求必然对产品成本计算产生影响，主要表现在成本计算对象的确定、成本计算期的确定、生产费用在完工产品与在产品之间的分配3个方面。

1. 对成本计算对象的影响

计算产品成本，首先要确定成本计算对象。成本计算对象就是成本的承担者，也就是为计算产品成本而确定的归集和分配生产费用的各个对象。生产特点和管理要求对产品成本计算的影响主要表现在成本计算对象的确定上。一般认为，成本计算的最终对象是各种产品，但由于产品的生产特点和管理要求不同，可以按照产品品种计算成本，也可以按照产品生产的批别或各个加工步骤计算成本。

从生产工艺过程的特点看：

① 单步骤生产由于工艺过程不能间断，所以必须以产品为成本计算对象，按产品品种分别计算成本。

② 多步骤连续加工式生产需要以步骤为成本计算对象，既按步骤又按品种计算各步骤半成品成本和产品成本。

③ 多步骤装配式（平行加工）生产不需要按步骤计算半成品成本，而以产品品种为成本计算对象。

从产品生产组织的特点看：

① 在大量、大批生产的情况下，只能以产品品种为成本计算对象计算产品成本；如果大批生产的零件、部件按产品批别投产，也可以批别或件别为成本计算对象计算产品成本。

② 小批、单件生产，由于产品批量小，一批产品一般可以同时完工，因此可以产品批别为成本计算对象计算产品成本。

2. 对成本计算期的影响

成本计算期即计算产品成本的时期，也就是对生产费用计入产品成本所规定的起讫日期。企业产品的生产特点和成本管理要求的不同，对确定成本计算期同样有影响。将生产费用计入产品成本的起讫日期是否与会计报告期或生产周期相一致，主要取决于企业生产组织的特点。

在大量、大批生产中，由于生产连续不断地进行，企业不断地投入原材料，同时又不断地有完工产品，因而产品成本要定期在每月末进行计算。成本计算期与生产周期不一致，而与会计报告期一致。

在小批、单件生产中，由于生产一般是不重复进行的，而各批产品的生产周期不同，其产品成本一般要等到某件或某批产品完工以后才能计算，因此，成本计算是不定期的，它按生产周期进行，与会计报告期不一致。

3. 对生产费用在完工产品和在产品之间分配的影响

企业生产的特点，还影响到月末在进行成本计算时是否需要在完工产品与在产品之间分配生产费用，即是否需要计算在产品成本。

① 在单步骤大量、大批生产单一产品的情况下，生产过程不能中断，生产周期也很短，一般没有在产品或者在产品数量很少。因此，在计算产品成本时，生产费用不需要在完工产品和月末在产品之间进行分配。

② 在多步骤大量、大批生产产品的情况下，生产连续不断地进行，并不断地投入和产出，投料和完工同时存在，各生产步骤必然保持一定数量的不同完工程度的在产品，而且各期在产品数量及完工程度往往不一样。因此，在计算产品成本时，生产费用必须在完工产品和月末在产品之间进行分配。

③ 在单件、小批生产产品的情况下，由于成本计算期与产品生产周期相一致，在产品尚未完工时，该批（件）产品成本计算单所归集的生产费用，就是在产品的成本；当产品全部完工时，该批（件）产品成本计算单所归集的生产费用，就是完工产成品的成本。因此，都不存在计算在产品成本的问题。但是在同批产品分期完工并分别对外销售时，就有必要计算在产品成本，以便反映完工产品成本。

这3个方面是相互联系、相互影响的，其中生产类型对成本计算对象的影响是主要的。不同的成本计算对象决定了不同的成本计算期和生产费用在完工产品与在产品之间的分配。因此，成本计算对象的确定，是正确计算产品成本的前提，也是区别各种成本计算方法的主要标志。具体来说，包括以下3种：以产品品种为成本计算对象；以产品批别为成本计算对象；以产品生产步骤为成本计算对象。

6.1.3 产品成本计算方法的种类

1. 产品成本计算的基本方法

为了适应各种类型生产的特点和管理要求，在产品成本计算工作中有3种不同的产品成本计算对象，以及3种不同的以产品成本计算对象为标志的产品成本计算方法。

① 按照产品的品种计算产品成本

这种以产品品种为成本计算对象的产品成本计算方法，称为品种法。品种法适用于大量、大批的单步骤生产或管理上不要求分步骤计算成本的多步骤生产。例如，发电厂、水泥厂等的生产。

② 按照产品的批别计算产品成本

这种以产品批别为成本计算对象的产品成本计算方法，称为分批法。分批法适用于单件、小批的单步骤生产或管理上不要求按步骤计算成本的多步骤生产。例如，重型机械制造、船舶制造等的生产。

③ 按照产品的生产步骤计算产品成本

这种以产品的生产步骤为成本计算对象的产品成本计算方法，称为分步法。分步法适用于大量、大批且管理上要求分步骤计算成本的多步骤生产。例如，纺织、冶金等企业的生产。

这3种方法是计算产品实际成本必不可少的方法，因而是产品成本计算的基本方法。由于产品成本计算对象只有品种、批别和步骤3种，所以成本计算的基本方法总的来说也只有这3种。

2. 产品成本计算的辅助方法

在实际工作中，除了上述3种基本方法之外，有的企业还采用其他的成本计算方法。在产品品种、规格繁多的工业企业中，为了简化成本计算工作，还采用一种简便的产品成本计算方法——分类法；在定额管理工作有一定基础的工业企业中，为了配合和加强对生产费用和产品成本的定额管理，还采用一种将符合定额的费用和脱离定额的差异分别核算的产品成本计算方法——定额成本法。

由于分类法和定额法从计算产品实际成本角度看并不是必不可少的，而且在使用时必须要结合前面介绍的3种基本方法，所以二者又被称为辅助成本计算方法。

企业应从有利于成本计算和满足管理要求的角度出发，合理地选用成本计算方法，既可以单独选用其中一种，也可以几种方法同时采用，还可以将这些方法相互结合应用。

即问即答

在什么情况下月末要将生产成本在完工产品和在产品之间进行分配？有哪些分配方法？如何计算材料投料率和产品的完工程度？

6.2 品种法

6.2.1 品种法的含义及特点

1. 品种法的含义

产品成本计算的品种法就是以产品品种为成本计算对象来归集生产费用、计算产品成本的方法。采用这种方法，既不要求按照产品批别计算产品成本，也不要求按照产品生产步骤计算产品成本，而只要求按照产品的品种计算产品成本。按照产品品种计算成本，是产品成本计算最一般、最基本的要求。

按照品种法成本计算的繁简程度，可将其分为单一品种的品种法和多品种的品种法。

① 单一品种的品种法，是指企业最终只生产一种产品，发生的生产费用全部直接计入费用，并可以直接根据有关原始凭证及费用汇总表登记产品成本明细账（或产品成本计算单）。由于这种方法的成本计算过程简单，故又称为简单法。它适用于产品品种单一、生产周期较短的大量、大批单步骤生产，如发电、采掘等企业的生产。此外，企业的辅助生产车间如供水、供汽、供电等单步骤的大量生产，也采用简单法计算成本。

② 多品种的品种法，简称品种法。在这种成本计算方法下，成本计算对象是每种产品，应按每种产品分别设置产品成本明细账。如果生产多种产品，发生的直接费用应直接计入各产品成本计算单，间接费用则要采用适当的分配方法，在各产品成本对象之间进行分配，然后计入各产品成本计算单。这种方法适用于生产两种或两种以上产品的大量、大批的单

步骤生产以及大量、大批、多步骤、管理上不要求按步骤计算成本的生产，如制砖、造纸、小型水泥等企业的生产。

2. 品种法的特点

企业生产工艺过程的特点和生产组织的特点，决定了品种法具有下列几项主要特点。

① 以产品品种作为成本计算对象，并据此设置产品成本明细账，归集生产费用和计算产品成本。如果企业生产的产品不止一种，就需要以每一种产品作为成本计算对象，分别设置产品成本明细账。

② 成本计算定期按月进行。由于采用品种法计算产品成本的企业多数是大量、大批生产，并且是不间断地连续生产，无法按照产品的生产周期来归集生产费用，计算产品成本，只能定期按月计算产品成本。因此，产品成本是定期按月计算的，与会计报告期一致，而与产品生产周期不一致。

③ 月末在产品成本的计算。在单步骤生产中，月末计算成本时，为了简化计算，可以不计算在产品成本。在一些规模较小，而且管理上又不要求按照生产步骤计算成本的大量、大批的多步骤生产中，月末一般都有在产品，这时则需要采用适当的方法将费用在完工产品和在产品之间进行分配。

6.2.2 品种法的成本核算程序

采用品种法计算产品成本的程序，一般可分为以下4个步骤进行。

1）按产品品种设置产品基本生产成本明细账（或成本计算单）、辅助生产成本明细账、制造费用明细账，并按成本项目或费用项目设置专栏。

2）根据各种费用分配表，将各项费用分别按产品品种计入各成本明细账中的各有关成本项目。

该步骤具体又可以分为以下3个步骤。

1〉归集和分配各种要素费用。

根据发生的各项要素费用进行归集，编制各项费用分配表，并采用适当的分配方法分配要素费用，据此登记有关明细账。

2〉归集和分配辅助生产费用。

根据辅助生产车间辅助生产成本明细账中归集的生产费用，编制辅助生产费用分配表，采用适当的分配方法分配辅助生产费用，据此登记有关明细账。

3〉归集和分配基本生产车间的制造费用。

根据基本生产车间制造费用明细账中归集的生产费用，编制制造费用分配表，并将其采用适当的分配方法进行分配，据此登记生产成本明细账。

3）计算各种完工产品的总成本和单位成本，并结转完工产品成本。

根据生产成本明细账（或成本计算单）中归集的生产费用，月末采用适当的计算方法计算各种产品的完工产品成本和在产品成本。如果月末没有在产品，则本月的生产费用总额就是全部的完工产品成本。

4）根据各生产成本明细账计算出来的本月完工产品成本，汇总编制完工产品成本汇总表，计算出完工产品的总成本和单位成本，并结转本月完工产品成本。

6.2.3　品种法应用实例

1. 资料

假定某机械厂的铸造车间为大量、大批单步骤的生产，生产甲、乙两种产品，还设有一个辅助生产车间——修配车间，为车间提供修理劳务。铸造车间按约当产量法计算完工产品和月末在产品成本。甲、乙两种产品均为生产开始时一次投料。

该厂2016年11月份的有关产品成本核算资料如下。

① 产量资料如表6.1所示。

表6.1　产量及完工率一览表　　件

产品名称	月初在产品	本月投产	完工产品	月末在产品	完工率
甲产品	400	2 400	2 000	800	50%
乙产品	200	1 800	1 500	500	80%

② 月初在产品成本如表6.2所示。

表6.2　月初在产品成本表　　元

产品名称	直接材料	直接人工	制造费用	合　计
甲产品	59 600	8 760	32 180	100 540
乙产品	49 920	9 960	10 200	70 080

2. 成本计算程序及有关账务处理

1）开设生产成本明细账，按成本项目设置专栏（甲、乙两种产品成本明细账分别见表6.14和表6.15），登记月初在产品成本，并开设“制造费用——铸造车间”明细账（见表6.12）和“辅助生产成本——修配车间”明细账（见表6.11）。

2）根据本月份有关成本计算资料，归集和分配有关费用，并计入各产品成本明细账的有关成本项目。步骤如下。

1〉根据领料原始凭证，按用途编制材料费用分配表，如表6.3所示。

生产甲、乙两种产品共同耗用的材料按甲、乙两种产品定额耗用量的比例分配，编制分配表，如表6.4和表6.5所示。

编制会计分录如下。

借：生产成本——基本生产成本（甲产品）　　20 440
　　　　　　——基本生产成本（乙产品）　　11 776
　　　　　　——辅助生产成本——修配车间　　4 800
　　制造费用——铸造车间　　2 600
　　管理费用——修理费　　1 500
　　贷：原材料　　41 116

表6.3 发出材料汇总表

元

领料部门和用途	材料类别			合 计
	原材料	包装物	低值易耗品	
铸造车间				
甲产品耗用	12 000	4 000		16 000
乙产品耗用	8 000	2 000		10 000
甲、乙产品共同耗用	6 216			6 216
车间一般耗用	1 500		1 100	2 600
修配车间耗用	2 900	600	1 300	4 800
厂部管理部门耗用	1 200		300	1 500
合 计	31 816	6 600	2 700	41 116

表6.4 甲、乙产品耗用材料分配表

元

产品名称	定额耗用量	分配率	分配共耗材料
甲产品	3 000		4 440
乙产品	1 200		1 776
合 计	4 200	1.48	6 216

表6.5 材料费用分配表

元

应借科目	明细科目	成本及费用项目	合 计
生产成本——基本生产成本	甲产品	直接材料	20 440
	乙产品	直接材料	11 776
	小 计		32 216
辅助生产成本	修配车间		4 800
制造费用	铸造车间		2 600
管理费用	修理费		1 500
合 计			41 116

2〉根据应付职工薪酬及计提职工福利费，编制职工薪酬及职工福利费汇总表和分配表，如表6.6和表6.7所示。

表6.6 职工薪酬及职工福利费汇总表

元

人 员 类 别	应付职工薪酬总额	应计提福利费	合 计
铸造车间			
产品生产工人	13 000	1 820	14 820
车间管理人员	4 000	560	4 560
修配车间	7 000	980	7 980
厂部管理人员	7 000	980	7 980
合 计	31 000	4 340	35 340

表6.7　职工薪酬及职工福利费分配表　　元

分配对象		工　资			福 利 费	
应借科目	明细科目	分配标准/工时	分配率(130%)	分配金额	分配率(14%)	分配金额
生产成本——基本生产成本	甲产品	6 000		7 800		1 092
	乙产品	4 000		5 200		728
	小计	10 000	1.30	13 000	0.14	1 820
辅助生产成本	修配车间			7 000		980
制造费用	铸造车间			4 000		560
管理费用				7 000		980
合　计				31 000		4 340

编制会计分录如下。

① 分配工资

借:生产成本——基本生产成本(甲产品)　　7 800
　　　　——基本生产成本(乙产品)　　5 200
　　　　——辅助生产成本——修配车间　　7 000
　制造费用——铸造车间　　4 000
　管理费用　　7 000
　贷:应付职工薪酬——应付工资　　31 000

② 分配福利费

借:生产成本——基本生产成本(甲产品)　　1 092
　　　　——基本生产成本(乙产品)　　728
　　　　——辅助生产成本——修配车间　　980
　制造费用——铸造车间　　560
　管理费用　　980
　贷:应付职工薪酬——应付福利费　　4 340

3〉根据固定资产折旧计算表,计提固定资产折旧费用,并编制折旧费用分配表,如表6.8所示。

表6.8　折旧费用分配表　　元

应借科目	明细科目	应计提折旧的固定资产原值	应计提折旧额(月折旧率0.2%)
制造费用	铸造车间	400 000	800
辅助生产成本	修配车间	240 000	480
管理费用	管理部门	360 000	720
合　计		1 000 000	2 000

编制会计分录如下。

借:生产成本——辅助生产成本——修配车间　　480

制造费用——铸造车间　　800

管理费用　　720

贷：累计折旧　　2 000

4〉根据有关电费记录，计算分配电费，并编制动力费用分配表，如表6.9所示。

表6.9　动力费用分配表

元

产品及车间名称	明细科目	生产工时/小时	分配率	分配金额
生产用电	甲产品	6 000		2 400
	乙产品	4 000		1 600
	小计	10 000	0.4	4 000
照明用电	铸造车间			500
	修配车间			300
合　计				4 800

编制会计分录如下。

借：生产成本——基本生产成本（甲产品）　　2 400

——基本生产成本（乙产品）　　1 600

——辅助生产成本——修配车间　　300

制造费用——铸造车间　　500

贷：其他应付款——供电局　　4 800

5〉各车间、部门为制造产品而发生的其他各项间接费用支出，根据有关付款凭证，并按费用发生地点和用途编制其他费用分配表，如表6.10所示。

表6.10　其他费用分配表

元

应借科目	明细科目	办公费	水　费	其　他	合　计
制造费用	铸造车间	800	50	20	870
辅助生产成本	修配车间	800	30	20	850
管理费用		400	40	10	450
合　计		2 000	120	50	2 170

编制会计分录（假定均以银行存款支付）如下。

借：生产成本——辅助生产成本——修配车间　　850

制造费用——铸造车间　　870

管理费用　　450

贷：银行存款　　2 170

6〉归集和分配辅助生产费用。

① 根据上述各项费用分配表及有关凭证，登记辅助生产成本明细账，如表6.11所示。

② 因为只有一个铸造车间，辅助生产费用全部转入铸造车间。编制会计分录如下。

借：制造费用——铸造车间　　14 410

贷：生产成本——辅助生产成本——修配车间　　14 410

表6.11　辅助生产成本明细账

车间名称：修配车间　　　　元

年		凭证号	摘　要	直接材料	直接人工	制造费用	合　计
月	日						
11			材料费用分配表	4 800			4 800
			工资及福利费分配表		7 980		7 980
			转入制造费用			1 630	1 630
			本期发生额合计	4 800	7 980	1 630	14 410
			结转各受益部门	48 900	7 980	1 630	14 410

7）归集和分配制造费用。

根据上述各项费用分配表及有关凭证，登记制造费用明细账，如表6.12所示。由于铸造车间生产甲、乙两种产品，故其制造费用应采用适当的方法在甲、乙两种产品之间进行分配（按生产工时进行分配）。编制制造费用分配表如表6.13所示。

表6.12　制造费用明细账

车间名称：铸造车间　　　　元

年		凭证号	摘　要	材料费用	工资及福利费	折旧费	修理费	水电费	办公费	其他	合计
月	日										
略	略	略	材料费用分配表	2 600							2 600
			工资及福利费分配表		4 560						4 560
			折旧费用计算表			800					800
			动力费用分配表					500			500
			其他费用分配表					50	800	20	870
			辅助生产分配表				14 410				14 410
			本期发生额	2 600	4 560	800	14 410	550	800	20	23 740
			期末结转	2 600	4 560	800	14 410	550	800	20	23 740

表6.13　制造费用分配表

车间名称：铸造车间　　　　元

产　品	生产工时	分配率	分配金额
甲产品	6 000		14 244
乙产品	4 000		9 496
合　计	10 000	2.374 0	23 740

3）根据甲、乙两种产品基本生产成本明细账，计算完工产品总成本和单位成本，并结转入库。

1〉根据各种费用分配表及有关记账凭证，登记甲、乙两种产品成本明细账后，再将其所登记的全部生产成本采用约当产量法在本月完工产品和月末在产品之间进行分配，从而计算出完工产品总成本和单位成本，分别如表6.14和表6.15所示。

表6.14 基本生产成本明细账

车间名称：铸造车间　　　　月末在产品：800件

产品名称：甲产品　　产成品：2 000件　　在产品完工程度：50%　　元

月	日	摘　要	直接材料	直接人工	制造费用	合　计
		月初在产品成本	59 600	8 760	32 180	10 0540
		分配材料费用	20 440			20 440
		分配工资及福利费		8 892		8 892
		分配动力费用	2 400			2 400
		分配制造费用			14 244	14 244
		合　计	82 440	17 652	46 424	146 516
		分配率（单位成本）	29.44	7.36	19.34	56.14
		结转完工产品总成本	58 880	14 720	38 680	112 280
		月末在产品成本	23 560	2 932	7 744	34 236

表6.15 基本生产成本明细账

车间名称：铸造车间　　　　月末在产品：500件

产品名称：乙产品　　产成品：1 500件　　在产品完工程度：80%　　元

月	日	摘　要	直接材料	直接人工	制造费用	合　计
		月初在产品成本	49 920	9 960	10 200	70 080
		分配材料费用	11 776			11 776
		分配工资及福利费		5 928		5 928
		分配动力费用	1 600			1 600
		分配制造费用			9 496	9 496
		合　计	63 296	15 888	19 696	98 880
		分配率（单位成本）	31.65	8.36	10.37	50.38
		结转完工产品总成本	47 475	12 540	15 555	75 570
		月末在产品成本	15 821	3 348	4 141	23 310

甲产品完工产品的数量为2 000件，月末在产品800件，完工程度为50%，材料为一次投料，则：

在产品约当产量=800×50%=400（件）

① 直接材料分配率 $= \dfrac{82\,440}{2\,000+800} = 29.44$（元）

甲产品完工产品材料费用＝29.44×2 000=58 880（元）

甲产品月末在产品材料费用=82 440－58 880=23 560（元）

② 直接人工分配率 $= \dfrac{17\ 652}{2\ 000 + 400} = 7.36$（元）

甲产品完工产品人工费用=7.36×2 000=14 720（元）

甲产品月末在产品人工费用=17 652 – 14 720=2 932（元）

③ 制造费用分配率 $= \dfrac{46\ 424}{2\ 000 + 400} = 19.34$（元）

甲产品完工产品制造费用=19.34×2 000=38 680（元）

甲产品月末在产品制造费用=46 424 – 38 680=7 744（元）

乙产品完工产品的数量为1 500件，月末在产品500件，完工程度为80%，材料为一次投入，则：

在产品约当产量=500×80%=400（件）

① 直接材料分配率 $= \dfrac{63\ 296}{1\ 500 + 500} = 31.65$（元/件）

乙产品完工产品材料费用=31.65×1 500=47 475（元）

乙产品月末在产品材料费用=63 296 – 47 475=15 821（元）

② 直接人工分配率 $= \dfrac{15\ 888}{1\ 500 + 400} = 8.36$（元/件）

乙产品完工产品人工费用=8.36×1 500=12 540（元）

乙产品月末在产品人工费用=15 888 – 12 540=3 348（元）

③ 制造费用分配率 $= \dfrac{19\ 696}{1\ 500 + 400} = 10.37$（元/件）

乙产品完工产品制造费用=10.37×1 500=15 555（元）

乙产品月末在产品制造费用=19 696 – 15 555=4 141（元）

2）根据甲、乙两种产品成本明细账，计算出完工产品总成本和单位成本，编制完工产品成本汇总表，如表6.16所示。

3）根据完工产品成本汇总表编制会计分录。

借：库存商品——甲产品　　112 280

　　库存商品——乙产品　　75 570

　　贷：生产成本——基本生产成本　　187 850

表6.16　完工产品成本汇总表　　元

成本项目	甲产品（2 000件）		乙产品（1 500件）	
	总成本	单位成本	总成本	单位成本
直接材料	58 880	29.44	47 475	31.65
直接人工	14 720	7.36	12 540	8.36
制造费用	38 680	19.34	15 555	10.37
合　计	112 280	56.14	75 570	50.38

本章小结

本章主要讲述了产品成本计算的基本方法之一——品种法。在研究产品成本计算方法之前，首先介绍了企业的生产类型特点和成本管理要求对成本计算方法的影响。要做好成本核算工作，必须研究生产的分类。

按生产工艺过程的特点，生产可以分为单步骤生产和多步骤生产；按生产的组织方式，生产可以分为大量生产、成批生产和单件生产。企业采用哪种成本计算方法，在很大程度上是由产品的生产特点，即生产类型所决定的，而不同的生产类型，对成本管理的要求也不一样。企业的生产特点和管理要求必然对产品成本计算产生影响，主要表现在成本计算对象的确定、成本计算期的确定、生产费用在完工产品与在产品之间的分配3个方面。这3方面是相互联系、相互影响的，其中生产类型对成本计算对象的影响是主要的。因此，成本计算对象的确定是正确计算产品成本的前提，也是区别各种成本计算方法的主要标志。产品的成本计算对象具体来说包括3种，即以产品品种为成本计算对象、以产品批别为成本计算对象和以产品生产步骤为成本计算对象。

产品成本计算的品种法就是以产品品种为成本计算对象归集生产费用、计算产品成本的方法。采用这种方法，既不要求按照产品批别计算产品成本，也不要求按照产品生产步骤计算产品成本，而只要求按照产品的品种计算产品成本。

按照品种法成本计算的繁简程度，可将其分为单一品种的品种法和多品种的品种法。本书讲述的都是多品种的品种法。

任何一种成本计算方法最终都是以产品品种为成本归集对象的，因此按照产品品种计算成本是产品成本计算最一般、最基本的要求。

课后练习

一、复习思考题

1. 什么是多步骤生产？按其产品的加工方式，又可分为哪两种方式？
2. 什么是生产组织方式？包括哪几种方式？
3. 在3种不同的产品成本计算方法中，分别以什么作为成本计算对象？
4. 什么是品种法？其适用范围包括哪些？
5. 品种法的特点有哪些？

二、判断题

1. 品种法在大量、大批多步骤的生产企业，无论管理要求如何，均不适用。（　）
2. 工业企业的生产按照工艺过程特点可以分为大量生产、成批生产和单件生产3种类型。（　）
3. 品种法的成本计算期与会计报告期一致，与生产周期不一致。（　）
4. 品种法主要适用于简单的生产，因此称为简单法。（　）

5. 所有多步骤生产企业的成本计算都必须采用分步法。（　）

6. 由于每个企业最终都必须按照产品的品种计算出产品成本，因此，品种法是成本计算方法中最基本的方法。（　）

三、单项选择题

1. 产品成本计算最基本的方法是（　　）。
   A. 分批法　B. 分类法　C. 品种法　D. 分步法
2. 工业企业产品成本的计算最终是通过下列（　　）账户进行的。
   A. 制造成本　B. 基本生产成本　C. 制造费用　D. 辅助生产成本
3. 品种法的产品生产成本计算单应按（　　）。
   A. 产品品种分别开设　B. 产品批别分别开设
   C. 生产步骤分别开设　D. 产品品种及半成品分别开设
4. 品种法计算程序的第1步是（　　）。
   A. 归集和分配各种要素费用　B. 归集和分配各种制造费用
   C. 归集和分配各种辅助生产费用　D. 开设生产成本明细账
5. 区分各种产品成本计算基本方法的标志是（　　）。
   A. 成本计算期间　B. 成本计算对象
   C. 计入费用的分配方法　D. 在产品费用的分配方法

四、多项选择题

1. 成本计算的基本方法有（　　）。
   A. 品种法　B. 分批法　C. 分步法　D. 分类法
2. 品种法是产品成本计算最基本的方法，这是因为（　　）。
   A. 品种法计算成本最简单
   B. 任何成本计算方法最终都要计算出各品种的成本
   C. 品种法的成本计算程序最有代表性
   D. 品种法需要按月计算产品成本
3. 受生产特点和管理要求的影响，成本计算对象有以下哪几种形式？（　　）
   A. 产品品种　B. 产品类型　C. 产品批别
   D. 产品生产步骤　E. 生产组织
4. 在确定产品成本计算方法时，应根据（　　）选择。
   A. 企业生产组织特点　B. 企业生产产品种类多少
   C. 企业工艺过程特点　D. 月末是否有在产品
5. 产品成本计算品种法的特点是（　　）。
   A. 分步计算产品成本　B. 不分步计算产品成本　C. 分批计算产品成本
   D. 不分批计算产品成本　E. 只分品种计算产品成本

五、技能训练题

技能训练一

目的:练习产品成本计算的品种法(逐步投料)。

资料:企业基本生产车间生产甲、乙两种产品。月初在产品成本为甲产品6 820元,其中直接材料2 460元,直接人工3 080元,制造费用1 280元;乙产品2 360元,其中直接材料1 200元,直接人工500元,制造费用660元。

成本核算采用品种法,资料如表6.17和表6.18所示。

表6.17　本月产量、工时记录、产品完工程度表(原材料陆续投入)

产　品 名　称	月初在产品 /件	本月完工产品 /件	月末在产品 /件	月末在产品 完工程度	实用 工时
甲产品	30	200	40	50%	600
乙产品	10	80	40	50%	400

表6.18　本月有关费用表

元

产品名称	直接材料	直接人工	制造费用
甲产品	16 240		
乙产品	7 800		
合　计	24 040	11 000	9 600

要求:

1. 按工时比例将本月的直接人工费和制造费用在甲、乙产品之间进行分配。
2. 用约当产量法将生产费用在完工产品与月末在产品之间进行分配。

技能训练二

目的:练习产品成本计算的品种法(综合投料)。

资料:时代公司2016年3月生产A、B两种产品。A产品在生产开始时一次投料、逐步加工,月末完工1 240件,在产品350件,在产品完工程度为60%;B产品随加工进度逐步投料,月末完工703件,在产品210件,在产品完工程度为70%。成本核算采用品种法,资料如表6.19和表6.20所示。

表6.19　月初在产品成本表

元

产品名称	直接材料	直接人工	制造费用
A产品	23 450	12 180	4 560
B产品	17 084	24 60	4 566

表6.20　本月发生费用表

元

产品名称	直接材料	直接人工	制造费用
A产品	69 406	28 420	12 840
B产品	34 341	11 650	18 029
合　计	103 747	40 070	30 869

要求：

1. 分别计算A、B产品本月完工产品和月末在产品总成本。
2. 编制A、B产品完工入库的会计分录。

技能训练三

目的：练习品种法的计算及成本计算单的填制。

资料：某企业大量生产甲、乙两种产品，根据产品的生产特点和管理要求，该企业采用品种法计算成本。各产品所耗材料均在开工时一次性投入，直接人工费用和制造费用随加工程度均匀发生。完工产品与月末在产品之间的费用分配采用约当产量法。不可修复乙产品的废品损失全部由本月完工产品成本负担。

10月份有关资料如表6.21和表6.22所示。

表6.21　产量记录表

项　目	甲产品	乙产品
本月完工产品数量	1 800	3 600
月末在产品数量	400	500
完工程度	50%	80%

表6.22　不可修复废品损失计算表

元

项　目	直接材料	直接人工	制造费用
乙产品	1 000	400	600

要求：

1. 计算甲、乙两种产品的成本。
2. 登记各产品成本计算单（见表6.23和表6.24），并编制完工产品入库的会计分录。

表6.23　甲产品成本计算单

元

项　目	直接材料	直接人工	制造费用	合　计
月初在产品成本	70 00	1 600	1 400	10 000
本月生产费用	81 000	38 400	10 600	130 000
生产费用合计				
约当产量				
单位成本				
完工产品成本				
月末在产品成本				

表6.24 乙产品成本计算单

元

项 目	直接材料	直接人工	制造费用	废品损失	合 计
本月生产费用	21 500	40 400	20 600		82 500
转出不可修复废品成本					
转入废品净损失					
本月生产费用净额					
约当产量					
单位成本					
完工产品成本					
月末在产品成本					

第 7 章

产品成本计算的分批法

学习目标

1. 理解分批法的特点和适用范围。
2. 掌握产品成本计算分批法的核算程序。
3. 熟悉和掌握简化分批法的含义及核算特点。
4. 重点掌握简化分批法的计算程序及实际应用。

引导案例

在第6章中我们学习了产品成本计算的基本方法之一——品种法。它适用于生产两种或两种以上产品的大量、大批的单步骤生产以及大量、大批、多步骤、管理上不要求按步骤计算成本的生产。有的学生提出："在单件小批生产企业中，品种法是否还适用？在服装生产企业中，每个订单中生产的服装款式、使用的材料各不相同，加工方法也不一样，其成本肯定也不一样，又该如何进行成本核算呢？"本章就来解决这个问题。

7.1 分批法概述

7.1.1 分批法的含义和特点

1. 分批法的含义

分批法是指企业以产品的批别作为成本计算对象，归集生产费用，计算产品成本的一种方法。在单件小批生产企业中，由于一定量的批量生产往往是根据订单组织进行的，因而分批法也被称为订单法。

分批法适用于小批、单件的单步骤生产和管理上不要求分步骤计算成本的多步骤生产的企业，如精密仪器、专用设备、重型机械和船舶制造等。

2. 分批法的特点

(1) 以产品的批别或订单作为成本计算对象

严格来说，按批别组织生产并不一定就是按订单组织生产，还要结合企业自身的生产负荷能力来合理组织安排产品生产的批量与批次。

① 如果一张订单中要求生产几种产品，为了便于考核分析各种产品的成本计划执行情况，加强生产管理，就要将该订单按照产品的品种划分成几个批别组织生产。

② 如果一张订单中只要求生产一种产品，但数量极大，超过企业的生产负荷能力，或者购货单位要求分批交货的，也可将该订单分为几个批别组织生产。

③ 如果一张订单中只要求生产一种产品，但该产品属于价值高、生产周期长的大型复杂产品(如万吨轮)，也可将该订单按产品的零部件分为几个批别组织生产。

④ 如果在同一时期接到的几张订单要求生产的都是同一种产品，为了更经济合理地组织生产，也可将这几张订单合为一批组织生产。

(2) 产品的成本计算期与产品的生产周期一致，与会计报告期不一致

采用分批法计算产品成本的企业，虽然各批产品的成本计算单仍按月归集生产费用，但是只有在该批产品全部完工时才能计算其实际成本。由于各批产品的生产复杂程度不同，质量数量要求也不同，所以它们的生产周期就各不相同。有的批次当月投产，当月完工；有的批次要经过数月甚至数年才能完工。可见，完工产品的成本计算因各批次的生产周期而异，是不定期的。因此，分批法的成本计算期与产品的生产周期一致，与会计报告期不一致。

(3) 生产费用一般不需要在月末完工产品与在产品之间进行分配

在单件或小批生产、购货单位要求一次交货的情况下，每批产品要求同时完工。这样，该批产品在完工前的成本明细账上所归集的生产费用即为在产品成本；完工后的成本明细账上所归集的生产费用即为完工产品成本。因此，在通常情况下，生产费用不需要在完工产品和在产品之间分配。

但是，如果产品批量较大，购货单位要求分次交货，就会出现批内产品跨月陆续完工的情况，这时就应采用适当的方法将生产费用在完工产品和月末在产品之间分配。采用的分配方法视批内产品跨月陆续完工的数量占批量的比重大小而定。当跨月完工产品不多时，为了简化成本核算工作，完工产品成本可按计划成本或定额成本计算，产品成本计算单中所归集的全部费用减去完工产品的计划成本或定额成本，即为该批产品的月末在产品成本，待该批产品全部完工时再计算该批产品的实际总成本；如果批内产品跨月完工的数量较多，则应采用适当的方法分配计算成本，以提高成本计算的正确性。

7.1.2 分批法的成本计算程序

1）按产品批别或订单设置产品基本生产成本明细账、辅助生产成本明细账、制造费用明细账，并按成本项目或费用项目设置专栏。

2）根据各种费用分配表，将各项费用分别按产品批别或者订单计入产品成本明细账中各有关成本项目。

在分批法下，需特别强调的是，应按批别或订单归集生产费用。因此，对于直接计入费

用，应按产品批别或订单的列示，直接计入各个批别的产品成本明细账；对于间接计入费用，应按生产地点和用途先进行归集，然后按照谁受益谁承担的原则采用适当的方法分配计入相应的各个批别的产品成本明细账有关成本项目。

3）月末，根据完工批别产品的完工通知单，将计入已完工的该批产品的成本明细账所归集的生产费用按成本项目加以汇总，计算出该批完工产品的总成本和单位成本并转账。

如果出现批内产品跨月陆续完工并已销售或提货的情况，需要结转已完工产品成本时，可以采用适当的方法将生产费用在完工产品和月末在产品之间分配，也可按完工数量和计划单位成本计算已完工产品的计划成本，并结转“库存商品”账户。

即问即答

分批法与品种法的特点有什么不同？分批法适用于哪种类型的生产企业？

7.2 分批法举例及简化分批法

7.2.1 分批法举例

1. 同批产品同时完工的分批法举例

例7-1 某企业2016年10月份根据客户订单继续生产8月份已经投产的0671号A产品120台、9月份已经投产的0672号B产品80台和10月份新投产的0673号C产品50台。A产品和B产品8、9月份发生的各项生产费用，已经按各种费用分配表计入各批的产品成本明细账中相应的成本项目。

10月份的生产情况如下。

0671号A产品已于10月29日全部完工，0672号B产品和0673号C产品本月尚未完工。

10月份的生产费用及生产工时情况如下。

① 0671号A产品原材料费用28 500元，工时920小时。

② 0672号B产品原材料费用19 000元，工时2 150小时。

③ 0673号C产品原材料费用15 800元，工时830小时。

另外，3批产品发生的工资和福利费共计18 720元，制造费用共计15 210元。

原材料费用应根据各批产品直接计入各自产品成本明细账中的直接材料项目，工资福利费和制造费用按所耗用生产工时进行分配，然后计入其各自产品成本明细账中的相关成本项目。编制各产品相关的费用分配表，如表7.1和表7.2所示。

表7.1 直接人工费用分配表 元

产品批号及名称	实际耗用工时	分配率	应分配金额
0671号A产品	920		4 416
0672号B产品	2 150		10 320
0673号C产品	830		3 984
合 计	3 900	4.80	18 720

表7.2 制造费用分配表

元

产品批号及名称	实际耗用工时	分配率	应分配金额
0671号A产品	920		3 588
0672号B产品	2 150		8 385
0673号C产品	830		3 237
合　计	3 900	3.90	15 210

根据以上分配结果，分别记入3批产品的成本明细账，如表7.3、表7.4和表7.5所示。

表7.3 基本生产成本明细账

生产批号：0671　　　　生产日期：8月2日

产品名称：A产品　　批量：120台　　完工日期：10月29日　　元

月	日	摘　要	直接材料	直接人工	制造费用	合　计
8	31	8月份分配转入费用	32 000	5 600	4 100	41 700
9	30	9月份分配转入费用	8 600	4 300	2 700	15 600
		至9月底累计发生额	40 600	9 900	6 800	57 300
10	31	分配材料费用	28 500			28 500
		分配工资及福利费		4 416		4 416
		分配制造费用			3 588	3 588
		至10月底累计发生额	69 100	14 316	10 388	93 804
		结转本批产品总成本	69 100	14 316	10 388	93 804
		本批产品单位成本	575.83	119.30	86.57	781.70

表7.4 基本生产成本明细账

生产批号：0672　　　　生产日期：9月16日

产品名称：B产品　　批量：80台　　完工日期：　　元

月	日	摘　要	直接材料	直接人工	制造费用	合　计
9	30	9月份分配转入费用	12 650	3 400	2 900	18 950
10	31	分配材料费用	19 000			19 000
		分配工资及福利费		10 320		10 320
		分配制造费用			8 385	8 385
	31	至10月底累计发生额	31 650	13 720	11 285	56 655

表7.5 基本生产成本明细账

生产批号:0673　　　　　　　　　　　　　　　　生产日期:10月7日

产品名称:C产品　　　　　　批量:50台　　　　　完工日期:　　　　元

月	日	摘　要	直接材料	直接人工	制造费用	合　计
10	31	分配材料费用	15 800			15 800
		分配工资及福利费		3 984		3 984
		分配制造费用			3 237	3 237
	31	至10月底累计发生额	15 800	3 984	3 237	23 021

2. 同批产品跨月陆续完工的分批法举例

例7-2 假定某企业除生产例7-1中的3批产品外，还生产0674批别D产品。该产品8月投产60台，9月完工40台，已经完工转出，其余20台10月份继续加工生产，并于10月30日全部完工。该批产品为一次投料，加工费用陆续发生，月末在产品的完工程度为60%，9月份采用约当产量法结转已完工40台产品的成本。

截至9月底，累计发生的生产费用见基本生产成本明细账，如表7.6所示。

表7.6 基本生产成本明细账

生产批号:0674　　　　　　　　　　　　　　　　生产日期:8月7日

产品名称:D产品　　　　　　批量:60台　　　　　完工日期:9月26日 完工40台

元

月	日	摘　要	直接材料	直接人工	制造费用	合　计
8	31	8月份分配转入费用	36 000	3 500	1 700	41 200
9	30	9月份分配转入费用		5 756	9 324	15 080
	30	至9月底累计发生额	36 000	9 256	11 024	56 280
	30	约当产量	60	52	52	—
	30	分配率(单位成本)	600	178	212	—
	30	结转完工40台成本	24 000	7 120	8 480	39 600
	30	至9月底累计余额	12 000	2 136	2 544	16 680
10	31	10月份分配转入费用		2 064	1 956	4 020
		至10月底累计余额	12 000	4 200	4 500	20 700
		结转完工20台成本	12 000	4 200	4 500	20 700
		本批产品总成本	36 000	11 320	12 980	60 300
		本批产品单位成本	600	188.67	216.33	1 005

该产品的直接材料为一次投料，所以其约当产量应该是60台，则：

直接人工（制造费用）=40+20×60%=52（台）

$$直接材料分配率 = \frac{36\ 000}{60} = 600（元/台）$$

$$直接人工分配率 = \frac{9\ 256}{52} = 178（元/台）$$

$$制造费用分配率 = \frac{11\ 024}{52} = 212（元/台）$$

在实际工作中，为了简化中间完工产品成本的计算工作，完工产品成本可按计划成本或定额成本计算。产品成本计算单中所归集的全部费用减去完工产品的计划成本或定额成本，即为该批产品的月末在产品成本，待该批产品全部完工时再计算该批产品的实际总成本。

例7-3 将例7-2中0674批别D产品的完工产品按计划成本结转。假定计划单位成本为直接材料538元/台，直接人工152元/台，制造费用208元/台。9月份先按计划单位成本结转完工40台的成本，到10月份该批产品全部完工后，结转产品全部完工后的费用差额，再调整计算出该批产品的总成本和单位成本。对0674批别D产品的费用计算如表7.7所示。

表7.7 基本生产成本明细账

生产批号：0674　　　　生产日期：8月7日

产品名称：D产品　　　　批量：60台　　　　完工日期：9月26日完工40台

元

月	日	摘　要	直接材料	直接人工	制造费用	合　计
8	31	8月份分配转入费用	36 000	3 500	1 700	41 200
9	30	9月份分配转入费用		5 756	9 324	15 080
	30	至9月底累计发生额	36 000	9 256	11 024	56 280
	30	计划单位成本	538	152	208	898
	30	结转完工40台成本	21 520	6 080	8 320	35 920
	30	至9月底累计余额	14 480	3 176	2 704	20 360
10	31	10月份分配转入费用		2 064	1 956	4 020
		至10月底累计余额	14 480	5 240	4 660	24 380
		结转完工20台成本	14 480	5 240	4 660	24 380
		本批产品总成本	36 000	11 320	12 980	60 300
		本批产品单位成本	600	188.67	216.33	1 005

即问即答

在实际工作中，为了简化中间完工产品成本的计算工作，完工产品成本除了可按计划成本或定额成本计算以外，还可以用哪些方法进行计算？

7.2.2　简化分批法

1. 简化分批法概述

在小批或单件生产的企业中，如果在同一月份内投产的产品批数很多，将各种间接费用在各批产品之间按月进行分配，其工作量极为繁重。因此，在投产批数繁多而且月末未完工批数较多的企业，为了简化各种间接费用在各批产品之间分配的工作量，也可以采用一种简化的分批法计算产品成本，即累计分配法，也称不分批计算在产品成本的分批法，是一般的分批法的简化形式。这种方法的特点是：平时核算只是将每月发生的人工费用和制造费用等间接费用进行累加，直到有完工产品那个月份，才按照完工产品累计生产工时比例，将累加起来的间接费用在各批完工产品和月末在产品之间进行分配。

2. 简化分批法核算的基本程序

简化分批法与一般的分批法相同，但在账户结构和分配间接费用的程序上有所不同，主要表现在以下3个方面。

① 采用简化的分批法，必须设立基本生产成本二级账，用以登记各批别产品所发生的生产费用总额和所耗用工时数，即按月提供企业或车间全部产品的累计生产费用和生产工时（实际生产工时或定额生产工时）资料。在各批产品完工之前，基本生产成本二级账内只需按月登记直接费用和生产工时，而不必按月分配、登记各项间接计入费用，计算各批在产品成本；在有完工产品的那个月份，才对完工产品按照其累计工时的比例，分配间接计入费用，计算完工产品成本；而全部产品的在产品应负担的间接计入费用，仍以总数反映在基本生产成本二级账中，不具体到各个批别中进行分配。

② 每月发生的各项间接计入费用，不是按月在各批产品之间进行分配，而是先在基本生产成本二级账中累计起来，到有完工产品的月份，按照完工产品累计生产工时的比例，在各批完工产品之间进行分配；对未完工的在产品则不分配间接计入费用，即不分配计算在产品成本。

在有完工产品的月份，按照下列公式计算登记全部产品累计间接计入费用分配率，以及完工产品总成本和月末在产品总成本。

全部产品累计间接计入费用分配率=全部产品累计间接计入费用÷全部累计工时

某批完工产品应负担的间接计入费用=该批完工产品累计工时×全部产品累计间接计入费用分配率

③ 简化的分批法与一般的分批法的不同之处在于，各批产品之间分配间接计入费用的工作以及在完工产品与月末在产品之间分配费用的工作，是利用累计间接计入费用分配率，到产品完工时合并在一起进行的。

在有完工产品的月末，将间接费用在各批完工产品之间分配、在完工批别和未完工批别之间分配、在某批产品的完工产品和月末在产品之间分配，是根据该间接费用项目的累计分配率一次分配完成的。

3. 简化分批法举例

例 7－4　假定某工业企业的生产组织属于小批生产，产品批数多，而且月末有许多批号未完工，因而采用简化的分批法计算产品成本。该企业9月份生产批号的情况如下。

① 5720号：A产品5件，8月投产，9月26日全部完工。

② 5721号：B产品5件，8月投产，尚未完工。

③ 5722号：C产品10件，8月投产，9月完工6件。

④ 5723号：D产品6件，9月初投产，尚未完工。

以上各批产品的材料费用为生产开始时一次性投入，加工费用陆续发生。9月末完工产品耗用工时23 020小时，其中C产品14 000小时。该企业设立的基本生产成本二级账以及发生的费用情况如表7.8所示。

表7.8　基本生产成本二级账　　元

月	日	摘　要	直接材料	生产工时	直接人工	制造费用	合　计
8	31	8月份分配转入费用	49 800	20 020	7 806	10 084	67 690
9	30	9月份分配转入费用	19 080	27 020	11 010	18 140	48 230
9	30	至9月底累计发生额	68 880	47 040	18 816	28 224	115 920
9	30	累计间接费用分配率			0.4	0.6	
		本月完工成本转出	32 400	23 020	9 208	13 812	55 420
		月末在产品成本	36 480	24 020	9 608	14 412	60 500

表7.8中的费用分配率计算如下。

$$工资及福利费分配率=\frac{18\,816}{47\,040}=0.4(元/小时)$$

$$制造费用累计分配率=\frac{28\,224}{47\,040}=0.6(元/小时)$$

在表7.8中：

① 8月份分配转入的各项生产费用和生产工时是根据上月的各项生产费用和生产工时资料登记的；本月发生的原材料费用和生产工时，应根据本月各批产品原材料费用分配表和生产工时记录，并与各批产品成本明细账平行登记；本月发生的各项间接计入费用，应根据该项的费用分配表或汇总表汇总登记。

② 完工产品的原材料费用和生产工时，应根据所列各批产品成本明细账中完工产品的原材料费用和生产工时汇总登记。完工产品的各项间接计入费用，应根据完工产品的生产工时分别乘以各该项累计费用分配率计算登记，也可以根据所列各批产品成本明细账中完工产品的各该项费用分别汇总登记。

③ 月末在产品的原材料费用和生产工时可以根据账中累计的原材料费用和生产工时分别减去本月完工产品的原材料费用和生产工时计算登记，也可以根据所列各批产品成本明细账中月末在产品的原材料费用和生产工时分别汇总登记。两者计算结果应该相符。月末在产品的各项间接计入费用，可以根据月末各在产品的生产工时分别乘以各该项的累计间接

费用分配率计算登记，也可以根据各自费用的累计数分别减去完工产品的相应费用计算登记。

基本生产成本二级账中月末在产品的原材料费用=15 800+9 600+11 080
=36 480(元)

基本生产成本二级账中月末在产品的生产工时=3 000+5 300+7 500+8 220
=24 020(小时)

各批次产品基本生产成本明细账分别如表7.9至表7.12所示。

表7.9 基本生产成本明细账

生产批号：5720　　生产日期：8月7日

产品名称：A产品　　批量：5件　　完工日期：9月26日　　元

月	日	摘　要	直接材料	生产工时	直接人工	制造费用	合　计
8	31	8月份分配转入费用	18 000	5 020			
9	30	9月份分配转入费用		4 000			
9	30	累计及分配率	18 000	9 020	0.4	0.6	
9	30	结转完工产品成本(5件)	18 000	9 020	3 680	5 412	27 020
9	30	完工产品单位成本	3 600		721.60	1 082.40	5 404

表7.10 基本生产成本明细账

生产批号：5721　　生产日期：8月21日

产品名称：B产品　　批量：5件　　完工日期：　　元

月	日	摘　要	直接材料	生产工时	直接人工	制造费用	合　计
8	31	8月份分配转入费用	15 800	3 000			
9	30	9月份分配转入费用	0	5 300			

表7.11 基本生产成本明细账

生产批号：5722　　生产日期：8月5日

产品名称：C产品　　批量：10件　　完工日期：9月29日　完工6件　　元

月	日	摘　要	直接材料	生产工时	直接人工	制造费用	合　计
8	31	8月份分配转入费用	24 000	12 000			
9	30	9月份分配转入费用		9 500			
9	30	累计及分配率	24 000	21 500	0.4	0.6	
9	30	结转完工产品成本(6件)	14 400	14 000	5 600	8 400	28 400
9	30	月末在产品成本	9 600	7 500			9 600

表7.12 基本生产成本明细账

生产批号：5723　　生产日期：9月4日

产品名称：D产品　　批量：6件　　完工日期：　　元

月	日	摘　要	直接材料	生产工时	直接人工	制造费用	合　计
9	30	9月份分配转入费用	11 080	8 220			

在各批产品基本生产成本明细账中，对于没有完工产品的月份，月末只登记原材料费用（一般只有原材料费用直接计入费用）和生产工时，也就是月末在产品的原材料费用和生产工时。因此，在各批产品基本生产成本明细账中，各个月份发生的原材料费用或生产工时之和，应该等于基本生产成本二级账中所记在产品的原材料费用或生产工时。

对于有完工产品（包括全批产品全部完工和批内部分完工）的月份，月末除了登记原材料费用和生产工时以及各项累计数以外，还应根据基本生产成本二级账登记累计间接计入费用的分配率，然后根据累计间接计入费用的分配率计算出完工产品承担的各项间接费用，计入各批产品成本明细账中相应的成本项目。

由于5722批号C产品投产10件，9月份只完工6件，所以还要在完工产品和月末在产品之间分配费用。该批号的材料费用为生产开始时一次性投入，故原材料费用按完工产品与月末在产品的数量比例分配。

$$5722\text{ 批号 C 产品原材料费用分配率}=\frac{24\ 000}{6+4}=2\ 400\text{（元/件）}$$

完工产品原材料费用=2 400×6=14 400（元）

未完工在产品原材料费用=24 000－14 400=9 600（元）

4. 简化分批法的优缺点和应用条件

采用简化分批法，在有完工产品时，成本计算工作中的横向分配与纵向分配，根据同一个间接费用分配率一次分配完成，从而大大地简化了费用的分配和登记工作。这对于投产批数繁多而且月末未完工批数较多的企业，核算工作更加简化。

但是，这种方法在各月间接计入费用水平相差悬殊的情况下不宜采用，否则就会影响各月产品成本的正确性。另外，如果月末未完工产品的批数不多，也不宜采用这种方法。因为在这种情况下，绝大多数产品的批号仍然要分配登记各项间接计入费用，核算工作量减少不多，但计算的正确性却会受到影响。

综上所述，采用简化分批法必须具备以下两个条件。

① 各个月份的间接计入费用的水平相差不多。

② 月末未完工产品的批数比较多。

即问即答

简化分批法与一般分批法相比较，有哪些优点？

本章小结

本章主要讲述了两种分批法——一般分批法和简化分批法的计算。分批法主要适用于小批、单件的单步骤生产和管理上不要求分步骤计算成本的多步骤生产的企业。按批别组织生产，并不一定就是按订单组织生产，还要结合企业自身的生产负荷能力来合理组织安排产品生产的批量与批次。采用分批法计算产品成本的企业，虽然各批产品的成本计算单仍按月归集生产费用，但是，只有在该批产品全部完工时才能计算其实际成本。如果产品批量较大，购货单位要求分次交货，就会出现批内产品跨月陆续完工的情况，这时，应采用适当的方法将生产费用在完工产品和月末在产品之间分配。

如果企业在同一月份内投产的产品批数很多，将各种间接费用在各批产品之间按月进行分配，其工作量极为繁重。因此，在投产批数繁多而且月末未完工批数较多的企业，为了简化各种间接费用在各批产品之间分配的工作量，也可以采用一种简化分批法计算产品成本，即累计分配法。采用简化分批法，必须设立基本生产成本二级账。

简化分批法与一般的分批法不同之处在于，采用简化分批法，各批产品之间分配间接计入费用的工作以及在完工产品与月末在产品之间分配费用的工作，是利用累计间接计入费用分配率，到产品完工时合并在一起进行的。在有完工产品时，根据同一个间接费用分配率一次分配完成，这就大大地简化了费用的分配和登记工作，对于投产批数繁多而且月末未完工批数较多的企业，核算工作更加简化。

企业可以根据自身投产批量的多少和月末的完工情况选择适合自身特点的成本计算方法。

课后练习

一、复习思考题

1. 什么是分批法？其适用范围包括哪些方面？
2. 什么是简化分批法？
3. 分批法有哪些特点？它与简化分批法有哪些不同？
4. 简化分批法核算的基本程序有哪些？
5. 简化分批法的适用范围及优缺点有哪些？

二、判断题

1. 分批法是按照产品的生产步骤归集生产费用，计算产品成本的一种方法。 (　)
2. 分批法一般不需要在完成产品和期末在产品之间分配生产费用，但当一批产品跨月陆续完工时，也需要进行分配。 (　)
3. 采用分批法计算产品成本，在批内部分完工产品按计划单位成本计算结转后，待该批产品全部完工时，还应计算该批产品的实际总成本，并调整前期完工产品实际成本与计划成本的差异。 (　)
4. 采用简化的分批方法，必须设立基本生产成本二级账。 (　)
5. 采用累计间接费用分配法，在间接费用水平相差悬殊的情况下，会影响成本的正确性。(　)
6. 简化分批法就是不分批计算在产品成本的分批法。 (　)

三、单项选择题

1. 分批法适用的生产组织形式是(　　)。
   A. 大量生产　　B. 成批生产　　C. 单件生产　　D. 单件小批生产
2. 简化的分批法不宜在(　　)情况下采用。
   A. 各月间接费用水平相差较大　　B. 各月间接费用水平相差不大
   C. 月末未完工产品批量数较多　　D. 投产批数繁多

3. 在同一时期内，如果在几张订单中有相同的产品，则计算产品成本时可以(　　)。
A. 按订单分批组织生产　　B. 按品种分批组织生产
C. 按产品的组成部分分批组织生产　　D. 将相同的产品合为一批组织生产

4. 累计间接费用分配率应用于(　　)。
A. 简化品种法　　B. 简化分批法　　C. 分批法　　D. 分步法

5. 采用简化分批法，在产品完工之前，产品成本明细账(　　)。
A. 只登记直接材料费用　　B. 只登记间接费用，不登记直接费用
C. 登记间接费用和生产工时　　D. 登记直接材料费用和生产工时

四、多项选择题

1. 下列各项中，采用分批法时可以作为一个成本计算对象的有(　　)。
A. 不同订单中的同种产品　　B. 同一订单中的不同种产品
C. 同一订单中的同种产品　　D. 一件大型复杂产品的某个组成部分

2. 简化分批法的使用条件是(　　)。
A. 同一月份投产的产品批数很少　　B. 月末未完工产品的批数较大
C. 各月间接费用水平相差不大　　D. 各月生产费用水平相差不大

3. 采用简化的分批法，基本生产成本二级账与产品成本明细账可以逐月核对的项目有(　　)。
A. 月末在产品原材料项目余额　　B. 月末在产品工资及福利费项目余额
C. 月末在产品制造费用项目余额　　D. 月末在产品生产工时项目余额

4. 分批法和品种法的主要区别是(　　)。
A. 成本计算对象　　B. 成本计算期　　C. 生产周期　　D. 会计核算期

5. 累计间接费用分配率是(　　)。
A. 在各车间产品之间分配间接费用的依据
B. 在各批产品之间分配间接费用的依据
C. 在完工批别与月末在产品批别之间分配各该项费用的依据
D. 在某批产品的完工产品与月末在产品之间分配该项费用的依据

五、技能训练题

技能训练一

目的：练习产品成本计算的分批法。

资料：某企业生产甲、乙、丙3种产品，材料均在生产开始时一次性投入，生产组织属于小批生产，采用分批法计算成本。

该企业7月份的产品批号及投产情况如下。

① 7月份生产的产品批号有：

1201号：甲产品10台，本月投产，本月完工6台。

1202号：乙产品20台，本月投产，本月尚未完工。

1203号：丙产品10台，本月投产，本月完工2台。

② 7月份各批号的生产费用资料如表7.13所示。

表7.13　各批号生产费用表　　元

批　号	直接材料	直接人工	制造费用
1201	33 600	23 500	28 000
1202	17 580	8 907	6 089
1203	46 000	30 500	19 800

其中，1201批号甲产品完工数量较多，原材料在生产开始时一次性投入，其他费用在完工产品与在产品之间采用约当产量法分配，在产品完工程度为50%。1203批号丙产品完工数量少，完工产品按计划成本结转。每台产品计划成本为：直接材料4 600元，直接人工3 500元，制造费用2 400元。

要求：根据上述资料，采用分批法登记产品成本明细账，并计算各批产品的完工成本和月末在产品成本。

技能训练二

目的：练习产品成本计算的简化分批法。

资料：某工业企业小批生产多种产品，为了简化核算，采用简化分批法计算成本。该企业9月份各批产品的资料如下。

① 各批产品的投入产出情况如下。

第9905批：A产品5件，8月投产，本月完工。

第9906批：B产品10件，8月投产，本月完工。

第9907批：C产品9件，8月投产，尚未完工。

第9908批：D产品4件，9月投产，尚未完工。

② 基本生产二级账中各批产品总费用情况如表7.14所示。

表7.14　各批产品总费用表

原材料费／元	生产工时／小时	直接人工／元	制造费用／元	合计／元
262 130	61 030	103 751	140 369	506 250

③ 三级明细账中（各批产品成本明细账）完工产品资料如表7.15所示。

表7.15　完工产品成本表

产品名称	直接材料／元	生产工时／小时
9905批次（A产品）	126 590	25 980
9906批次（B产品）	81 780	17 150

要求：根据上述资料，计算完工批次产品的生产成本。

技能训练三

目的：练习产品成本计算的简化分批法。

资料：某厂属于小批生产，采用简化分批法计算成本。该厂3月份的生产情况如下。

① 月初在产品成本为：1016批号，直接材料37 500元；1017批号，直接材料22 000元；1018批号，直接材料16 000元。月初直接人工17 250元，制造费用23 500元。

② 月初在产品耗用累计工时为：1016批号，1 800小时；1017批号，590小时；1018批号，960小时。

③ 本月的生产情况、发生的工时和直接材料如表7.16所示。

表7.16　本月生产费用表

产品名称	批号	批量／件	投产日期	完工日期	本月发生工时／小时	本月发生直接材料／元
甲产品	1016	10	1月	3月	450	250
乙产品	1017	5	2月	3月	810	300
丙产品	1018	4	3月	6月	1 640	300

④ 本月发生的各项间接费用为：直接人工1 400元，制造费用2 025元。

要求：根据上述资料，登记基本生产成本二级账和产品成本明细账，计算完工产品成本。

技能训练四

目的：练习产品成本计算的简化分批法。

资料：

① 某企业的基本生产成本二级账户如表7.17所示。

表7.17　基本生产成本二级账

摘　要	材料费／元	工时／小时	人工费用／元	制造费用／元	合计／元
6月份发生	60 000	4 000	24 000	16 000	100 000
7月份发生	80 000	6 000	36 000	24 000	140 000
8月份发生	50 000	5 000	30 000	20 000	100 000
累计数					
累计间接费用分配率					
完工转出成本					
月末在产品成本					

② 该企业甲产品的产品成本明细账如表7.18所示。

③ 该企业乙产品的产品成本明细账如表7.19所示。

④ 该企业丙产品的产品成本明细账如表7.20所示。

⑤ 月末，甲产品全部完工，乙产品完工4件，丙产品全部在制。完工的乙产品的生产工时为1 500小时。材料分配采取约当产量法。

要求：

1. 根据资料，登记基本生产成本二级账和各批产品成本明细账。
2. 计算和登记累计间接费用分配率。
3. 计算各批完工产品成本。

表7.18 产品成本明细账

产品名称：甲产品　　　　批号：119　　　　投产量：30件

摘 要	材料费／元	工时／小时	人工费用／元	制造费用／元	合计／元
6月份发生	60 000	4 000			
7月份发生		2 000			
8月份发生		1 000			
累计数					
累计间接费用分配率					
完工产品总成本					
完工产品单位成本					

表7.19 产品成本明细账

产品名称：乙产品　　　　批号：200　　　　投产量：20件

摘 要	材料费／元	工时／小时	人工费用／元	制造费用／元	合计／元
7月份发生	80 000	4 000			
8月份发生		2 500			
累计数					
累计间接费用分配率					
完工产品总成本					
月末在产品成本					

表7.20 产品成本明细账

产品名称：丙产品　　　　批号：201　　　　投产量：15件

摘 要	材料费／元	工时／小时	人工费用／元	制造费用／元	合计／元
8月份发生	50 000	1 500			

技能训练五

目的：练习累计间接费用分配率的计算。

资料：某企业7月份的产品批号及投产情况如下。

201号：甲产品8件，5月投产，本月全部完工。

202号：乙产品20件，5月投产，本月尚未完工。

203号：丙产品10件，6月投产，本月完工5件，在产品完工率80%，材料随加工进度逐步投入。

204号：丁产品16件，7月投产，本月尚未完工。

该企业的基本生产成本二级账资料和产品成本明细账如表7.21至表7.25所示。

要求：

1. 采用累计间接费用分配率的方法，计算各批产品的完工产品成本和月末在产品成本。

2. 登记基本生产成本二级账和产品成本明细账，并将基本生产成本二级账的余额和各批产品的产品成本明细账中的月末在产品余额核对相符。

表7.21　基本生产成本二级账

元

年 月	日	摘　要	原材料	生产工时	燃料及动力	工资及福利费	制造费用	合　计
5	31	余额	6 400	1 660	440	720	600	8 160
6	30	余额	4 400	1 800	560	840	800	6 600
7	31	本月发生额	1 680	2 660	836	1 500	1 048	5 064
	31	累计数						
	31	累计分配率						
	31	完工转出						
	31	月末在产品成本						

表7.22　产品成本明细账

批号:201　　投产日期:5月8日　　投产数量:8件

名称:甲产品　　完工日期:7月30日　　完工数量:8件

年 月	日	摘　要	原材料／元	生产工时／小时	燃料及动力／元	工资及福利费／元	制造费用／元	合计／元
5	31	余额	4 000	1 000				
6	30	余额	480	800				
7	31	本月发生额	320	600				
	31	累计数						
	31	累计分配率						
	31	完工转出						
	31	单位成本						

表7.23　产品成本明细账

批号:202　　投产日期:5月10日　　投产数量:20件

名称:乙产品　　完工日期:　　完工数量:　件

年 月	日	摘　要	原材料／元	生产工时／小时	燃料及动力／元	工资及福利费／元	制造费用／元	合计／元
5	31	余额	2 400	600				
6	30	余额	720	400				
7	31	本月发生额	480	1 000				

表7.24　产品成本明细账

批号:203　　投产日期:6月4日　　投产数量:10件

名称:丙产品　　完工日期:7月30日　　完工数量: 5件

年		摘　要	原材料/元	生产工时/小时	燃料及动力/元	工资及福利费/元	制造费用/元	合计/元
月	日							
6	30	余额	3 200	600				
7	31	本月发生额	0	280				
	31	累计数						
	31	累计分配率						
	31	完工转出						
	31	单位成本						
	31	月末在产品成本						

表7.25　产品成本明细账

批号:204　　投产日期:7月2日　　投产数量:16件

名称:丁产品　　完工日期:　　完工数量:　件

年		摘　要	原材料/元	生产工时/小时	燃料及动力/元	工资及福利费/元	制造费用/元	合计/元
月	日							
7	31	本月发生额	880	840				

第8章 产品成本计算的分步法

学习目标

1. 了解分步法的特点、分类及适用范围。
2. 理解逐步结转分步法成本还原的方法。
3. 重点掌握逐步结转分步法和平行结转分步法的计算程序和具体方法。
4. 能够运用分步法处理实际工作中产品成本的计算。

引导案例

李明毕业于某财经大学会计系，现在某家会计咨询公司工作。最近，公司经理派李明去新成立的金陵事事可乐饮料公司帮助设计可乐饮料成品成本核算制度。李明经调查得知，该公司主要生产灌装事事可乐饮料，该饮料所需的直接材料是糖浆、碳酸水和易拉罐。其生产过程是：第一步，生产糖浆；第二步，将糖浆与碳酸水混合制成可灌装的液体，在这一步中，直接材料成本是糖浆和碳酸水的成本；第三步，将可乐的液体装入易拉罐空罐，这一步的成本是人工成本；第四步是在罐上加盖，然后将已装罐的可乐包装成箱，从而完成整个的生产流程。根据调查掌握的资料，李明认为，该企业生产的产品是典型的分步骤生产，所以将其成本核算方法设计为分步成本计算法。这种分析设计是否科学合理？是否还有其他方法可供选择？在实际核算工作中又应该如何去实施？

8.1 分步法概述

成本计算的分步法，是按照产品的生产步骤归集生产费用计算产品成本的一种方法。这种方法涉及前面章节中的很多知识的综合运用，如生产费用在完工产品与月末在产品之间的分配，品种法等。企业生产产品时需要经过若干个生产工艺流程，也就是说要经过若干个生产步骤才能完成一件产品的生产。从原材料投入开始，经过每一个步骤时都会产生各种各样的半成品。这些半成品在企业的生产流程中流转速度很快，而且数量非常多，如果采用品种法进行计算，只能计算出最终的完工产品成本，而得不出每一个步骤的成本资料。只有采用分步法计算成本，才能够得出月末每一个生产步骤的详细成本资料，从而为企业经营决策提供依据。

随着商品生产的日益精细，在实际工作中，存在着大量的多步骤复杂生产流程，这些复杂的流程往往要通过好几个生产步骤的生产，才能将完工产品生产出来。例如，冶金企业的生产可以分为炼铁—炼钢—轧钢等步骤；纺织企业的生产可以分为纺纱—织布—印染等步骤；造纸企业的生产可以分为制浆—制纸—包装等步骤；机械制造业的生产可以分为铸造—加工—装配等步骤。

在这些大量、大批多步骤生产的企业中，对产品生产可以分为若干个生产步骤进行成本管理，对这些产品往往不仅要求按照产品品种计算成本，而且还要求按照生产步骤计算成本，以便为考核和分析各种产品及各生产步骤的成本计划的执行情况提供资料。

8.1.1 分步法的概念

1. 分步法的概念及适用范围

分步法是以产品的生产步骤和产品品种作为成本计算对象，归集生产费用，计算产品成本的一种方法。分步法是成本计算的基本方法之一。

分步法适用于大量、大批、多步骤生产的企业，如冶金、造纸、大批量的机械制造等生产企业。

即问即答

请简述分批法和品种法的适用范围，以及它们与分步法的区别。

2. 分步法的特点

① 成本计算对象。分步法是以产品的品种和生产步骤为成本计算对象的，因此，应该按照产品的步骤设置基本生产成本明细账（成本计算单），归集各个生产步骤的生产费用。企业如果生产多种产品，成本计算对象就是各种产成品及其所经过的生产步骤，基本生产成本明细账需要按照各种产品的各个生产步骤设置。

② 成本计算期。在大量、大批、多步骤生产的企业中，产品是按照一定的流水线进行生产的，无法明确判断产品的间隔期——随着原材料的不断投入，各个生产步骤中不断有完工半成品产出，并流向下一个生产步骤，最后一个步骤的产成品也不断地产出，各个步骤始终有一定数量的在产品存在，所以各步骤不能也不可能等到全部产品完工以后再计算，只能按月定期（一般在月末）计算完工产品成本、各步骤完工半成品和在产品成本。因此，产品的计算期与生产周期不一致，而与会计的报告期是一致的。

③ 生产费用在完工产品与月末在产品之间分配。在大量、大批、多步骤生产的企业中，绝大部分的产品是跨月陆续完工的，在月末计算产品成本时，各个生产步骤一般都存在着完工半成品和未完工在产品。这就要求采用一定的方法把发生的生产费用在完工产品与月末在产品之间进行分配——一般采用约当产量法、定额比例法等分配方法。

④ 各步骤之间成本的结转。在大量、大批、多步骤生产的企业中，产品生产是分步骤进行的，上一步骤生产的半成品就是下一步骤加工的对象，直到生产出产成品为止。为了计算

各种产品的完工产品成本，还需要采用一定的方法按产品的品种来结转各步骤的成本。也就是说，与其他产品成本计算方法不同，采用分步法计算产品成本时，各个步骤之间还需要进行成本结转，这是分步法的一个重要特点。

8.1.2 分步法核算的一般程序

在采用分步法进行成本计算时，产品生产成本计算单需要按产品的生产步骤和产品品种进行设置，或者按照生产步骤设置，账户中则按品种进行反映。

在实际工作中，产品成本的计算步骤与车间、分厂的划分有时是相同的，有时又并不完全一致。为了简化成本计算，如果管理上不要求单独计算成本，则可以将几个生产步骤或者几个生产车间合并为一个产品生产步骤来计算生产步骤成本；如果管理上要求分步骤计算产品成本，则必须按照管理上的要求来按步骤、品种设置成本计算单，单独计算每一步骤成本。

8.1.3 分步法的分类

采用分步法计算处理产品成本时，各步骤之间的相互关系可以是紧密联系，与物质流量（实物流转）相一致的，也可以是互相独立进行，与物质流量相分离的。由此形成两种分步计算的方法，即逐步结转分步法和平行结转分步法。

逐步结转分步法是按照生产步骤归集生产费用，计算各步骤半成品的成本，同时将半成品的成本随着半成品实物而在各生产步骤之间顺序结转，最后计算出产成品的一种方法。

平行结转分步法是指各步骤只计算本步骤发生的生产费用和这些费用应计入到产成品的份额，最后将相同产品在各步骤按照产成品的份额平行结转、汇总，计算出产成品的一种方法。

即问即答

生产费用在完工产品与月末在产品之间分配的方法中，最常用到的约当产量法、定额比例法的计算方法，你还记得吗？

8.2 逐步结转分步法

8.2.1 逐步结转分步法的特点

逐步结转分步法的追踪在生产过程各阶段的生产耗费和成本的积累这一过程可以形象地比喻成滚雪球式的计算，越滚越大的雪球就像由前往后发生的物质流转中由小到大不断累积的半成品和产成品的成本。这一特点在生产费用经过多次汇总和分配，最后计算出产品成本这一过程中体现得最为明显。每经过一个生产阶段，就要在本阶段内进行生产费用的汇总及分配本阶段完工的半成品和在产品。本阶段的半成品成本在应再结转入库（半成品库）或者直接转入下一阶段，作为下一阶段的原材料成本，这样的过程在每个阶段不断重复，在最后一个阶段，就能计算出完工产品成本。

采用逐步结转分步法时，各步骤生产的半成品既可以作为半成品交与下一步骤继续加工，也可以直接作为产成品对外销售。这就要求企业不仅要计算最终的完工产品成本，还要计算各步骤半成品的成本。为了满足这些要求，产品成本的计算就要采用逐步结转分步法。

1. 逐步结转分步法的特点

① 成本计算对象是最终的完工产品以及各步骤的半成品。逐步结转分步法是按照产品品种和生产步骤设置成本计算单的，计算成本时，可以按照品种法归集生产费用，计算出各步骤完工的半成品成本和在产品（狭义在产品）成本。可以这样说，分步法是品种法的多次综合运用。

② 逐步结转分步法成本计算单的费用包括3部分，即本步骤月初在产品的费用、本步骤本月发生的费用、本步骤本月所耗用的前一步骤的半成品的费用。将3部分费用的合计金额在本步骤本月的完工产品（半成品）和在产品（狭义在产品）之间采用一定的方法进行分配，进而计算出半成品和在产品的成本。

③ 半成品成本的结转与半成品实物的结转相一致。采用逐步结转分步法，上一步骤的半成品成本要随着半成品实物的转移而结转到下一步骤的该产品的成本计算单中。

2. 逐步结转分步法的优缺点

逐步结转分步法的优点如下。

① 能提供各步骤的半成品成本资料。

② 为各生产步骤的在产品实物管理和资金管理提供资料。

③ 能够全面地反映各生产步骤的生产耗费水平，更好地满足各生产步骤成本管理的要求。

逐步结转分步法的缺点如下。

采用逐步结转分步法时，成本结转的工作量大，不利于企业内部的经济分析和成本控制。具体来说，主要体现在以下两个方面。

① 成本结转工作量大，同时采用综合结转法时，还需要进行成本还原，增加成本核算的工作量。

② 延缓了完工产品成本计算的时间，即完工产品成本的计算期相对滞后。

这种方法适用于大量、大批、连续式复杂生产的企业。

3. 逐步结转分步法的适用范围

① 产品半成品可以对外出售或虽不对外出售但需进行比较考核的企业。例如，纺织企业的棉纱、坯布，冶金行业的生铁、钢锭、铝锭，化肥企业的合成氨等半成品，都属于这样的情况。

② 一种半成品同时转做几种产成品原料的企业。例如，生产钢铸件、铜铸件的机械企业，生产纸浆的造纸企业等。

③ 实行承包制的企业。企业对外承包必然也要对内部进行承包和逐级考核，这类企业需要计算各步骤的半成品成本。

8.2.2　逐步结转分步法的成本计算程序

采用逐步结转分步法进行成本计算的程序如下。

1）设账。按照产品品种和生产步骤设置成本计算单，归集生产费用。

2）分配。月末，将第1)步成本计算单中的费用合计数采用一定的方法在第1)步的完工半成品和在产品之间进行分配，计算出本步完工半成品和在产品成本。

3）结转。将第2)步中本月耗用的第1)步完工半成品成本转入第2)步成本计算单的直接材料或半成品项目中，再加上第2)步本月发生的费用。然后，将费用合计数在第2)步的完工半成品和在产品之间进行分配，计算出第2)步完工半成品和在产品成本。

第2)步本月耗用第1)步完工半成品成本的计算分为两种情况：一是企业不通过半成品库收发半成品，而是将第1)步加工完毕的半成品直接转入第2)步，则转入第2)步成本计算单直接材料或半成品项目的金额为第1)步计算出的半成品成本；二是企业通过半成品库收发半成品，则企业应该通过“自制半成品”账户及其明细账对半成品进行核算。在第2)步领用半成品时，按照发出存货计价方法计价，计算出所耗用第1)步半成品成本。

4）以下每一步的成本计算方法同第2)步的计算，最后一步计算出的完工产品成本即为产成品成本。

采用逐步结转分步法计算产品成本的程序可以用图8.1和图8.2表示。

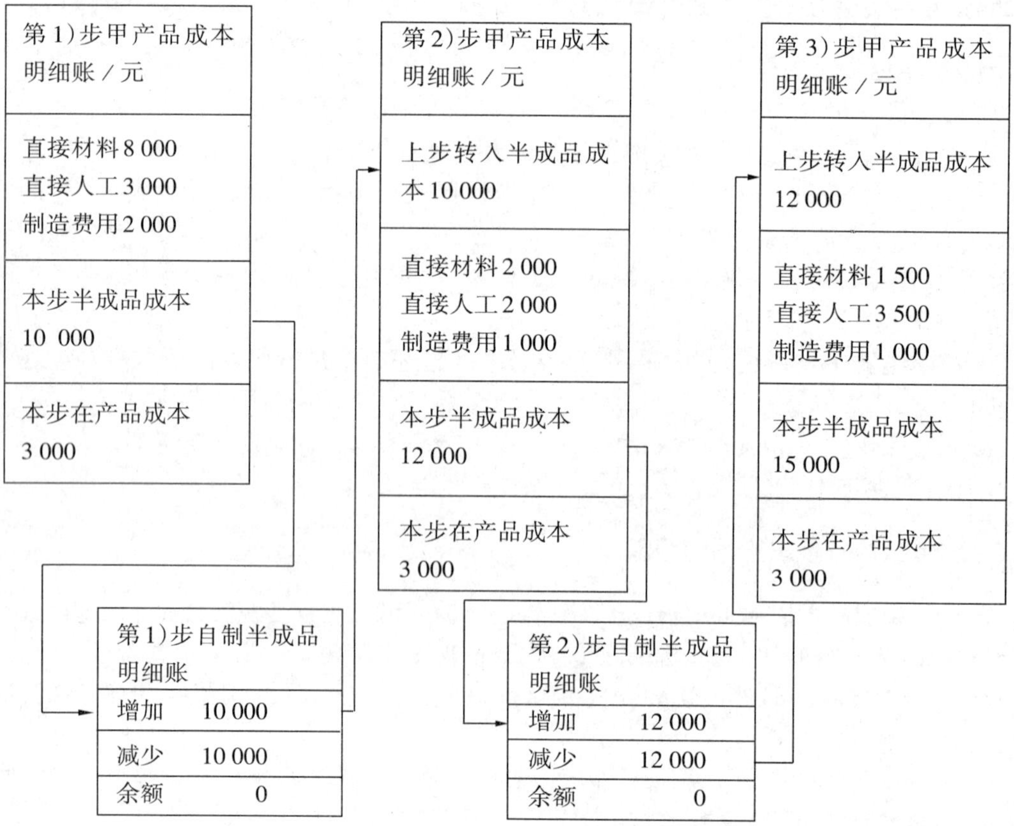

图8.1　产品成本计算程序一——企业通过半成品库收发半成品

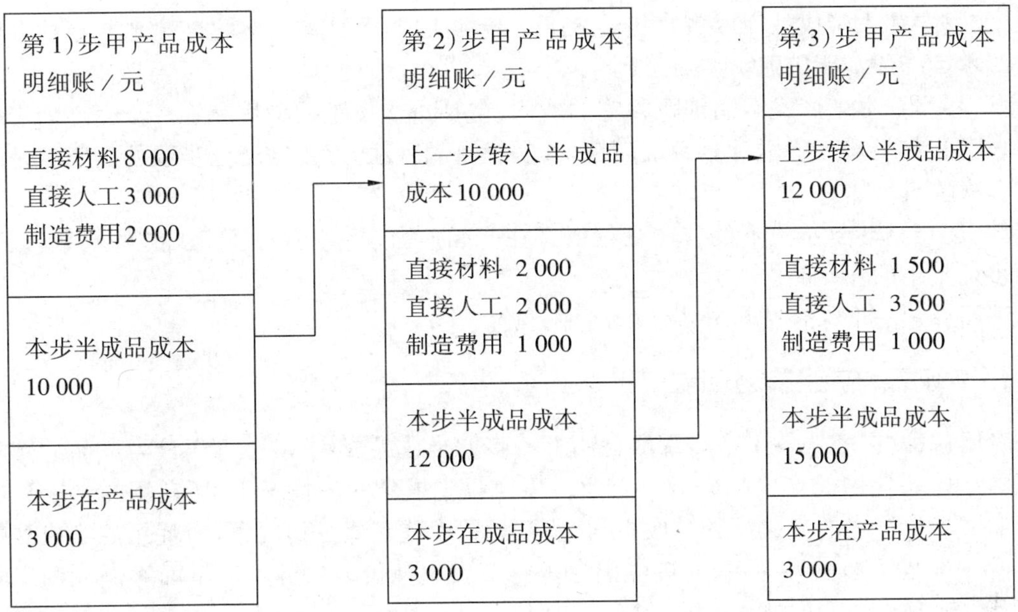

图8.2 产品成本计算程序二——企业不通过半成品库收发半成品

即问即答

你能对照图8.1和图8.2来说明逐步结转分步法的计算特点吗?

从以上程序可以看出，采用逐步结转分步法，每月月末，各项生产费用(包括上一步的半成品成本)在各步的成本明细账中归集后，如果既有完工的半成品又有加工的在产品，则应将各步的生产费用采用一定的方法在完工产品与月末在产品之间进行分配，计算出完工的半成品成本。然后，将半成品进行逐步结转，在最后一步的产品成本明细账中计算出最终完工产品成本。分步法中的每一步都是品种法，逐步结转分步法实际上就是品种法的多次连续使用。

逐步结转分步法，按照结转的半成品成本在下一步产品成本明细账的反映方法不同，又可以分为综合接转分步法和分项结转分步法。如果上一步半成品转到下一步时没有分成本项目结转，则是综合结转分步法；如果有分成本项目结转，则是分项结转分步法。

8.2.3 综合结转分步法

综合结转分步法是指将各生产步骤耗用的上一步的半成品成本，以一个合计金额结转计入该步成本计算单中的“直接材料”项目或专门设置的“半成品”项目。耗用的半成品成本可以实际成本结转，也可以计划成本结转，因此，综合结转分步法又可以分为实际成本综合结转分步法和计划成本综合结转分步法。

综合结转分步法的主要特点有以下3个。

① 半成品成本随着半成品的实物转移而结转。在逐步结转分步法下，当某一步半成品

完工，实物要转入半成品库或者直接转入下一步加工时，其成本也随之转入自制半成品明细账或基本生产成本明细账。

② 各步基本生产成本明细账归集的费用，包括本步发生的费用和上一步完工的半成品成本。只就某一步的成本计算方法而言，其实就是品种法，逐步结转分步法的实质就是品种法的多次连续使用。

③ 逐步结转分步法下的在产品是狭义在产品，不包括各步已经完工的半成品，只包括在各步加工中的在产品。

下面介绍一下综合结转分步法的两种分类。

1. 实际成本综合结转分步法

采用这种方法时，各生产步骤所耗用上一步的半成品成本，应该等于该半成品的实际单位成本乘以所耗用的半成品数量。企业在不设置半成品库的情况下，所耗用的半成品成本即为上一步生产出的半成品的总成本；企业在设置半成品库的情况下，所耗用的半成品的实际单位成本可用加权平均法、先进先出法等存货发出计价方法计算。下面举例说明实际成本综合结转分步法产成品成本的计算。

例8－1 恒凯公司2016年1月份开始大量、大批生产A产品。该产品的生产需要经过3个生产步骤：第一生产步骤生产出甲半成品，第二生产步骤生产出乙半成品，第三生产步骤生产出A产成品。企业不设置半成品库，上一步加工完毕的产品直接转入第二生产步骤继续加工。原材料在生产开始时一次性投入，各步月末在产品在本步的完工程度为50%。该企业采用约当产量法在完工产品与在产品之间分配生产费用。

产品的相关资料如表8.1、表8.2和表8.3所示。请根据资料，采用实际成本综合结转分步法计算A产品的成本。

表8.1 产品产量

件

生产步骤	月初在产品	本月投入	月末完工	月末在产品
第一步	100	80	120	60
第二步	30	120	130	20
第三步	110	130	160	80

表8.2 月初在产品

元

生产步骤	直接材料(半成品)	直接人工	制造费用
第一步	7 000	2 000	1 000
第二步	1 050	1 500	1 200
第三步	3 220	1 500	1 200

表8.3 本月发生费用 元

生产步骤	直接材料	直接人工	制造费用
第一步	11 000	4 000	2 000
第二步		5 500	5 100
第三步		3 500	2 500

根据资料，应编制每一步的成本计算单（如表8.4、表8.5和表8.6所示），并分别计算出各步耗用的各项费用。

表8.4 第一步甲半成品成本计算单 元

项　目	直接材料	直接人工	制造费用	合　计
月初在产品成本	7 000	2 000	1 000	10 000
本月发生费用	11 000	4 000	2 000	17 000
合　计	18 000	6 000	3 000	27 000
约当产量	180	150	150	
单位成本	100	40	20	160
完工半成品成本	12 000	4 800	2 400	19 200
在产品成本	6 000	1 200	600	7 800

表8.5 第二步乙半成品成本计算单 元

项　目	半成品	直接人工	制造费用	合　计
月初在产品成本	1 050	1 500	1 200	3 750
上步骤转入	19 200			19 200
本月发生费用		5 500	5 100	10 600
合　计	20 250	7 000	6 300	33 550
约当产量	150	140	140	
单位成本	135	50	45	230
完工半成品成本	17 550	6 500	5 850	29 900
在产品成本	2 700	500	450	3 650

第一步：

① 直接材料分配

直接材料分配率（单位成本）=(7 000+11 000)÷(120+60)=100（元/件）

完工甲半成品直接材料=100×120=12 000（元）

在产品直接材料=100×60=6 000（元）

② 直接人工分配

直接人工分配率=(2 000+4 000)÷(120+60×50%)=40（元/件）

完工甲半成品直接人工=40×120=4 800（元）

在产品直接人工=40×60×50%=1 200（元）

表8.6　第三步A产成品成本计算单　元

项　目	半成品	直接人工	制造费用	合　计
月初在产品成本	3 220	1 500	1 200	5 920
上步骤转入	29 900			29 900
本月发生费用		3 500	2 500	6 000
合　计	33 120	5 000	3 700	41 820
约当产量	240	200	200	
单位成本	138	25	18.50	181.50
完工产成品成本	22 080	4 000	2 960	29 040
在产品成本	11 040	1 000	740	12 780

③ 制造费用分配
制造费用分配率=(1 000+2 000)÷(120+60×50%)=20(元/件)
完工甲半成品制造费用=20×120=2 400(元)
在产品制造费用=20×60×50%=600(元)
甲半成品成本=12 000+4 800+2 400=19 200(元)

第二步：

① 半成品分配
半成品分配率(单位成本)=(1 050+19 200)÷(130+20)=135(元/件)
完工乙半成品直接材料=135×130=17 550(元)
在产品直接材料=135×20=2 700(元)
② 直接人工分配
直接人工分配率=(1 500+5 500)÷(130+20×50%)=50(元/件)
完工乙半成品直接人工=50×130=6 500(元)
在产品直接人工=50×20×50%=500(元)
③ 制造费用分配
制造费用分配率=(1 200+5 100)÷(130+20×50%)=45(元/件)
完工乙半成品制造费用=45×130=5 850(元)
在产品制造费用=45×20×50%=450(元)
乙半成品成本=17 550+6 500+5 850=29 900(元)

第三步：

① 半成品分配
半成品分配率(单位成本)=(3 220+29 900)÷(160+80)=138(元/件)
完工A产成品直接材料=138×160=22 080(元)
在产品成本中直接材料=138×80=11 040(元)
② 直接人工分配
直接人工分配率=(1 500+3 500)÷(160+80×50%)=25(元/件)

完工A产成品直接人工=25×160=4 000(元)

在产品直接人工=25×80×50%=1 000(元)

③ 制造费用分配

制造费用分配率=(1 200+2 500)÷(160+80×50%)=18.5(元/件)

完工A产成品制造费用=18.5×160=2 960(元)

在产品制造费用=18.5×80×50%=740(元)

A产成品成本=22 080+4 000+2 960=29 040(元)

最后，根据以上计算结果，A产品的成本如表8.7所示。

表8.7　自制半产品和A产成品成本　　元

产品名称	直接材料	自制半成品	直接人工	制造费用	合　计
甲半成品	12 000	—	4 800	2 400	19 200
乙半成品	—	17 550	6 500	5 850	29 900
A产成品	—	22 080	4 000	2 960	29 040

编制入库的会计分录如下。

借:库存商品——A产成品　　29 040

　贷:基本生产成本——A产成品　　29 040

例8-2　恒凯公司2016年1月份生产B产品。该产品的生产经过两个生产步骤：第一步加工完毕的产品为丙半成品，第二步丙半成品再加工为B产品。原材料在生产开始时一次性投入，丙半成品通过半成品库收发，各步骤月末在产品在本步的完工程度为60%。该企业采用约当产量法在完工产品与在产品之间分配生产费用，半成品发出计价采用全月一次加权平均法。相关资料如表8.8、表8.9和表8.10所示。请根据资料，采用实际成本综合结转分步法计算B产品的成本。

表8.8　产品成本　　元

成本项目	第一生产步骤		第二生产步骤	
	月初在产品	本月发生费用	月初在产品	本月发生费用
直接材料	1 680	5 120		
半成品			2 320	
直接人工	800	2 728	1 002	8 070
制造费用	520	2 000	548	2 800
合　计	3 000	9 848	3 870	10 870

表8.9　产品产量　　件

生产步骤	月初在产品	本月投入	月末完工	月末在产品
第一步	10	90	60	40
第二步	160	80	180	60

表8.10 丙半成品成本明细账

月 份	月初结存		本月增加		本月减少		月末结存	
	数量	实际成本	数量	实际成本	数量	实际成本	数量	实际成本
	30	3 840			80			

根据资料，编制第一步的成本计算单如表8.11所示。计算各步骤耗用的各项费用。

表8.11 第一步丙半成品成本计算单 元

项 目	直接材料	直接人工	制造费用	合 计
月初在产品成本	1 680	800	520	3 000
本月发生费用	5 120	2 728	2 000	9 848
合 计	6 800	3 528	2 520	12 848
约当产量	100	84	84	
单位成本	68	42	30	140
完工半成品成本	4 080	2 520	1 800	8 400
在产品成本	2 720	1 008	720	4 448

① 直接材料分配

直接材料分配率=(1 680+5 120)÷(60+40)=68(元/件)

完工丙半成品直接材料=68×60=4 080(元)

在产品直接材料=68×40=2 720(元)

② 直接人工分配

直接人工分配率=(800+2 728)÷(60+40×60%)=42(元/件)

完工丙半成品直接人工=42×60=2 520(元)

在产品直接人工=42×40×60%=1 008(元)

③ 制造费用分配

制造费用分配率=(520+2 000)÷(60+40×60%)=30(元/件)

完工丙半成品制造费用=30×60=1800(元)

在产品制造费用=30×40×60%=720(元)

完工丙半成品成本=4 080+2 520+1 800=8 400(元)

根据资料，在丙半成品入库时应编制如表8.12所示的自制半成品明细账。

表8.12 自制半成品明细账 元

月 份	月初结存		本月增加		本月减少		月末结存	
	数量	实际成本	数量	实际成本	数量	实际成本	数量	实际成本
	30	3 840	60	8 160	80	10 880	10	1 360

丙半成品实际成本采用全月一次加权平均法计算。丙半成品单位成本=(8 400+3 840)÷(60+30)=136(元/件)

根据资料，编制第二步的成本计算单如表8.13所示。

表8.13　第二步B产成品成本计算单　元

项　目	半成品	直接人工	制造费用	合　计
月初在产品成本	2 320	1 002	548	3 870
上一步转入	10 880			10 880
本月发生费用		8 070	2 800	10 870
合　计	13 200	9 072	3 348	25 620
约当产量	240	216	216	
单位成本	55	42	15.5	112.5
完工产成品成本	9 900	7 560	2 790	20 250
在产品成本	3 300	1 512	558	5 370

① 半成品分配

半成品分配率=(2 320+10 880)÷(180+60)=55(元/件)

完工B产成品材料费(半成品)=55×180=9 900(元)

在产品材料费(半成品)=55×60=3 300(元)

② 直接人工分配

直接人工分配率=(1 002+8 070)÷(180+60×60%)=42(元/件)

完工B产成品直接人工=42×180=7 560(元)

在产品直接人工=42×60×60%=1 512(元)

③ 制造费用分配

制造费用分配率=(548+2 800)÷(180+60×60%)=15.5(元/件)

完工B产成品制造费用=15.5×180=2 790(元)

在产品制造费用=15.5×60×60%=558(元)

完工B产品成本=9 900+7 560+2 790=20 250(元)

根据表8.11、表8.12和表8.13,编制会计分录如下。

① 入库

借:自制半成品——丙半成品　8 160

　贷:基本生产成本——第一步　8 160

② 出库,转下一步

借:基本生产成本——第二步　10 880

　贷:自制半成品——丙半成品　10 880

③ 完工

借:库存商品——B产成品　20 250

　贷:基本生产成本——B产成品　20 250

最后,根据以上计算结果,B产品成本如表8.14所示。

表8.14 自制半产品——丙半成品和B产成品成本 元

产品名称	直接材料	自制半成品	直接人工	制造费用	合 计
丙半成品	4 080	—	2 520	1 800	8 400
B产品		9 900	7 560	2 790	20 250

2. 计划成本综合结转分步法

采用这种方法时，半成品的日常收发均按照该半成品的计划单位成本计算，在半成品的实际成本计算出来以后，再计算出半成品成本差异率，最后将发出半成品的计划成本调整为实际成本。这种方法要求自制半成品明细账中既要登记计划成本，也要登记实际成本；在下一步领用半成品继续加工时，按计划成本计入下一步的成本计算单，同时在成本计算单中要反映半成品的实际成本和成本差异。

3. 成本还原

从例8－1和例8－2可以看出，采用综合结转分步法，除第一生产步骤外，其他步骤的成本计算单中都包含耗用上一步的半成品成本项目，而“半成品(直接材料)”项目反映的是半成品的综合成本，也就是说该项目包含了上一步发生的直接工资、制造费用等费用，因此，计算出来的产成品成本的构成不是按照成本项目来反映的。当在管理上要求从整个企业的角度分析、考核产品成本的构成时，就需要采用适当的方法将综合结转分步法计算出来的产品的综合成本进行成本还原。

成本还原，就是从最后一个生产步骤起，把本月生产的产成品成本中的半成品成本项目采用一定的方法还原成直接材料、直接人工、制造费用等原始成本项目，进而得到按照原始成本项目反映的产成品成本项目资料。

为什么要进行成本还原呢？因为综合结转法是将每一步完工半成品所发生的材料费、人工费和制造费用综合在一起转入到下一步产品成本明细账，在下一步耗用的半成品成本项目中包含了以前步骤发生的直接人工费和制造费用。例如，在第二步所耗用的半成品成本项目中，不仅包含了第一步的材料费，还包含了第一步发生的直接人工费和制造费用；在第三步耗用的半成品成本项目中，不仅包含了第一步发生的材料费，还包含了第一、第二两步发生的直接人工费和制造费用，但是，这些材料费、人工费和制造费用各是多少，已经难以直接分清。这样，在最终的产成品成本资料中，已经不能反映成本构成的真实情况，也就无从进行成本分析。因此，按综合结转分步法计算产品成本，计算出最终完工产品的成本后，还应该进行成本还原工作(当然，如果管理上不要求进行成本还原，就不必进行成本还原)。

成本还原的方法一般有两种，即系数还原法和成本项目比重还原法。

① 系数还原法，即按各步骤耗用半成品总成本占上一步完工半成品总成本的比重还原成本的方法。这种方法的原理是采用定义求得系数，然后分别乘以上一步完工半成品总成本的成本项目，进而对半成品进行还原。如果是多步，则要进行多次还原，最后将求得的成本项目进行加总。

② 成本项目比重还原法，即按半成品成本项目占全部成本比重还原成本的方法。

例8－3 沿用例8－1中表8.7的相关数据，进行成本还原。

从表中可以看出，该产品的生产有3个步骤，所以需要进行两次成本还原。

① 采用系数还原法，计算如表8.15所示。

表8.15 成本还原表

元

项 目	成本还原率	第二步骤（乙半成品）	第一步骤（甲半成品）	直接材料	直接人工	制造费用	合 计
A 产成品成本		22 080			4 000	2 960	29 040
本月生产乙半成品成本			17 550		6 500	5 850	29 900
A 产品中乙半成品成本还原	0.738 5	－22 080	12 960		4 800	4 320	
本月生产的甲半成品成本				12 000	4 800	2 400	19 200
A产品中甲半成品成本还原	0.675		－12 960	8 100	3 240	1 620	
还原后成本				8 100	12 040	8 900	29 040

计算流程如下。

计算还原分配率时，以直接材料（自制半成品）计算，假设完工半成品全部转入下一步，则：

第二步还原分配率＝第三步直接材料（自制半成品）÷第二步半成品（或称第二步完工产品）总成本

第二步各成本项目＝第二步还原前金额×第二步还原分配率

第一步还原分配率＝第二步还原后直接材料÷第一步还原前半成品总成本

第一步各成本项目＝第一步还原前金额×第一步还原分配率

产成品还原后各项目计算如下。

直接材料＝第一步还原后直接材料

直接人工＝第一步、第二步还原后直接人工+第三步直接人工

制造费用＝第一步、第二步还原后制造费用+第三步制造费用

总成本＝还原前第三步完工产品成本合计

具体计算如下。

1）A产成品耗用乙半成品还原。

成本还原率=22 080÷29 900=0.738 5

A 产品中乙半成品成本还原=0.738 5×17 550=12 960（元）

直接人工成本还原=0.738 5×6 500=4 800（元）

制造费用成本还原=0.738 5×5 850=4 320（元）

2）A产成品耗用甲半成品还原。

成本还原率=12 960÷19 200=0.675

A产成品中甲半成品成本还原=0.675×12 000=8 100(元)

直接人工成本还原=0.675×4 800=3 240(元)

制造费用成本还原=0.675×2 400=1 620(元)

3）按原始项目还原。

直接材料=8 100(元)

直接人工=4 000+4 800+3 240=12 040(元)

制造费用=2 960+4 320+1 620=8 900(元)

② 采用项目比重还原法计算如下。

1）将A产成品的“半成品”成本项目22 080元进行第一次还原。

首先，依据第二生产步骤乙半成品成本计算单，计算乙半成品各成本项目的比重(乙半成品的构成)。其计算公式如下。

某成本项目的比重＝本期完工半成品成本中该成本项目的金额÷本期完工半成品成本

乙半成品成本项目比重＝17 550÷29 900≈0.587

直接人工成本项目比重＝6 500÷29 900≈0.217 4

制造费用成本项目比重＝5 850÷29 900≈0.195 6

其次，将22 080元按乙半成品成本项目、直接人工成本项目、制造费用成本项目还原。其计算公式如下。

乙半成品成本项目＝22 080×0.587＝12 960.96(元)

直接人工成本项目＝22 080×0.217 4＝4 800.192(元)

制造费用成本项目＝22 080×0.195 6＝4 318.848(元)

2）将甲半成品成本项目12 960.96元进行第二次还原。

首先，依据第一生产步骤甲半成品成本计算单，计算甲半成品各成本项目的比重(甲半成品的构成)。其计算如下。

直接材料成本项目比重＝12 000÷19 200＝0.625

直接人工成本项目比重＝4 800÷19 200＝0.25

制造费用成本项目比重＝2 400÷19 200＝0.125

其次，将12 960.96元按直接材料成本项目、直接人工成本项目、制造费用成本项目还原。其计算如下。

直接材料成本项目＝12 960.96×0.625＝8 100.6(元)

直接人工成本项目＝12 960.96×0.25＝3 240.24(元)

制造费用成本项目＝12 960.96×0.125＝1 620.12(元)

3）将分解后的各成本项目的金额加总，计算出还原后的产成品成本。其计算如下。

直接材料成本项目＝8 100.6(元)

直接人工成本项目＝4 800.192＋3 240.24＋4 000＝12 040.432(元)

制造费用成本项目＝4 318.848＋1 620.12＋2 960＝8 898.968(元)

还原前成本合计=8 100.6+12 040.432+8 898.968=29 040(元)

即问即答

成本还原的对象是什么？

8.2.4 分项结转分步法

1. 半成品成本的分项结转

分项结转分步法就是按成本项目，将上一步的半成品成本转入下一步成本计算单的一种方法。如果半成品通过半成品库收发，那么在自制半成品明细账中登记半成品成本时，也要按照成本项目分别登记。

从成本计算的特点上看，分项结转分步法与综合结转分步法是有区别的。在分项结转分步法下，上一步的半成品转入下一步时不再有“自制半成品”成本项目，最后一步完工产品的成本构成是按原始成本项目反映的，所以不需要进行成本还原。

2. 分项结转分步法应用实例

例8－4 恒凯公司制造甲产品需要经过3个生产步骤，各步生产的半成品和产成品分别为A半成品、B半成品和甲产品。原材料在生产开始时一次投入，其余生产步骤不投入原材料，各步的在产品完工程度按50%计算。假定半成品不通过半成品库，全部由上一步转入下一步。部分有关成本计算资料如表8.16、表8.17和表8.18所示。根据资料，采用分项结转分步法计算甲产品的成本。

表8.16 产品产量 元

项 目	第一步	第二步	第三步
月初结存	90	40	80
本月投入	410	360	300
本月完工	300	200	300
月末结存	200	200	80

表8.17 月初在产品成本 元

成本项目	直接材料	直接人工	制造费用	合 计
第一步	5 000	1 000	2 000	8 000
第二步	4 500	1 100	1 600	7 200
第三步	25 450	9 860	4 880	40 190
合 计	34 950	11 960	8 480	55 390

表8.18 本月发生的生产费用 元

成本项目	直接材料	直接人工	制造费用	合 计
第一步	42 000	8 000	1 000	51 000
第二步	—	16 000	8 000	24 000
第三步	—	30 000	10 000	40 000
合 计	42 000	54 000	19 000	115 000

根据所给资料，应编制各步成本计算单，如表8.19、表8.20和表8.21所示，并计算每一步耗用的各项费用。

产品名称:A半成品

表8.19 第一步成本计算单

元

成本项目	直接材料	直接人工	制造费用	合 计
期初费用	5 000	1 000	2 000	8 000
本期发生费用	42 000	8 000	1 000	51 000
合 计	47 000	9 000	3 000	59 000
完工A半成品	28 200	6 750	2 250	37 200
月末在产品	18 800	2 250	750	21 800

产品名称:B半成品

表8.20 第二步成本计算单

元

成本项目	直接材料	直接人工	制造费用	合 计
期初费用	4 500	1 100	1 600	7 200
本期发生费用	—	16 000	8 000	24 000
上步骤转入	28 200	6 750	2 250	37 200
合 计	32 700	23 850	11 850	68 400
完工B半成品	16 350	15 900	7 900	40 150
月末在产品	16 350	7 950	3 950	28 250

产品名称:甲产品

表8.21 第三步成本计算单

元

成本项目	直接材料	直接人工	制造费用	合 计
期初费用	25 450	9 860	4 880	40 190
本期发生费用	—	30 000	10 000	40 000
上步骤转入	16 350	15 900	7 900	40 150
合 计	41 800	55 760	22 780	120 340
完工甲产品	33 000	49 200	20 100	102 300
月末在产品	8 800	6 560	2 680	18 040

直接材料分配率=47 000÷500=94(元/件)

直接人工分配率=9 000÷(300+200×50%)=22.5(元/件)

制造费用分配率=3 000÷(300+200×50%)=7.5(元/件)

第一步编制会计分录如下。

借:基本生产成本——第二步　　37 200

　贷:基本生产成本——第一步　　37 200

直接材料分配率=32 700÷400=81.75(元/件)

直接人工分配率=23 850÷(200+200×50%)=79.5(元/件)

制造费用分配率=11 850÷(200+200×50%)=39.5(元/件)

第二步编制会计分录如下。

借:基本生产成本——第三步　　40 150

　贷:基本生产成本——第二步　　40 150

直接材料分配率=41 800÷380=110(元/件)

直接人工分配率=55 760÷(300+80×50%)=164(元/件)

制造费用分配率=22 780÷(300+80×50%)=67(元/件)

第三步编制会计分录如下。

借:库存商品——甲产品　　102 300

　贷:基本生产成本——第三步　　102 300

即问即答

综合结转分步法与分项结转分步法的区别在哪里?

8.3 平行结转分步法

采用逐步结转分步法能按照生产工艺流程顺序比较合理地跟踪半成品的流转,并提供各步骤的半成品成本,从而便于管理和控制。但是,各生产步骤不能同时计算,必须等到上一步半成品成本计算结转后,后一步才能计算,因此,会影响成本计算的及时性。

在多步生产中,如果可以不考虑各步之间在成本计算中的相互牵制,管理上不要求提供各步半成品的信息,则可以不采用逐步结转分步法,而采用平行结转分步法。采用此方法,各生产步骤分别与完工产品直接联系,本步只能提供在产品成本和加入最终产品成本的份额。这样,各步可以平行独立地、互不影响地进行成本计算。

综上所述,平行结转分步法是指在计算产品成本时,不计算本步所生产的半成品成本,也不计算本步所耗上一步半成品的成本,只计算本步发生的费用和这些费用应计入产成品成本的份额,且将相同产品各步的成本计算单中产成品应负担的份额平行结转、汇总,直接计算出该产品的成本的一种方法。

8.3.1 平行结转分步法的特点及适用范围

1. 平行结转分步法的特点

平行结转分步法与综合结转分步法相比,主要有如下特点。

① 不计算半成品成本,半成品成本不随着实物的结转而结转。各步成本计算单只汇集本步本月发生的费用。这样,各步都以最终的产品为目标,将本步的生产费用分为在产品成本和应由完工产品负担的份额两部分,并将份额平行地计入最终完工产品成本。半成品完工入库或者结转下一步继续加工时,只要尚未最终加工为产成品,该半成品的成本就仍然留在本步。

② 企业不设置“自制半成品”账户。无论企业是否通过半成品库收发半成品,都不设置

"自制半成品"账户。

③ 各生产步骤费用的合计数在广义的在产品成本与完工产成品之间分配，计算各步应计入产成品成本的份额。半成品的实务流转与成本结转相分离的特点形成了广义在产品和狭义在产品。广义在产品是指：尚在本步加工中的在产品；本步已完工，转入半成品库的半成品；已从半成品库转到以后各步进一步加工、尚未制成产成品的半成品。即广义在产品包括本步及以后各步的期末在产品，也就是说包括狭义在产品和本步以及最后一步未完工的半成品。狭义在产品是指某生产步骤末实际加工完毕的"真实"的在产品。

④ 将各生产步骤确定的应计入产成品的份额平行转出汇总，计算产品总成本。

2. 平行结转分步法的适用范围

从理论上说，采用逐步结转分步法的企业，只要不要求提供各步的半成品成本资料，都可以采用平行结转分步法计算产品的成本。但是，随着企业内部责权利的实施，在很大程度上依赖于各车间的成本指标考核，使得平行结转分步法的运用范围大为缩小，更多的企业选用逐步结转分步法。具体来说，平行结转分步法主要适用于以下企业。

① 半成品无独立的经济意义或虽有半成品但不要求单独计算半成品的企业。例如，砖瓦厂、瓷器厂等。

② 一般不计算零配件成本的装配式复杂生产企业。例如，大批量的机械制造企业。

3. 平行结转分步法的优缺点

（1）优点

① 各生产步骤能同时计算产成品成本。

② 能提供按原始成本项目反映的产成品成本资料，无须进行成本还原。

③ 成本计算程序得到简化，效率得到提高。

（2）缺点

① 不能提供各步半成品的成本资料。

② 在产品的费用在产品最后完成以前，不随实物转出而转出，因而不能为各生产步骤的在产品实物管理和资金管理提供资料。

③ 各步的产品成本不包括所耗半成品的费用，因而不能全面反映各步产品的生产耗费水平，不能更好地满足各生产步骤成本管理的要求。

8.3.2　平行结转分步法的成本计算程序

1. 采用平行结转分步法计算成本的程序

1）开设产品成本明细账，按照产品的品种和生产步骤设置成本计算单。按照成本项目归集在本步发生的生产费用，但上一步的半成品成本不随半成品的实物转入下一步（即成本计算与实物结转脱节）。

2）归集费用。归集本步发生的费用，不包括所耗上一步半成品成本。

3）划分费用。将各步明细账归集的费用在完工产成品与广义在产品之间进行分配，确定每步中应计入产成品的份额。

4）汇总产成品成本。将各步由产成品负担的份额平行结转、汇总，计算出产成品成本及单位成本。

2. 平行结转计入产品成本份额的计算

某步在产品约当产量=该步月末在产品数量×完工率(投料率)+后续各步在产品数量

某步的约当总产量=产成品数量(最后一步最终完工产成品)+该步广义在产品约当产量

某步某项费用(材料、人工费、制造费用等)的分配率=该步该项费用合计÷该步约当总产量

某步应计入产成品成本的份额=产成品数量×该步生产费用分配率

广义在产品成本的确定方法有约当比例法、定额成本法和定额比例法。

3. 平行结转分步法的应用实例

例8－5 使用例8－4资料，已知生产1件甲产品消耗1件B半成品，生产1件B半成品耗用1件A半成品，其他资料同例8－4。采用平行结转分步法计算甲产品的总成本和单位成本。

根据资料，应编制每一步的成本计算单如表8.22、表8.23和表8.24所示，计算各步耗用的各项费用。

产品名称：A半成品　　　　**表8.22　第一步成本计算单**　　　　元

成本项目	直接材料	直接人工	制造费用	合　计
期初费用	5 000	1 000	2 000	8 000
本期发生费用	42 000	8 000	1 000	51 000
合　计	47 000	9 000	3 000	59 000
计入产成品份额	18 076.92	39 70.59	1 323.54	23 371.05
月末在产品	28 923.08	50 29.41	1 676.46	35 628.95

产品名称：B半成品　　　　**表8.23　第二步成本计算单**　　　　元

成本项目	直接材料	直接人工	制造费用	合　计
期初费用	4 500	1 100	1 600	7 200
本期发生费用	—	16 000	8 000	24 000
合　计	4 500	17 100	9 600	31 200
计入产成品份额	2 327.58	10 687.5	6 000	19 015.08
月末在产品	2 172.42	6 412.5	3 600	12 184.92

计入产成品份额计算如下。

第一步直接材料广义在产品约当产量=200+200+80=480(件)

第一步直接人工、制造费用广义在产品约当产量=200×50%+200+80=380(件)

直接材料部分约当总量=300+480=780(件)

产品名称:甲产品

表8.24 第三步成本计算单

元

成本项目	直接材料	直接人工	制造费用	合 计
期初费用	25 450	9 860	4 880	40 190
本期发生费用	—	30 000	10 000	40 000
合 计	25 450	39 860	14 880	80 190
计入产成品份额	-20 092.17	-35 170.59	-13 129.41	-68 392.17
月末在产品	5 357.83	4 689.41	1 750.59	11 797.83

直接人工、制造费用约当总量=300+380=680(件)

直接材料分配率=47 000÷780=60.256 4(元/件)

直接人工分配率=9 000÷680=13.235 3(元/件)

制造费用分配率=3 000÷680=4.411 8(元/件)

则第一步应计入产成品成本的份额为:

直接材料=300×60.256 4=18 076.9 2(元)

直接人工=300×13.235 3=3 970.5 9(元)

制造费用=300×4.411 8=1 323.5 4(元)

计入产成品份额计算如下。

第二步直接材料广义在产品约当产量=200+80=280(件)

第二步直接人工、制造费用广义在产品约当产量=200×50%+80=180(件)

直接材料部分约当总量=300+280=580(件)

直接人工、制造费用约当总量=300+180=480(件)

直接材料分配率=4 500÷580=7.758 6(元/件)

直接人工分配率=17 100÷480=35.625(元/件)

制造费用分配率=9 600÷480=20(元/件)

则第二步应计入产成品成本的份额为:

直接材料=300×7.758 6=2 327.58(元)

直接人工=300×35.625=10 687.5(元)

制造费用=300×20=6 000(元)

计入产成品份额计算如下。

第三步直接材料广义在产品约当产量=80(件)

第三步直接人工、制造费用广义在产品约当产量=80×50%=40(件)

直接材料部分约当总量=300+80=380(件)

直接人工、制造费用约当总量=300+40=340(件)

直接材料分配率=25 450÷380=66.973 9(元/件)

直接人工分配率=39 860÷340=117.235 3(元/件)

制造费用分配率=14 880÷340=43.764 7(元/件)

则第三步应计入产成品成本的份额为:

直接材料=300×66.973 9=20 092.17(元)

直接人工=300×117.235 3=35 170.59(元)

制造费用=300×43.764 7=13 129.41(元)

最后，根据以上计算结果，汇总甲产品成本如表8.25所示。

产量:300件　　**表8.25　甲产品成本汇总表**　　元

成本项目	直接材料	直接人工	制造费用	合　计
第一步	18 076.92	3 970.59	1 323.54	23 371.05
第二步	2 327.58	1 0687.50	6 000	19 015.08
第三步	20 092.17	35 170.59	13 129.41	68 392.17
完工总成本	40 496.67	49 828.68	20 452.95	110 778.30
完工单位成本	134.99	166.10	68.18	369.26

本章小结

分步法是以产品的生产步骤和产品品种作为成本计算对象，归集生产费用，计算产品成本的一种方法。按照结转时采用的方法不同，分步法可以分为逐步结转分步法和平行结转分步法，逐步结转分步法还可以进一步划分为综合结转分步法和分项结转分步法。注意，只有在综合结转分步法下才要求成本还原。

逐步结转分步法是为了计算半成品成本而采用的一种分步法。采用这种方法，各步所耗用的上一步半成品的成本要随着半成品的实物的转移，从上一步的基本生产成本明细账或者自制半成品明细账中转入下一步相同产品的基本生产成本明细账中，以便逐步计算各步的半成品成本和最后一步的产成品成本。

综合结转分步法是将各步所耗用上一步半成品成本以完工半成品成本合计数这一综合内容，不分成本项目计入各该步的基本生产成本明细账中的直接材料或半成品的项目中。采用综合结转法计算出来的完工产成品的成本，未按照原始的成本项目反映其构成，为了满足成本管理的要求，需要进行成本还原。成本还原要点主要包括：对象——成品耗用各步半成品的综合成本项目；目的——使产成品成本按其原始成本项目结构反映；依据——所耗用的上一步半成品的成本结构；方向——逆向，即从最后一步起往前逐步还原。

分项结转分步法是将各步所耗用的上一步半成品的成本，按照成本项目分别计入各步的基本生产成本明细账中对应的成本项目。采用分项结转分步法计算出来的完工产成品成本，按原始的成本项目反映其构成，所以不需要成本还原。

在平行结转分步法下，各步只归集本步自身发生的费用，并计算其中应计入产成品的份额，最后将各步应计入产成品的份额平行结转，汇总计算完工产品的成本。将平行结转分步法与逐步结转分步法相比较，如表8.26所示。

表8.26　逐步结转分步法与平行结转分步法比较

项　目	逐步结转分步法	平行结转分步法
成本计算对象	各步的半成品	各步应计入产成品的份额（最终完工产品）
成本计算程序	从第一步开始，依次进行到最后一步	各步同时进行，计算应计入产成品成本的份额
月末在产品	狭义在产品	广义在产品
成本管理	半成品实物转移与成本结转同步	半成品实物转移与成本结转脱节

课后练习

一、复习思考题

1. 逐步结转分步法的特点有哪些？
2. 分步法的特点以及适用范围是什么？
3. 什么是综合结转分步法下的成本还原？为什么要进行成本还原？
4. 平行结转分步法的优缺点有哪些？
5. 简述平行结转分步法的成本计算程序。
6. 平行结转分步法和逐步结转分步法在实际工作中主要适用于哪些企业？

二、判断题

1. 逐步结转分步法有利于各步在产品的实物管理和成本管理。（　）
2. 在实际工作中，分步法产品成本计算的步骤与产品的实际生产步骤应完全一致。（　）
3. 在平行结转分步法下，各步应转出的份额应以最终的完工产品的数量为基数进行计算。（　）
4. 在大量、大批、多步骤生产下，都应该采用分步法计算成本。（　）
5. 分步法都可以进行成本还原。（　）
6. 综合结转分步法能够提供各生产步骤的半成品成本资料，而分项结转分步法却不能。（　）
7. 完工产品的各成本项目，其成本还原后的合计数与成本还原前的合计数应该是相等的。（　）
8. 在平行结转分步法下，各步完工产品和在产品之间的费用分配，都是指完工产品和广义在产品之间的费用分配。（　）
9. 平行结转分步法能够直接提供原始的成本项目资料。（　）
10. 分步法可进一步细分为单步骤结转分步法和多步骤结转分步法两种方法。（　）
11. 逐步结转分步法主要适用于按照成本管理的要求，需要提供各个生产步骤半成品成本资料的企业。（　）
12. 逐步结转分步法按照半成品是否入半成品库的标准，可划分为综合结转分步法和分项结转分步法两种。（　）

13. 平行结转分步法各步不计算半成品成本。（　）

14. 在平行结转分步法下，半成品成本的结转与其实物的流转相互分离。（　）

三、单项选择题

1. 甲企业是一个多步骤生产企业，不能提供各个生产步骤的半成品成本资料，则可判断其所采用的分步法是(　　)。

A. 逐步结转分步法　　B. 平行结转分步法
C. 综合结转分步法　　D. 分项结转分步法

2. 某种产品由3个生产步骤组成，采用逐步结转分步法计算成本。本月第一生产步骤转入第二生产步骤的生产费用为2 300元，第二生产步骤转入第三生产步骤的生产费用为4 100元。本月第三生产步骤发生的费用为2 500(不包括上一生产步骤转入的费用)，第三生产步骤月初在产品费用为800元，月末在产品费用为600元，则本月该种产品的产成品成本为(　　)元。

A. 10 900　　B. 6 800　　C. 6 400　　D. 2 700

3. 在产品的费用不按其所在的地点登记，而按其发送的地点登记的成本计算方法是(　　)。

A. 品种法　　B. 分批法　　C. 逐步结转分步法　　D. 平行结转分步法

4. 在平行结转分步法下，完工产品与在产品之间的费用分配，是指(　　)二者之间的费用分配。

A. 各步完工半成品与月末加工中的在产品
B. 产成品与月末各步尚未加工完成的在产品
C. 各步完工半成品与月末各步尚未完工的在产品
D. 产成品与月末各步尚未加工完成的在产品和各步已完工但尚未最终完成的产品

5. 成本还原是从(　　)生产步骤的前一个生产步骤开始，将其耗用的上一步自制半成品的综合成本，按照上一步完工半成品的成本构成，还原成原始成本项目。

A. 最前　　B. 最后　　C. 中间　　D. 任意

6. 采用平行结转分步法，第二生产步骤的广义在产品不包括(　　)。

A. 第一生产步骤正在加工的在产品　　B. 第二生产步骤正在加工的在产品
C. 第二生产步骤完工入库的半成品　　D. 第三生产步骤正在加工的在产品

7. 平行结转分步法的特点是(　　)。

A. 各步只对本步生产的半成品进行平行结转
B. 各步只计算本步自己所发生的各种生产费用以及这些费用中应计入完工产品成本的份额
C. 各步只计算本步发生的各种费用
D. 各步不生产半成品，因而不需计算半成品成本

8. 综合结转分步法实际上就是各生产步骤相互间多个(　　)的连接应用。

A. 品种法　　B. 分批法　　C. 分步法　　D. 定额法

9. 采用平行结转分步法计算成本，不论半成品是在各生产步骤之间直接结转，还是通过半成品库收发结转，都(　　)账户进行总分类核算。

A. 不通过“自制半成品”　　B. 通过“自制半成品”
C. 不通过“库存商品”　　D. 通过“库存商品”

10. 平行结转分步法的优点是(　　)。
A. 能够提供各步的半成品成本资料
B. 有利于加强半成品的实物管理
C. 有利于加强各步的成本管理
D. 各步可以同时计算产品成本，加快成本计算速度

四、多项选择题

1. 下列各种分步法中，不必进行成本还原的有(　　)。
A. 平行结转分步法　　B. 分项结转分步法
C. 综合结转分步法　　D. 逐步结转分步法

2. 关于平行结转分步法，说法正确的有(　　)。
A. 成本结转工作量较大
B. 能全面地反映各生产步骤的生产耗费水平
C. 不能提供各步的半成品成本资料
D. 在产品的费用在最后完工前以前，不随实物转出而转出

3. 采用平行结转分步法，每一步的生产费用要在其完工产品和月末在产品之间进行分配。如果某产品生产分3步在3个车间进行，则第二车间的在产品包括(　　)。
A. 第一车间尚未完工产品　　B. 第二车间尚未完工产品
C. 第三车间尚未完工产品　　D. 第三车间完工产品

4. 以下关于各种分步法的成本计算的表述中，正确的有(　　)。
A. 平行结转分步法不能提供各步半成品的资料
B. 平行结转分步法不能更好地满足各步成本管理的要求
C. 逐步结转分步法适用于大量、大批、连续式复杂生产的企业
D. 逐步结转分步法需要进行成本还原

5. 逐步结转分步法计算成本的优点是(　　)。
A. 能直接提供按原始成本项目反映的产成品资料
B. 能全面反映各该步产品的生产耗用水平
C. 能为各生产步骤在产品的实物管理和资金管理提供资料
D. 能提供各个生产步骤的半成品成本资料

6. 有关各种分步法的产品成本计算的说法，正确的有(　　)。
A. 逐步结转分步法下，半成品成本随着半成品实物的转移而结转；平行结转分步法下，半成品成本不随着成品实物的转移而结转
B. 逐步结转分步法能为半成品的实物管理和生产资金管理提供资料；平行结转分步法不能为半成品的实物管理和生产资金管理提供资料
C. 逐步结转分步法下，各步不能同时计算完工产品成本，成本计算的及时性差；平行结转分步法下，各步能同时计算完工产品成本，成本计算的及时性强
D. 平行结转分步法能全面反映各步完工产品所耗上一步半成品费用水平和本步加

工费用水平

7. 平行结转分步法的特点是(　　　　)。

A. 不计算各步半成品的成本　　B. 半成品实物转移但是成本不结转

C. 在产品是指广义在产品　　D. 在产品是指狭义在产品

8. 半成品成本的计算和结转,可以采用(　　　　)方式。

A. 综合结转　　B. 逐步结转　　C. 分项结转　　D. 平行结转

9. 分步法中能够直接反映产成品成本的原始构成项目的成本计算方法有(　　　　)。

A. 逐步结转分步法　　B. 逐步综合结转方式

C. 平行结转分步法　　D. 逐步分项结转方式

10. 所谓成本还原就是将完工产品所耗用的上一步半成品的综合成本分解还原为原始的(　　　　)等项目的一种成本计算工作。

A. 直接支出　　B. 直接人工　　C. 直接材料　　D. 制造费用

11. 逐步结转分步法的特征有(　　　　)。

A. 管理上要求计算半成品成本　　B. 最后生产步骤计算的是产成品成本

C. 半成品实物转移成本随之结转　　D. 期末在产品指狭义在产品

12. 采用逐步结转分步法的目的是(　　　　)。

A. 在同行业中进行半成品成本指标比较

B. 提供不同品种完工产品所耗用的同一种半成品的成本数据

C. 计算对外销售半成品的损益

D. 考核和分析各步的生产耗费和资金占用水平

13. 分步法可进一步细分为(　　　　)等多种方法。

A. 逐步结转分步法　　B. 多步结转分步法

C. 同步结转分步法　　D. 平行结转分步法

五、技能训练题

技能训练一

目的:练习成本还原。

资料:某企业生产A产品经过3个生产步骤,生产成本采用综合结转分步法计算。表8.27为该企业2016年产品各生产步骤成本计算单。

要求:根据已知资料进行成本还原,采用系数还原法。

技能训练二

目的:练习平行结转分步法。

资料:某企业2016年9月生产甲产品,经3个步骤连续加工制成,原材料在生产开始时一次投入,各步在产品的完工程度均50%。第一步本月完工半成品380件,全部转入第二步,在产品60件。第二步本月完工半成品360件,全部转入第三步,在产品50件。第三步本月完工350件,在产品30件。

要求:采用平行结转分步法填制甲产品成本明细账如表8.28、表8.29和表8.30所示,完成甲产品成品汇总计算单如表8.31所示。

表8.27　A产品成本汇总表

元

项　目	直接材料	自制半成品	直接人工	制造费用	合　计
第一步	4 500		1 100	1 900	7 500
第二步		6 000	1 920	2 080	10 000
第三步		12 500	5 500	4 500	22 500

表8.28　产品成本明细账

第一车间：甲产品　　本月本步完工半成品：380件

本步在产品：60件　　完工程度：50%　　元

摘　要	直接材料	直接人工	制造费用	合　计
月初在产品	1 200	480	800	2 480
本月发生费用	13 500	3 200	3 800	20 500
本月合计				
结转完工产品成本份额				
月末在产品				

表8.29　产品成本明细账

第二车间：甲产品　　本月本步完工半成品：360件

本步在产品：50件　　完工程度：50%　　元

摘　要	直接材料	直接人工	制造费用	合　计
月初在产品		330	440	770
本月发生费用		2 100	2 800	4 900
本月合计				
结转完工产品成本份额				
月末在产品				

表8.30　产品成本明细账

第三车间：甲产品　　本月本步完工产成品：350件

本步在产品：30件　　完工程度：50%　　元

摘　要	直接材料	直接人工	制造费用	合　计
月初在产品				
本月发生费用				
本月合计				
结转完工产品成本份额				
月末在产品				

表8.31　甲产品成本汇总计算单

本月完工产成品：350件　　元

项　目	直接材料	直接人工	制造费用	合　计
第一步转入份额				
第二步转入份额				
第三步转入份额				
总成本合计				
单位成本				

技能训练三

目的：练习综合结转分步法。

资料：某企业生产乙产品，分两个生产步骤，不设半成品库，采用综合结转分步法计算产品成本。

要求：根据已知资料填制各步骤成本计算单如表8.32和表8.33所示。

表8.32　第一步成本计算单　　元

成本项目	直接材料	直接人工	制造费用	合　计
月初在产品成本	40 000	12 000	28 000	80 000
本月费用	100 000	18 000	62 000	180 000
生产费用合计				
完工半成品成本				
月末在产品成本	60 000	10 000	40 000	110 000

表8.33　第二步成本计算单　　元

成本项目	自制半成品	直接人工	制造费用	合　计
月初在产品成本	30 000	15 000	5 000	50 000
本月费用		80 000	30 000	
生产费用合计				
完工半成品成本				
月末在产品成本	45 000	16 000	6 000	67 000

技能训练四

目的：练习逐步结转分步法。

资料：某产品生产分两个生产步骤，采用逐步结转分步法计算产品成本。本月第一步完工入库的半成品成本为100 000元，本月第二步领用的半成品成本为80 000元。本月发生的其他生产费用为120 000元，月初、月末在产品成本分别为20 000元、160 000元。

要求：试计算该完工产成品成本。

技能训练五

目的:练习分项结转分步法计算。

资料:某企业甲产品经过两个生产车间加工完成,成本计算采用逐步结转分步法进行。两车间之间的半成品直接结转。本月第一车间结转计入第二车间的半成品成本为129 800元,其中,直接材料76 000元,直接工资13 200元,其他直接支出4 600元,制造费用36 000元;本月第二车间发生的生产费用35 500元,其中,直接工资8 800元,其他直接支出2 400元,制造费用24 300元;第二车间月初在产品成本14 580元,其中,直接材料8 200元,直接工资3 600元,其他直接支出980元,制造费用1 800元;第二车间月末在产品成本按定额成本计算为24 520元,其中,直接材料12 260元,直接工资6 200元,其他直接支出1 960元,制造费用4 100元。

要求:采用分项结转分步法计算甲完工产品成本。

第9章 产品成本计算的辅助方法

学习目标

1. 了解产品成本计算的分类法和定额法的含义、特点、适用范围、应用条件及优缺点。
2. 理解联产品、副产品、等级品的概念及关系，掌握联合成本的分配方法及运用。
3. 重点掌握运用分类法和定额法进行成本计算的程序，并能较为熟练地运用这两种成本计算方法进行产品成本的计算。

引导案例

某钢材厂在加工钢管时，生产出3种不同等级的螺纹钢管，还产生了副产品钢坯。2016年5月，该钢材厂共加工出一级螺纹钢管100吨，二级螺纹钢管150吨，三级螺纹钢管40吨，同时产生出副产品钢坯10吨。上述产品总成本为90万元，其中，原材料成本为65万元，加工成本为25万元。该厂将上述产品按照市场同类产品的销售价格出售以后，出现了奇怪现象，即只有一级螺纹钢管盈利并且利润率很高，二级螺纹钢管和三级螺纹钢管及副产品都是亏损，而且单位产品亏损额逐渐加大。是什么原因造成了这种结果呢？经过分析，原来是该厂将总成本按照各种产品的数量平均分配给各不同等级的产品和副产品，即该结果是由成本分配方法不合理所造成的。那么，应该用什么样的成本分配方法才会更加合理呢？本章将要学习产品成本计算的辅助方法，即分类法和定额法。

9.1 产品成本计算的分类法

在实际工作中，有许多企业生产的产品种类、规格繁多，而有些产品的种类、规格及结构、使用的原材料和生产工艺又很接近，如生产不同等级的螺纹钢管、不同号码的服装、形状不同的食品等，如果还按照产品的品种归集生产费用、核算成本，那么成本核算工作量就会很大，明细账设置也太多。因此，在这种情况下，会计核算可以先按照一定的分类标准对产品进行分类，然后再按照类别归集生产费用核算成本，这就是产品成本计算的分类法。

9.1.1　分类法的成本计算概述

1. 分类法的概念

分类法是指以产品类别作为成本核算对象，用来归集生产费用，先计算各类产品的总成本，然后再按一定标准分配计算类内各种产品成本的一种方法。分类法并不是一种独立的基本成本计算方法

2. 分类法的特点

① 成本计算对象。分类法是以产品类别作为成本计算对象，设置成本明细账。按类别归集各类产品的生产费用时，类内不同品种（或规格）产品的成本按照一定的分配方法确定。

② 成本计算期。成本计算期取决于生产特点及管理要求。分类法可以与品种法、分批法、分步法结合使用。如果是大批量生产，结合品种法或分步法进行成本计算，应定期在月末进行成本计算，这时产品成本计算期与生产周期不一致，与会计报告期一致；当分类法与分批法结合运用时，产品成本计算期与生产周期一致，与会计报告期不一致。

③ 生产费用的分配。生产费用在完工产品与在产品之间的分配，必须结合某种成本计算的基本方法（品种法、分批法或分步法），选择适当的分配标准，将各类完工产品的总成本在同类各种产品之间进行分配。

3. 分类法的适用范围

分类法是一种简化的成本计算方法，必须与成本计算的各种基本方法结合使用。分类法主要适用于产品的品种或规格繁多，并可以按照一定标准划分为若干类别的企业或车间。例如，生产各种型号和规格生铁、钢锭和钢材的钢铁厂，生产各种不同种类和规格针织品的针织厂，生产各种不同规格服装的服装厂，生产各种不同类别及瓦数灯泡的灯泡厂，生产各种蛋糕、面包的食品厂等。

9.1.2　分类法的成本计算程序

1. 按产品类别设立生产成本明细账

采用分类法计算产品成本，首先要将产品按照性质、结构、用途、生产工艺过程、耗用原材料的不同标准，划分为若干类别，然后以其类别作为成本计算对象设立生产成本明细账。

2. 选择适当、合理的分配标准

分类法下各类别产品总成本在类内各种产品之间分配的方法是根据产品生产特点确定

的。它可以采用产品的经济价值指标(如计划成本、定额成本、销售单价等)，也可以采用产品的技术性指标(如重量、长度、体积、浓度、含量等)，还可以采用产品生产的各种定额消耗量、定额工时、定额成本，产品的重量、体积、长度、售价等作为分配标准。

3. 选择适当的分配方法

选择适当的方法将各类完工产品成本在该类各种不同规格的产品中进行分配，计算类内各产品的总成本和单位成本。类内各种产品成本常用的分配方法有定额比例法和系数分配法两种。

9.1.3 分类法的成本计算方法

1. 定额比例法

1）计算类内每种产品成本项目的定额成本或定额消耗量，按成本项目计算耗费分配率。其计算公式为：

某类产品某项耗费分配率＝该类完工产品该项耗费总额÷该类内各种产品的定额成本(或定额耗用量)之和

2）按成本项目计算类内各种产品的实际成本。其计算公式为：

类内某种产品某项目的实际成本＝该种产品该项目的定额成本(或定额耗用量)×该类内产品该项耗费分配率

2. 系数分配法

系数分配法是运用系数分配计算类内各规格产品成本的一种方法。这里的系数是指各种规格产品之间的比例关系。

1）确定分配标准，即选择与耗费关系最密切的因素作为分配标准，如定额耗用量、定额成本、计划成本、售价、重量、体积和长度等。

2）将分配标准折算成固定系数。其方法是在同类产品中选择一种有代表性的产品，如将产销量大、生产正常、售价稳定的产品作为标准产品，确定其标准系数为1，并定出其他产品与标准产品的比率，即系数。其计算公式为：

某产品系数＝该产品分配标准额÷标准产品分配标准额

3）将类内各产品的产量按照系数折算出相当于标准产品的产量。其计算公式为：

该产品相当于标准产品的产量＝该产品的实际产量×该产品的系数

4）计算出全部产品相当于标准产品的总产量，以此为标准分配类内各种产品的成本。其计算公式为：

某种产品应分配的某项耗费＝该种产品的标准产量×该类产品某项耗费分配率

采用系数分配法,既可按综合系数分配,也可分成本项目采用单项系数分配。

9.1.4 分类法应用举例(按系数分配法)

例9-1 某工业企业大量生产A、B、C三种产品。这3种产品结构相似,使用原材料相同,生产工艺过程相同,只是规格不同。为了简化成本计算,将3种产品归为一类——甲类,采用分类法计算产品成本。甲类产品的月末在产品成本按定额成本计算。该类产品2016年5月初在产品成本、本月生产耗费及月末在产品成本资料如表9.1所示。

表9.1 2016年5月初在产品成本、本月生产耗费及月末在产品成本资料 元

项 目	直接材料	直接人工	制造费用	合 计
月初在产品成本	4 500	2 000	1 500	8 000
本月生产耗费	23 700	14 360	10 770	48 830
月末在产品成本	3 800	1 600	1 200	6 600

该类各种产品的耗费分配标准为:直接材料按各种产品的原材料费用系数分配,原材料费用系数按原材料消耗定额确定,选定B产品作为标准产品;直接人工、制造费用等加工费用按定额工时比例分配。

甲类各种产品产量、原材料消耗定额和工时定额资料如表9.2所示。

表9.2 甲类各种产品产量、原材料消耗定额和工时定额资料

产品名称	产量/件	原材料消耗定额/千克	工时定额/小时
A产品	300	8	20
B产品	500	10	18
C产品	400	12	24

根据上述资料,该企业成本计算如下。

按产品类别(甲类)开设产品成本明细账,根据该类产品月初在产品定额成本、本月生产耗费和月末在产品定额成本,登记甲类产品成本明细账,计算该类完工产品成本,如表9.3所示。

表9.3 产品成本明细账

产品类别:甲类 2016年05月 元

月	日	摘 要	直接材料	直接人工	制造费用	合 计
5	1	月初在产品定额成本	4 500	2 000	1 500	8 000
	31	本月生产耗费	23 700	14 360	10 770	48 830
	31	生产耗费累计	28 200	16 360	12 270	56 830
	31	完工产品成本	24 400	14 760	11 070	50 230
	31	月末在产品定额成本	3 800	1 600	1 200	6 600

根据原材料消耗定额计算原材料费用系数,如表9.4所示。

表9.4　原材料费用系数计算表

产品名称	原材料消耗定额／千克	系数
A产品	8	0.8
B产品	10	1.0
C产品	12	1.2

分配计算甲类产品中A、B、C三种产品总成本和单位成本，如表9.5所示。

表9.5　类内各种产品成本计算表

产品类别：甲类　　　　2016年05月　　　　元

项目	产量／件	原材料费用系数	原材料总系数（标准产量）／千克	工时定额／小时	定额总工时／小时	总成本				单位成本
						直接材料	直接人工	制造费用	合计	
分配率						20	0.6	0.45		
A产品	300	0.8	240	20	6 000	4 800	3 600	2 700	11 100	37.0
B产品	500	1.0	500	18	9 000	10 000	5 400	4 050	19 450	38.9
C产品	400	1.2	480	24	9 600	9 600	5 760	4 320	19 680	49.2
合计			1 220		24 600	24 400	14 760	11 070	50 230	

表9.5中各种耗费分配率计算如下。

原材料分配率＝24 400÷1 220＝20(元/千克)

直接人工分配率＝14 760÷24 600＝0.6(元/小时)

制造费用分配率＝11 070÷24 600＝0.45(元/小时)

根据表9.5类内各种产品成本计算表，编制结转甲类各种完工产品成本的会计分录。

借：库存商品——A产品　　11 100

　　　　　　——B产品　　19 450

　　　　　　——C产品　　19 680

　贷：基本生产成本——甲类　　50 230

9.1.5　分类法的优缺点及应用条件

分类法的优点：不仅能简化成本计算工作，而且能在产品品种、规格繁多的情况下，分类掌握产品成本的情况。分类法的缺点：类内各种产品的成本都是按一定标准分配计算的，因而计算结果有一定的假定性。分类法的应用条件：采用分类法计算产品成本时，对产品分类的类距不能定得过小，使成本计算工作复杂；也不能定得过大，使成本计算不准确。同时要注意类内产品成本分配标准的合理性，选定的分配标准要与各种产品成本的发生有比较密切的联系，体现产品成本费用分配中的受益原则。

在产品结构、所耗原材料或工艺技术发生较大变动时，应及时修订分配系数或另选分配标准，以提高成本计算的正确性。因此，合理确定产品类别和选择适当的分配标准是运用分类法的关键。采用分类法计算产品成本，不仅可以简化成本计算工作，而且可以分类掌握产品成本的水平。

9.2 联产品、副产品和等级品的成本计算

有些企业特别是化工企业，在生产过程中使用同一原材料进行加工，可能同时生产出几种主要产品，有些在生产主要产品的同时还会附带生产出一些非主要产品，或者在生产中可能由于操作技术及其他方面的原因生产出不同等级的同一产品。这些产品根据不同情况，分为联产品、副产品和等级产品。

9.2.1 联产品的成本计算

1. 联产品及其特点

(1) 联产品的概念

联产品是指用同一种原料，经过同一个生产过程，同时生产出两种或两种以上不同性质和用途的产品。例如，炼油厂的原油经过催化可以同时提炼出汽油、柴油、煤油和机油等几种主要产品，奶制品加工厂可同时生产出牛奶、奶油等。这些产品虽然具有不同的性质和用途，但在经济上都具有重要的意义，而且都是企业生产的主要目的。

(2) 联产品的主要特点

一是联产品都是企业的主要产品，是企业生产活动的主要目标。二是销售价格较高，是企业收入的主要来源，对企业收入有较大贡献。三是要生产一种产品，通常要生产所有联产品。各种联产品之间的产量同比例增减时称为补充联产品；各种联产品之间的产量此增彼减时称为代用联产品。

尽管联产品有明显的特点，但它与副产品的区分实际上并不固定，而是随时间或地点等因素发生改变。例如，石油工业以前用煤油作为联产品，汽油作为副产品，后来则反之，到了1928年把汽油和加热用油都作为联产品；又如，肥皂厂把肥皂作为主产品，甘油作为副产品，到了“非常时期”，又把它们都作为联产品。

2. 联产品的成本计算程序

联产品的成本计算程序如图9.1所示。

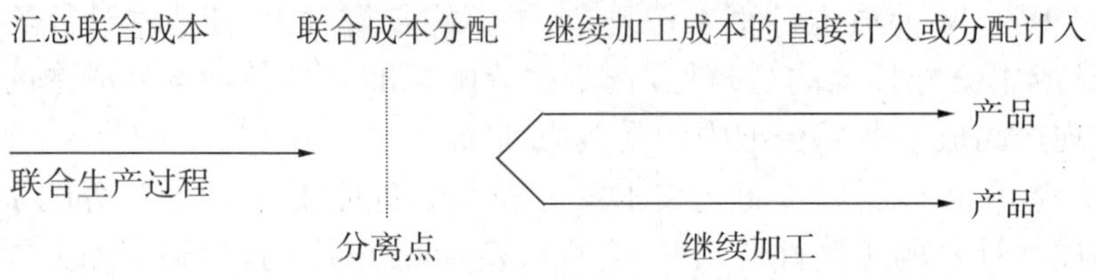

图9.1 联产品的成本计算程序

联产品从原料投入到产品销售要经过3个阶段：分离前、分离时和分离后。分离前，在联合生产过程发生的费用汇总后确定联合成本。联产品分离时的分离点或分裂点是最关键的，它是联合生产过程的结束。在分离点就必须采用可行的分配办法，将联合成本分配于各联产品。分离后，如不需进一步加工即可销售或结转的联产品，其成本就是分配的联产品成本；分离后，如需进一步加工的，继续加工费用为直接费用的可直接计入，为间接费用的应在相关的产品间分配计入。联合成本加上继续加工成本为该产品的销售成本。

企业的原材料经过同一生产过程以后，从中分离出各种联产品，而联产品分离这个点称为分离点。分离点前发生的成本称为联合成本或共同成本，分离以后有的可直接销售，有的需要进一步加工后再销售，而进一步加工的成本称为可归属成本。

联产品的成本计算，就是联产品分离前共同生产费用的归集及分离时共同成本的分配。分离前共同生产费用的归集应根据生产的特点和成本管理的要求确定。

3. 联合成本的分配方法

联合成本的分配可采用产量分配法、系数分配法、销价分配法和耗料分配法。这几种方法，企业可根据实际情况选用。下面通过具体的例子进行说明和比较。

例 9-2　某企业在同一生产过程生产出联产品A、B、C，联产品A与B可直接销售，联产品C要追加130 000元继续加工费用后再销售。联合成本500 000元采用多种方法分配如下。

① 产量分配法。联产品在同一过程中分离出时，从理论上说，各种联产品产量会形成一定的比例，实际产量由于各种生产条件的影响和制约与理论产量可能有所偏离，在化工企业表现得比较突出。联合成本按理论产量与实际产量分配过程如表9.6、表9.7所示。

表9.6　联合成本按理论产量分配

产品	理论产量/吨	分配率/(元/吨)	联合成本分配/元	单位成本/(元/吨)
A	10		100 000	10 000
B	15		150 000	10 000
B	25		250 000	10 000
合计	50	10 000	500 000	

表9.7　联合成本按实际产量分配

产品	实际产量/吨	分配率/(元/吨)	联合成本分配/元	单位成本/(元/吨)
A	7.5		83 333.33	11 111.11
B	15.0		166 667.65	11 111.11
B	22.5		249 999.98	11 111.11
合计	45.0	11 111.11	500 000.00	

② 系数分配法。用产量分配法比较简便,但它假定各种联产品的单位成本相同,联合成本只与产量相关,在许多情况下与实际不符。系数分配法则以产量为基础,各种产品都与标准产品折算一个系数,按标准产量分配联合成本,就比按产量直接分配要准确。假定A产品为标准产品,系数确定为1,B、C两种产品的系数分别为0.5和 1.5,联合成本按计划产量系数和实际产量系数分配过程如表9.8、表9.9所示。

表9.8 联合成本按计划产量系数分配

产品	计划产量/吨	系数	标准产量/吨	分配率/(元/吨)	联合成本分配/元	单位成本/(元/吨)
A	6.5	1.0	6.5		65 000	10 000
B	15.0	0.5	7.5		75 000	5 000
C	24.0	1.5	36.0		360 000	15 000
合计	45.5		50.0	10 000	500 000	

表9.9 联合成本按实际产量系数分配

产品	实际产量/吨	系数	标准产量/吨	分配率/(元/吨)	联合成本分配/元	单位成本/(元/吨)
A	7.5	1.0	7.50		76 923	10 256.40
B	15.0	0.5	7.50		76 923	5 128.20
C	22.5	1.5	33.75		346 154	15 384.62
合计	45.0		48.75	10 256.41	500 000	

③ 销价分配法。不同的联产品,销售价格会有所不同。在一般情况下,高销价与高成本是相配合的,当然,销价还与市场供求关系有关。销价分配法从另一个侧面来弥补产量分配法的不足。联合成本按销价分配过程如表9.10所示。

表9.10 联合成本按销价分配

产品	计划产量/吨	销价/(元/吨)	销售收入/元	继续加工成本/元	净收入/元	分配率	联合成本分配/元	单位成本/(元/吨)
A	7.5	20 000	150 000		150 000		93 750	12 500
B	15.0	7 000	105 000	130 000	105 000		65 625	4 375
C	22.5	30 000	675 000		545 000		340 625	15 139
合计	45.0				800 000	0.625	500 000	

④ 耗料分配法。如果A、B、C三种产品为混合原料生产的不同等级产品,混合原料中优质部分可生产高级产品以优价出售,劣质部分只能产出低级产品以低价出售。混合原料如果分等级购入时,优质部分也是高价的,可以根据价格确定系数,按价格系数计算标准产量进行分配,如表9.11所示。

表9.11 联合成本按耗料分配

产品等级	产量/吨	耗料系数	标准产量/吨	分配率/(元/吨)	联合成本分配/元	单位成本/(元/吨)
一级	7.5	1.4	10.5		120 690	16 092
二级	15.0	1.0	15.0		172 414	11 494
三级	22.5	0.8	18.0		206 896	9 195
合计	45.0		43.5	11 494.252		

9.2.2 副产品的成本计算

1. 副产品及其特点

(1) 副产品的概念

副产品是指在主要产品的生产过程中，附带生产出的非主要产品或利用生产中废料加工而成的产品，如肥皂厂生产出来的甘油，炼油厂生产出来的渣油、石焦油，酿酒厂生产出来的酒糟，刚玉厂生产出来的硅铁，面粉加工过程中产生的麸皮等。副产品虽然不是企业的主要产品，但也有经济价值并可对外销售，因而也应加强管理与核算。

(2) 副产品成本计算的特点

副产品由于不是主要产品，为了简化成本计算工作，可以采用与分类法相类似的方法计算成本，即将副产品与主产品合为一类设立成本明细账，归集生产费用、计算成本，然后将副产品按照一定的方法计价，从总成本中扣除(一般是在总成本的“原材料”项目中扣除)，以扣除后的成本作为主产品的成本。

2. 副产品成本的计算方法

① 副产品不计价，由主要产品承担。

② 按照副产品的售价减去销售税金、销售费用和销售利润以后的余额计价。对分离后不再加工且价值不大(与主要产品相比)可以直接出售的副产品，可不负担分离前的联合成本，出售时可以按照副产品的售价减去销售税金、销售费用和销售利润后的余额计价，作为副产品成本从主副产品总成本中扣除。

副产品与主产品分离以后如果需要进一步加工后才能出售，按照售价减去销售税金和销售利润计算出的副产品成本，既包括应负担的共同成本，又包括进一步加工的可归属成本。其计算公式为：

分离后需进一步加工才能出售的副产品成本＝分离前的(副产品售价－销售税金－销售费用－销售利润)联合成本＋可归属成本

副产品若负担联合成本，其负担的联合成本确定后，将其从联合成本中扣除的方法有两种：一是将副产品成本从联合成本的“直接材料”项目中扣除；二是将副产品成本按比例从联合成本的各个成本项目中扣除。

③ 按企业制定的副产品计划单位成本(或定额)计价。如果副产品加工处理所需时间不长、费用不大,为了简化成本计算工作,副产品也可以按计划单位成本(或定额)计价,而不计算其实际成本。这样从主副产品的生产费用总额中扣除按计划单位成本计算的副产品成本后的余额,就是主产品的成本。

3. 副产品成本计算举例

例 9-3 某企业在同一生产过程中生产出甲主产品的同时,还附带生产出了乙副产品。假定本期联合成本为200 000元,其中,直接材料130 000元,直接人工32 000元,制造费用38 000元;乙副产品为2 000千克,每千克售价3元、税金0.54元、销售费用0.06元,副产品成本按比例从各成本项目中扣除。成本分摊情况如表9.12所示。

表9.12　副产品成本计算　　元

成本项目	总成本	乙副产品应分摊成本	甲主产品应分摊成本费用
直接材料	130 000	2 400	127 600
直接人工	32 000	1 104	30 896
制造费用	38 000	1 296	36 704
合　计	200 000	4 800	195 200

注:1. 乙副产品应扣除(分摊)成本 = (3 − 0.54 − 0.06)×2 000 = 4 800(元)

2. 直接材料、直接人工、制造费用的分摊比例分别为50%、23%、27%。

计算出副产品的成本后,为了简化计算,通常还可以从主副产品总成本的直接材料项目中扣除副产品的成本(不再在各个项目中分配),求得主产品的总成本。

9.2.3　等级品的成本计算

1. 等级品及其产生的原因

(1) 等级品的概念

等级品是指使用相同的原材料,经过相同的加工过程生产出来的相同品种,但质量有所差别、不同等级的产品。例如,搪瓷器皿、电子元件、针纺织品等的生产,经常会出现一等品、二等品、三等品和等外品。

(2) 等级品产生的原因

依据造成产品质量差别的原因不同,等级品可以分为两种:一种是由于材料的质量、工艺过程不同或自然原因造成的等级品,如洗煤时可以把原煤自然分成大、中、小块;另一种是由于经营管理或技术操作的原因形成的等级品,如织布时出现的跳线布等,其质量差,售价低。

2. 等级品的成本计算

等级品的成本计算方法,应根据企业的具体情况加以确定。

① 如果产生等级品是由于材料质量、工艺过程本身等特点或自然原因造成的，则应采用适当的方法计算各种等级品的产品成本。计算时，可将各种等级品作为一类产品，计算分类产品的联合成本，再根据按各种等级品的售价等标准确定的系数，将各等级品产量折合为标准产量，采用标准产量比例法分配联合成本，以分配的联合成本作为各等级产品的成本。具体计算过程参见联产品成本计算。

② 如果是由于生产管理不当、操作失误造成的等级品，在这种情况下，因为等级品用料相同，工艺过程也相同，则其成本也应相同，所以，应采用实际产量比例法，将等级品的联合成本直接按各等级产品实际产量平均计算，从而使各等级产品单位成本水平一致。这样，等级品由于降价销售所带来的损失，正是企业需解决的问题。

说明

联产品、副产品、等产品、非合格品的相同点与不同点如下。

等级品与联产品、副产品相比，它们的相同点都是使用同种原料，经过同一个加工过程而同时生产出的产品。不同点：等级品是相同品种但质量不同的产品；联产品是不同品种的主要产品；副产品是附带的次要产品。等级品是质量上的差异，一般是在允许的设计范围内，不影响产品的使用寿命；非合格品是指等级品以下的产品，其质量标准达不到设计的要求，属于废品范围。因此，等级品的成本核算也是将联合成本在不同等级产品之间进行分配的问题。

3. 等级品的成本计算实例

例9－4 某企业于2016年11月生产丙产品，在生产中出现不同等级质量的产品。当月生产的丙产品的实际产量为750件。其中，一等品200件，二等品400件，三等品150件。各种等级的丙产品的市场售价：一等品售价24元，二等品售价15元，三等品售价12元。当月丙产品的总成本为10 080元（本例为了简化成本计算，不分成本项目计算）。

根据以上资料，进行丙产品的各等级品成本计算。

① 假设不同质量等级的丙产品是由于目前生产技术水平、工艺技术条件和原材料质量等客观原因所造成的，采用系数分配法计算各等级品成本。成本计算结果如表9.13所示。

表9.13 丙产品的等级品成本计算单（系数分配法）

产品名称：丙产品　　　　2016年11月

产品等级	实际产量／件	系数	标准产量／件	分配率／（元／件）	各等级品总成本／元	各等级品单位成本／（元／件）
一等品	200	1.6	320		3 840	19.20
二等品	400	1.0	400		4 800	12.00
三等品	150	0.8	120		1 440	9.60
合　计	750		840	12	10 080	

注：确定二等品为标准产品，系数定为1，按各等级品的售价计算一等品、三等品的系数为：一等品系数＝24÷15＝1.6；三等品＝12÷15＝0.8。

根据表9.13的等级品成本计算单和产品入库单,编制会计分录如下。

借:库存商品——丙产品(一等品) 3 840
——丙产品(二等品) 4 800
——丙产品(三等品) 1 440
贷:基本生产成本——丙产品 10 080

② 如果不同质量等级的产品是由于违规操作,或者技术不熟练等主观原因所造成的,采用实物量分配法计算各等级品成本。成本计算结果如表9.14所示。

表9.14 丙产品的等级品成本计算单(实务量分配法)

产品名称:丙产品 2016年11月

产品等级	实际产量/件	分配率/(元/件)	各等级品总成本/元	各等级品单位成本/(元/件)
一等品	200		2 688	13.44
二等品	400		5 376	13.44
三等品	150		2 016	13.44
合 计	750	13.44	10 080	

根据表9.14的等级品成本计算单和产品入库单,编制会计分录如下。

借:库存商品——丙产品(一等品) 2 688
——丙产品(二等品) 5 376
——丙产品(三等品) 2 016
贷:基本生产成本——丙产品 10 080

9.3 产品成本计算的定额法

9.3.1 定额法及其基本原理

1. 定额法的含义

定额法是以产品的品种(或批别)为成本计算对象,以产品定额成本为基础,加上或减去脱离定额的差异及定额变动差异来计算产品的实际成本的一种方法。

2. 定额法的基本原理

① 定额成本是指以企业现行的各种消耗定额为基础计算的一种预计产品成本。定额成本是企业产品生产成本的现行定额。它反映了当期应达到的成本水平。合理的现行成本定额是衡量企业成本节约或超支的尺度。把一定时期的定额成本与实际成本进行比较,便可以揭示实际脱离定额的差异,指出生产和成本管理中的成绩及存在的问题。以定额法计

算产品成本时，定额成本是计算产品实际成本的基础。

② 脱离定额差异是指生产过程中各项生产费用的实际支出脱离现行定额或预算的数额。它标志着各项生产费用支出的合理程度。

③ 材料成本差异是指在定额法下，材料或半成品的日常核算以计划成本计价而产生的材料或半成品实际成本与计划成本的差异。它反映了所消耗材料或半成品的价差。

④ 月初在产品定额变动差异是指由于修订消耗定额而产生的新旧定额成本之间的差额。它与生产费用的超支或节约无关，是定额成本本身变动的结果。

采用定额法计算产品成本时，实际成本的计算公式为：

实际成本＝定额成本±脱离定额成本差异±材料成本差异±定额变动差异

9.3.2 定额法的特点及适用范围

1. 定额法的特点

定额法不是成本计算的基本方法，是为了加强成本管理，进行成本控制而采用的成本计算和管理相结合的目标成本管理的一种成本计算的辅助方法。定额法必须与成本计算基本方法结合，与企业生产类型没有直接关系。

① 事前制定产品的定额成本。定额法是以产品的定额成本为基础来计算产品的实际成本的。采用定额法，企业必须事先制定产品的各项消耗定额、费用定额，以现行的定额为依据制定产品的定额成本，作为降低成本的目标，对成本进行事前控制。

② 分别核算符合定额的费用和脱离定额的差异。在生产费用发生时，将符合定额的费用和发生的差异分别核算，及时揭示实际费用脱离定额差异，加强对成本差异的日常核算，从而对产品成本进行有效的分析和控制。

③ 以定额成本为基础，加减各种成本差异来求得实际成本。在定额法下，本月完工产品的实际成本是以本月完工产品定额成本为基础，加上或减去本月完工产品应负担的脱离定额差异、材料成本差异、定额变动差异等成本差异以后求得的。

2. 定额法的适用范围

采用定额法计算产品成本应具备以下两个条件。

① 企业定额管理制度比较健全，各项消耗定额比较齐全、准确、稳定，原始记录健全、成本核算与定额管理的基础比较好。

② 产品的生产已经定型，产品的品种不多，规格、型号、工艺过程比较稳定。定额法一般与企业的生产类型无关，它只是为了加强成本控制，及时揭露产品定额成本和定额执行过程中存在的问题，及时采取有效措施加以改进而采用的方法。因此，不论哪种生产类型的企业，只要具备上述条件，都可以采用定额法计算产品成本。

9.3.3 定额法的计算程序

采用定额法计算产品成本的程序：首先，根据企业现行消耗定额和费用定额，按照企业确定的成本项目，对各产品品种(企业确定的成本核算对象)分别制定产品定额成本；其次，定额成本制定后，在生产费用发生时，核算脱离定额差异，予以汇总；再次，月末在本月完工产品和月末在产品之间分配成本差异；最后，计算出本月完工产品的实际总成本和单位成本。

1. 定额成本的制定

(1) 定额成本与计划成本的区别

产品的定额成本是指按照各时期的现行消耗定额和计划价格计算的成本。它与计划成本不同，产品的计划成本是按照计划期内平均消耗定额和计划价格计算的成本，计划成本在计划期内一般不变动；产品的定额成本在不同时期是可以修改和变动的，定额成本一般由会计、计划、技术等部门共同制定，必须是先进可行的，是经过努力可以达到的，不能与实际相差太远，并且必须分别按成本项目进行。定额成本包括的成本项目必须与实际成本、计划成本包括的项目一致，以便对成本进行分析、考核。

(2) 定额成本的计算方法

采用定额法计算产品成本，首先要制定产品的原材料、动力、工时等各项消耗定额，并根据各项消耗定额和原材料的计划单价、计划小时工资率或计件工资单价、计划小时制造费用率等资料，计算产品的各项费用定额和单位产品的定额成本。单位产品定额成本的计算公式为：

单位产品直接材料费用定额＝产品材料消耗定额×材料计划单价

单位产品直接人工费用定额＝产品生产工时定额×生产工资计划单价

单位产品制造费用定额＝产品生产工时定额×制造费用计划单价

单位产成品定额成本＝单位产品直接材料费用定额+单位产品直接人工费用定额+
单位产品制造费用定额

单位产品定额成本确定以后，根据在产品数量和加工程度，可以计算出全部在产品定额成本；根据本期投产产品数量和单位产品定额成本，可以计算出完工产品定额成本。完工产品定额成本是计算完工产品实际成本的基础。

2. 脱离定额差异的计算

脱离定额差异是指实际产量按现行消耗定额和计划单价计算的定额成本与实际成本的差额。企业在发生生产费用时，应将符合定额的费用和脱离定额的差异分别编制定额凭证和差异凭证，并在有关费用分配表和生产成本明细账(产品成本计算单)中分别予以登记。

(1) 直接材料费用脱离定额差异的计算

直接材料费用脱离定额差异是指产品耗用原材料的实际成本与定额成本的差异，用公式表示为：

直接材料费用脱离定额差异=原材料实际成本-原材料定额成本

=原材料实际耗用量×实际单价-原材料定额耗用量×计划单价

在定额法下核算耗用量的差异的方法如下。

① 限额领料法

采用限额领料法来核算材料脱离定额的差异时，一般应实行限额领料制度。限额范围内的领料根据限额领料单领用，由于增加产量而发生的超额领料，应办理追加限额手续，仍使用限额领料单领用；因其他原因造成的超额领料，应填制专设的超限额领料单差异凭证，对发生的代用材料或以废料折合为相当于原定材料的数量后再计算差异，反映在差异凭证中。超限额领料凭证反映耗用量的超支，形成正差异；限额领料单的余额和退料单反映耗用量的节约，形成负差异。

在差异凭证中，应该填明差异的数量、金额及发生差异的原因，月末汇总时，即可求得直接材料本月定额差异。月末时，将限额领料单内的材料余额和各种差异凭证进行汇总，即可计算出定额差异。其计算公式为：

某产品直接材料脱离定额的差异=(该产品材料实际耗用量—该产品材料定额耗用量)×材料计划单位成本

计算本期直接材料实际消耗量的公式为：

本期直接材料实际消耗量=本期领用材料数量+期初结余材料数量-期末结余材料数量

例9-5 某企业本月投产的产品为270件，每件消耗的材料定额为3千克，本月实际领料880千克，车间有期初余料45千克、期末余料75千克，材料计划成本为7元。

原材料脱离定额差异为：

原材料定额消耗量=270×3=810(千克)

原材料定额成本=810×7=5 670(元)

原材料实际消耗量=880+45-75=850(千克)

原材料脱离定额差异(数量)=850-810=40(千克)

原材料脱离定额成本差异=40×7=280(元)

② 定期盘存法

定期盘存法是根据定期盘点的方法来计算材料的定额消耗量和脱离定额差异的方法。计算的时间可以是每天，也可以是每周或每旬。

定期盘存法的核算程序：首先，用本期完工产品数量加上期末在产品数量，减去期初在产品数量，计算出本期投产数量，其中期末在产品数量是根据盘存数量(或账面数量)计算的；其次，根据材料的消耗定额，计算出产品材料的定额消耗量；再次，根据材料的定额领料凭证、差异凭证及车间的盘存资料，计算出产品的材料实际消耗量；最后，将产品的实际消耗量和定额消耗量进行比较，计算出材料脱离定额的差异。其计算公式为：

产品投产量=完工产品数量+期末在产品数量-期初在产品数量

直接材料定额消耗量＝产品投产量×原材料消耗定额

直接材料实际消耗量＝本期领料量+期初余料量−期末余料量

直接材料定额差异（量差）＝（直接材料实际消耗量−直接材料定额消耗量）×材料计划单位成本

在按定期盘存法核算定额差异时，应尽量缩短材料定额差异的核算期，只有这样，才能及时揭露出差异，控制材料的消耗，找出产生差异的原因，提出进一步改进的措施；同时，能将差异的核算工作分散在平时进行，有利于核算工作的及时性。但采用这种方法计算投产量时，期末盘存数是通过倒挤的方法进行的，导致计算结果不够准确。这种方法一般适用于连续式大量生产的企业。

不论采用哪种核算方法，直接材料定额差异的计算都要分批或定期地按成本计算对象汇总，编制直接材料定额费用和定额差异汇总表（见表9.15），以便登记产品成本计算单。

表9.15　直接材料定额费用和定额差异汇总表

车间名称：　　　　　　　产品名称：　　　　　　　2016年06月30日　　　元

类　别	编号	单位	计划单位成本	定额费用		实际费用		定额差异		差异原因分析
				定额消耗量	金额	数量	金额	数量	金额	
原材料	101	千克	20	200	4 000	230	4 600	+30	+600	
主要材料	102	千克	10	100	1 000	90	900	−10	−100	
合　计					5 000		5 500		500	

③ 切割核算法

切割核算法是指对某些贵重材料或经常大量使用且需要切割后才能进一步加工的材料，通过材料切割核算单核算用料差异，以控制用料。采用整批切割法时，材料切割核算单按切割材料的批别设立。

材料切割核算单中要详细填明切割材料的名称、种类、数额、成材率、消耗定额和应切割成的毛坯数量等资料。

在材料切割完成后，根据实际切割成毛坯数量乘以消耗定额计算出材料的定额消耗量，将定额消耗量与材料的实际消耗量进行比较，计算出材料定额差异，并将差异数额填入材料切割核算单内，同时注明产生差异的原因。

采取整批切割法的优点是能及时反映和控制材料的耗用情况，但是材料切割核算单的填制工作量很大，因而只适用于按批核算材料定额差异的一些贵重材料。材料切割核算单的格式如表9.16所示。

（2）直接人工费用脱离定额差异的核算

直接人工费用脱离定额差异的确定方法，因工资形式不同而有所不同。

① 计件工资制度下直接人工费用脱离定额差异的核算

在计件工资制度下，直接人工费用属于直接计入费用，在计件单价不变的情况下，按计件单价支付的生产工人工资（及提取的福利费）就是定额工资，没有脱离定额差异。只有在因工作条件发生变化而在计件单价之外支付的工资、津贴、补贴等，才是生产工人工资脱离定额差异。企业应将符合定额的工资直接反映在有关的产量记录中，对脱离定额的差异，应设置工资补付单等差异凭证予以反映,并在工资补付单中填写发生差异的原因。

② 计时工资制度下直接人工费用脱离定额差异的核算

表9.16 材料切割核算单

材料编号或名称:2105　材料计量单位:千克　材料计划单价:7.50元
产品名称:甲　零件编号或名称:205　图纸号:609
切割工人工号和姓名:1631　王林　机床编号:312
发交切割日期:2016年12月01日　完工日期:2016年12月31日　元

发料数量		退回余料数量			材料实际消耗量		废料回收数量
136		5			131		13.5
单件消耗定额	单件回收定额	应割成的毛坯数量			实际割成的毛坯数量	材料定额消耗量	废料定额回收量
10	0.5	13			12	120	6
材料脱离定额差异		废料脱离定额差异			差异原因		责任者
数量	金额	数量	单价	金额	没有按规定要求操作因而多留了边料,减少了毛坯		切割工人:王林
11	82.50	−7.5	1.20	−9			

在计时工资制度下,直接人工费用一般为间接计入费用,其脱离定额差异不能在平时(按产品成本计算对象)计算,只有在月末待本月实际直接人工费用总额和产品生产总工时确定后才能计算。其计算公式为:

计划小时工资率=计划产量的定额直接人工费用÷该计划产量的定额工时

实际小时工资率=实际产量的实际直接人工费用÷该实际产量实际生产工时

某产品实际的直接人工费用=该产品实际产量的实际生产工时×实际小时工资率

某产品直接人工费用定额差异=该产品实际产量的定额人工费用−该产品定额的直接人工费用

可见,影响直接人工费用定额差异的因素是工时差异和小时工资率差异。

月末,要根据因素分析法分别计算出工时差异引起的直接人工费用差异和直接人工单价差异,编制直接人工费用定额成本和脱离定额差异汇总表(见表9.17),登记产品成本计算单。

表9.17 直接人工费用定额成本和脱离定额差异汇总表

2016年01月　元

产品名称	定额工时	实际工时	工时差异	计划单价	实际单价	工资单价	定额工资	实际工资	工时差异引起的工资差异	工资单价差异引起的工资差异	工资脱离定额差异
	1	2	3=2−1	4	5	6=5−4	7=1×4	8=2×5	9=3×4	10=2×6	11=8−7
甲	20 000	19 000	-1 000	0.50	0.56	+0.06	10 000	10 640	500	+1 140	+640
合计											

3. 制造费用脱离定额差异的计算

制造费用属于间接费用，不能在费用发生时就直接按产品确定脱离定额差异。这是因为制造费用要在月末汇总总额，并采用一定方法分配于各种产品后，才能确定各产品应负担的制造费用。在日常核算中，主要是制定费用预算，按费用项目核算实际费用脱离预算的差异并填制差异凭证，以此控制制造费用的发生。月末计算出各产品应负担的实际制造费用，再计算制造费用定额差异。其计算公式为：

某产品制造费用定额差异＝该产品实际制造费用−该产品实际产量定额工时×计划费用单价

可见，影响制造费用脱离定额差异的因素是工时差异和费用单价差异（包括工资单价差异和费用单价差异所引起的工资差异和费用差异），其核算和分析方法与产品直接人工费用脱离定额差异相似。

月末根据计算结果填制差异凭证，并编制制造费用定额和脱离定额差异汇总表（见表9.18），登记产品成本计算单和明细账。

表9.18　制造费用定额和脱离定额差异汇总表

2016年01月　　元

产品名称	定额工时	实际工时	工时差异	计划费用单价	实际费用单价	费用单价差异	定额费用	实际费用	工时差异引起的费用差异	费用单价差异引起的费用差异	费用脱离定额差异
	1	2	3＝2－1	4	5	6＝5－4	7＝1×4	8＝2×5	9＝3×4	10＝2×6	11＝8－7
甲	20 000	19 000	−1 000	0.40	0.38	−0.02	8 000	7 220	−400	−380	−780
合计											

制造费用脱离定额差异还可用制造费用的实际发生额与按生产计划完成的百分比调整预算相减算出。

例9－6　某企业实际制造费用15 000元，预算制造费用13 000元，实际生产比计划生产超额完成20%，只生产一种产品。计算该产品制造费用定额差异。

调整后的制造费用预算数＝13 000×(1+20%)＝15 600(元)

制造费用定额差异＝15 000−15 600＝−600(元)

定额差异在完工产品与在产品之间的分配。直接材料、直接人工和制造费用的定额差异计算出来后，应按产品汇总，计算出每种产品的定额差异，然后分别按成本项目将定额差异在完工产品和在产品之间按定额比例进行分配。其计算公式为：

定额差异分配率＝定额差异合计÷(完工产品定额成本+期末在产品定额成本)

完工产品应负担的定额差异＝完工产品定额成本×定额差异分配率

在产品应负担的定额差异＝在产品定额成本×定额差异分配率

或

在产品负担的定额差异＝定额差异合计－完工产品应负担的定额差异

3. 材料成本差异的分配

在采用定额计算法时，材料的日常核算都按材料的计划成本进行，平时发生的直接材料费用，包括直接材料定额成本和直接材料定额差异都是按材料的计划单位成本计算的。因此，对材料的实际价格与计划价格不一致而产生的材料成本差异没有加以反映，为此，在计算产品实际成本时还必须加以调整，分配材料成本差异。其计算公式为：

某产品应分配的材料成本差异＝(该产品直接材料定额成本±直接材料脱离定额差异)×材料成本差异率

例9－7 甲产品所耗直接材料的定额成本为37 000元，脱离定额差异为超支3 000元，直接材料的成本差异为节约2%。计算该产品应分配的材料成本差异。

(37 000+3 000)×(−2%)＝−800(元)

在产品成本计算单中，对材料成本差异也要单独设置专栏予以反映，并设置材料成本差异明细账，以便正确反映产品成本应负担的材料成本差异。

4. 定额变动差异的计算

定额变动差异是指由于修订消耗定额而产生的新旧定额之间的差额，随着科学技术的发展和劳动生产率的提高，企业原先制定的消耗定额就要变动，需重新修订定额标准，以适应新的管理要求。

在定额修订后，月初在产品定额成本原是按旧定额计算的，而当月投产的产品定额成本是按新定额计算的，二者计算的基础不同，不能直接相加汇总。因此，需将月初按旧定额确定的定额成本调整为按新定额确定的定额成本，这样就产生了定额变动差异。其计算公式为：

定额变动系数＝新定额成本÷旧定额变动成本

月初在产品定额变动差异＝按旧定额计算的月初在产品定额成本×(1−定额变动系数)

调整后月初在产品定额成本＝按旧定额计算的月初在产品定额成本±定额变动差异

例9－8 某企业A产品生产从6月1日起实施新的材料消耗定额，A产品5月1日的原材料消耗定额为8千克，6月1日实施新定额为6.6千克，原材料计划单价为3元，6月初未调整的产品定额为10 000元。计算月初在产品定额变动差异和调整后的在产品定额成本。

月初在产品定额变动差异＝10 000×[1−6.6×3÷(8×3)]＝1 750(元)

调整后月初在产品定额成本＝10 000−1 750＝8 250(元)

月初在产品定额变动差异，一方面应调整月初在产品定额成本，另一方面又要调整本月产品成本，这两方面调整的金额相等，但方向相反。新定额低于旧定额，利用上述公式计算出来的定额变动差异一方面在“定额成本”调整栏以负号表示，即减少月初在产品定额成本；另一方面在“定额变动差异”栏以正号表示，即增加本月生产费用。反之，新定额高于旧定额，则将计算出来的定额变动差异一方面在“定额成本”调整栏以正号表示，即增加月初在产品定额成本；另一方面在“定额变动差异”栏以负号表示，即减少本月生产费用。

定额变动差异一般应在完工产品和在产品之间进行分配。其计算公式为：

定额变动差异分配率＝定额变动差异合计÷(完工产品定额成本+在产品定额成本)

完工产品应负担的定额变动差异＝完工产品的定额成本×定额变动差异分配率

在产品应负担的定额变动差异＝在产品的定额成本×定额变动差异分配率

或

产品应负担的定额变动差异＝定额变动差异合计－完工产品应负担的定额变动差异

5. 产品实际成本的计算

采用定额法时，产品实际成本的计算公式为：

产品的实际成本＝按现行定额计算的产品定额成本±定额差异±材料成本差异±月初在产品定额变动差异

定额法下的产品成本计算单应按定额成本、定额差异、定额变动差异和材料成本差异分设专栏或专行，其格式如表9.21所示。产品成本计算单各栏的填制方法说明如下。

① “月初在产品定额成本”栏。根据上月同种产品成本计算单“月末在产品成本”各栏转抄。

② “月初在产品定额变动”栏。根据月初在产品盘存数量和月初在产品新旧定额资料计算填列。如果新定额降低，应将计算出来的定额变动数额在“定额成本”调整栏以“-”表示，而在“定额变动差异”栏以“+”表示；如果新定额提高，则应分别用相反的符号表示。

③ “本月生产费用”栏。应以月初成本项目或定额成本、定额差异、材料成本差异汇总表或计算表的数据填列。“定额差异”和“材料成本差异”是节约额，用“-”表示，超支差异用“+”表示。

④ “生产费用合计”栏。应将月初在产品成本和本月生产费用分别按定额成本、定额差异、材料成本差异和定额变动差异加总填列。

⑤ “差异分配率”栏。应按前述定额差异分配率和定额变动差异分配率的计算公式计算填列。

⑥ “完工产品成本”栏。应按前述计算公式计算填列。

⑦ “月末在产品成本”栏。也应按前述计算公式计算填列。

6. 定额法举例

例9－9 某企业一个车间大量生产甲产品，该产品各种消耗定额较为准确和稳定，采用定额法计算产品成本，有关成本计算资料如表9.19、表9.20所示。为简化举例，这里只设“直接材料”、“工费”两个成本项目。

表9.19 月初在产品成本

2016年01月01日 元

项 目	直接材料	工 费	合 计
定额成本	10 000	2 000	12 000
定额差异	-500	-300	-800
材料成本差异	50		50

表9.20 单位定额成本资料 元

项目	1月1日定额成本			5月1日定额成本	
	消耗定额	计划单位或计划分配率	定额成本	消耗定额	定额成本
A材料	6千克	6	36	5.5千克	33
B材料	3.5千克	4	14	3.25千克	13
工费	8工时	5	40	7工时	35
合计			90		81

该企业5月份甲产品投产190件，完工200件，月末在产品190件，材料在开始时一次性投入。5月份甲产品生产实际耗用A材料1 100千克、B材料500千克，完成3 000实际工时，实际发生工费7 000元。5月份材料成本差异率为-2%，定额变动差异全部由完工产品负担。

其产品成本计算如表9.21所示。

1）月初在产品定额变动差异计算。

直接材料月初在产品定额变动差异＝10 000×(1-46÷50)＝800(元)

工费月初在产品变动差异＝2 000×(1-35÷40)＝250(元)

2）本月生产费用计算。

直接材料定额成本＝46×190＝8 740(元)

直接材料定额差异＝(6×1 100+4×500)-(6×5.5+4×3.25)×190＝-140(元)

材料成本差异＝(8 740-140)×(-2%)＝-172(元)

工费定额成本＝5×7×190＝6 650(元)

工费定额差异＝7 000-6 650＝350(元)

3）完工产品成本计算。

直接材料定额差异分配率＝(-500-140)÷(10 000-800+8 740)＝-640÷17 940

＝-0.035 67

完工产品应分配的直接材料定额差异＝9 200×(-0.035 67)＝-328.16(元)

材料成本差异分配率＝(50-172)÷(17 940-640+800)＝-122÷18 100

＝-0.006 74

完工产品应分配的材料成本差异额＝9 200×(-0.006 74)＝-62.01(元)

工费定额差异分配率＝(-300+350)÷(2 000-250+6 650)＝0.005 95

完工产品应分配的工费定额差异＝7 000×0.005 95＝41.65(元)

完工产品实际成本＝9 200−328.16+800−62.01+7 000+41.65+250
＝16 901.48

4）月末在产品成本根据“月末在产品成本＝生产费用合计−完工产品成本”计算。

根据上述计算，编制完工入库的会计分录如下。

借：库存商品——甲产品　　16 901.48

　贷：生产成本——基本生产成本——甲产品　　16 901.48

表9.21 产品成本计算单

产品名称：甲产品　　2016年05月31日　完工：200件　　在产品：190件　　元

摘要	直接材料				工费			实际成本
	定额成本	定额差异	定额变动差异	材料成本差异	定额成本	定额差异	定额变动差异	
月初在产品定额成本	10 000	−500		50	2 000	−300		
月初在产品定额变动	−800		800		−250		250	
本月生产费用	8 740	−140		−172	6 650	350		
生产费用合计	17 940	−640	800	−122	8 400	50	250	
差异分配率		−0.035 67		−0.006 74		0.005 95		
完工产品成本	9 200	−328.16	800	−62.01	7 000	41.65	250	16 901.48
月末在产品成本	8 740	−311.76		−59.99	1 400			9 718.80
完工产品单位成本	46	−1.64	4	−0.31	35	0.21	1.25	84.51

本章小结

本章主要讲述了分类法和定额法的特点、适用范围和成本计算程序。结合例题讲述采用分类法计算产品成本时类内产品成本计算的系数分配法，联产品、副产品、等级品的概念及成本计算方法；详述采用定额法下产品成本计算时定额成本的制定，脱离定额差异、材料成本差异、定额变动差异和产品实际成本的计算。

课后练习

一、复习思考题

1. 什么是分类法？其主要特点是什么？
2. 为什么说合理确定产品类别和选择合理的分配标准是采用分类法的关键因素？
3. 什么是联产品？为什么联产品适合应用分类法？
4. 什么是副产品？副产品成本核算与联产品成本核算有何不同？
5. 什么是定额法？它与实际成本核算方法相比，其特点是什么？

二、判断题

1. 分类法与品种法、分批法一起构成基本的成本计算方法。（　）
2. 联产品的成本计算就是将分离点后联产品的联合成本在各类联产品之间进行分配。（　）
3. 定额成本实际上就是计划成本。（　）
4. 采用分类法计算产品成本时，作为分配费用标准的系数均应用产品产量加权。（　）
5. 副产品成本计算必须采用分类法。（　）
6. 工时定额是指生产产品所耗用的时间总数，定额工时是指生产单位产品所耗用的时间。（　）
7. 定额变动差异主要是指月初在产品由于定额变动产生的差异。（　）
8. 定额法是一种成本核算的辅助方法，也是一种成本控制的方法。（　）

三、单项选择题

1. 产品成本计算的辅助方法有（　　）。

A. 品种法　B. 分步法　C. 分类法　D. 分批法

2. 企业利用同种原材料，在同一生产过程中同时生产出的几种地位相同的主要产品，称为（　　）。

A. 半成品　B. 联产品　C. 副产品　D. 等级品

3. 采用分类法的目的，在于（　　）。

A. 分类计算产品成本　B. 简化各种产品成本的计算工作
C. 简化各类产品成本的计算工作　D. 准确计算各种产品成本

4. 企业在生产主要产品的过程中，附带生产出来的一些非主要产品称为（　　）。

A. 联产品　B. 等级品　C. 副产品　D. 次品

5. 在采用定额法下，为了有利于分析和考核材料消耗定额的执行情况，日常材料的核算都是按（　　）进行的。

A. 计划成本　B. 实际成本　C. 定额成本　D. 标准成本

6. 按照系数比例分配同类产品中各种产品成本的方法（　　）。

A. 是一种完工产品和月末在产品之间分配费用的方法

B. 是一种单纯的产品成本计算方法

C. 是一种简化的分类法

D. 是一种分配间接费用的方法

7. 使用同种原料，经过相同加工过程生产出来的品种相同，但质量不同的产品是(　　)。

A. 联产品　　B. 副产品　　C. 等级品　　D. 主产品

8. 采用系数法时，被选定作为标准产品的应该是(　　)。

A. 盈利较多的产品

B. 亏损较多的产品

C. 成本计算工作量较大的产品

D. 产品较大、生产比较稳定或规格适中的产品

9. 在生产过程中，企业实际发生的费用与定额费用的差异是(　　)。

A. 定额变动差异　　B. 耗用量差异

C. 反映率差异　　D. 定额差异

10. 采用定额法计算产品成本，如果月初在产品定额变动差异是负数，说明(　　)。

A. 定额降低了　　B. 定额提高了

C. 本月实际发生的生产成本增加了　　D. 累计的实际生产成本增加了

11. 某产品原材料定额费用为10 000元，原材料脱离定额差异为–2 000元，材料成本差异率为–1%，该产品应分配的原材料成本差异为(　　)元。

A. 20　　B. –80　　C. –100　　D. –120

12. 某企业A产品的部分零件在年初修订原材料消耗定额，每件产品原材料费用的旧定额为200元，新定额为190元，则A产品定额变动系数为(　　)。

A. 0.05　　B. 0.95　　C. 0.052 1　　D. 1.052 1

四、多项选择题

1. 类内各种(规格)产品成本的分配采用系数分配法时，各种(规格)产品系数确定的依据有(　　)等。

A. 产品定额耗用量　　B. 产品定额成本

C. 产品售价　　D. 产品生产地点

2. 采用分类法计算产品成本，一般可以将(　　)等方面相同或相似的产品归为一类。

A. 产品的结构、性质　　B. 产品耗用的原材料

C. 产品的生产工艺过程　　D. 产品的销售和使用对象

3. 联产品的成本是由(　　)之和组成的。

A. 联合成本　　B. 可归属成本　　C. 制造成本　　D. 销售成本

4. 对于分离后需要进一步加工的副产品，其成本计价的方法有(　　)。

A. 副产品只负担可归属成本

B. 副产品只负担共同成本

C. 副产品既负担可归属成本，也负担分离前的共同成本

D. 副产品不负担任何成本

5. 采用定额法计算产品成本，产品的实际成本由(　　)等组成。
   A. 定额成本　　B. 脱离定额差异
   C. 材料成本差异　　D. 定额变动差异
6. 可以采用分类法计算产品成本的产品有(　　)。
   A. 联产品
   B. 人工造成的等级品
   C. 各等级产品
   D. 品种规格繁多，但可以按一定标准分类的产品
7. 下列各项中，属于定额成本法应具备的条件的是(　　)。
   A. 定额管理的基础较好　　B. 各项消耗定额比较准确、稳定
   C. 各月在产品数量变化不大　　D. 各月在产品数量变化较大
8. 采用分类法计算产品成本时，同类产品内各种产品之间分配费用的标准有(　　)。
   A. 定额消耗量　　B. 定额费用
   C. 产品体积、长度或体积　　D. 售价

五、技能训练题

技能训练一

目的：练习产品成本计算的分类法。

资料：某企业生产的A、B、C、D、E五种产品耗用的原材料和产品的生产工艺比较接近，因而归为一类(甲产品)，采用分类法计算产品成本。将C产品定为标准产品，系数为1。6月份有关成本计算资料如表9.22、表9.23和表9.24所示。

表9.22　各种产品定额资料

产　品	材料消耗定额／千克	工时消耗定额／小时
A	15	9.6
B	12	8.8
C	10	8.0
D	9	7.6
E	8	7.2

表9.23　本月各产品的实际产量　　件

	A	B	C	D	E
产量	200	240	480	360	300

表9.24　月初在产品成本和本月生产费用　　元

摘　要	直接材料	直接人工	制造费用	小　计
月初在产品成本	20 000	30 000	18 800	68 800
本月生产费用	146 880	383 040	255 360	785 280

要求：

1. 采用月末在产品成本按年初固定成本计算的方法，计算本月完工产品成本。
2. 采用系数分配法计算甲类产品内各种产品的成本。

技能训练二

目的：练习产品成本计算的定额法。

资料：某公司大批量生产甲产品，该产品各项消耗定额比较准确、稳定，采用定额法计算产品成本。公司规定：该产品的定额变动差异和材料成本差异由完工产品成本负担，脱离定额差异成本按比例在完工产品与月末在产品之间分配。

① 甲产品定额成本及脱离定额差异资料如表9.25所示。

表9.25　定额成本及脱离定额差异资料

元

成本项目		直接材料	直接人工	制造费用	合　计
月初在产品成本	定额成本	10 000	2 000	6 000	18 000
	定额差异	−785	+140	−900	−1 545
本月生产费用	定额成本	50 000	8 500	31 000	89 500
	定额差异	−1 000	+700	+1 640	+1 340

② 甲产品8月份所耗A原材料，其成本差异率为节约2%。

③ 甲产品从本月1日起实行新的材料消耗定额，单位产品旧的材料费用定额为40元，新的材料费用定额为38元，该产品月初在产品按旧定额计算的材料定额费用为10 000元。

④ 甲产品本月份完工200件，在产品100件。定额成本资料如表9.26所示。

表9.26　产品定额成本资料

元

成本项目	直接材料	直接人工	制造费用	合　计
单位产品定额成本	275	47.25	171	493.25

要求：计算本月甲产品成本和在产品成本，计算结果填入基本生产成本明细账。

技能训练三

目的：联产品成本的计算。

资料：某工厂生产联产品A、B、C三种主要产品。本月实际产量：A产品40 000千克，B产品20 000千克，C产品15 000千克。各产品单位售价：A产品15元，B产品24元，C产品12元，分离前联合成本为1 008 000元。

要求：

1. 按系数分配法计算各种产品的成本（以A产品的单位售价为标准）。
2. 按实物量分配法计算各种产品的成本。
3. 按相对售价分配法计算各种产品成本。

技能训练四

目的：练习副产品成本的计算。

资料：某企业在生产A产品的同时附带生产出B副产品，B副产品分离后需进一步加工后才能出售。本月共发生联合成本155 000元，其中，直接材料占50%，直接人工占20%，制造费用占30%。B副产品进一步加工发生直接人工费2 000元，制造费用2 500元。本月生产A产品1 000千克，B副产品2 000千克。B副产品单位售价为12元，单位税金和利润合计为2元。

要求：按副产品既负担可归属成本，又负担分离前联合成本的方法计算副产品成本。

技能训练五

目的：练习运用分类法计算产品成本。

资料：某企业生产甲、乙两类产品，甲类产品有A、B、C三种产品，采用分类法计算产品成本，其中直接材料按材料定额成本计算的系数分配，其他费用按定额工时比例计算分配。计算系数时以A产品为标准产品。该类产品在产品成本按照该类在产品定额成本计价。某年8月有关成本计算的资料如下。

① 甲类产品月初在产品费用和本月费用如表9.27所示。

表9.27 月初在产品费用和本月费用 元

成本项目	直接材料	直接人工	制造费用	合 计
月初在产品	8 500	500	600	9 600
本月发生	61 850	9 750	10 210	81 810

② 甲类产品产量：本月完工A产品500件，B产品400件，C产品450件。材料定额成本和工时定额如表9.28所示。

表9.28 材料定额成本和工时定额

产品名称	单件材料定额成本／元	工时定额／小时
A产品	320	10
B产品	280	8
C产品	384	9

③ 甲类产品月末在产品定额成本：直接材料7 800元，直接人工450元，制造费用520元。

要求：

1. 计算甲类产品成本，登记“基本生产成本——甲类产品”明细账（见表9.29）。
2. 计算各产品的材料系数、各产品标准产量和定额工时（见表9.30）。
3. 计算甲类内各产品的总成本和单位成本（见表9.31）。

表9.29　甲类产品成本计算表

元

成本项目	直接材料	直接人工	制造费用	合　计
月初在产品				
本月费用				
费用合计				
本月完工产品				
月末在产品				

表9.30　产品系数及定额工时计算表

项　目	产量／件	材料系数	总系数	工时定额／小时	定额工时／小时
A产品					
B产品					
C产品					

表9.31　甲类内各种产品成本分配表

元

成本项目	总系数	直接材料	定额工时／小时	直接人工	制造费用	成本合计
分配率						
A产品						
B产品						
C产品						
合计						

第10章 成本报表的编制和分析

学习目标

1. 了解成本报表的含义。
2. 熟悉成本报表的作用和种类。
3. 重点掌握成本报表的编制方法。
4. 能够运用正确的方法进行成本报表的分析。

引导案例

宏达公司是一家食品加工企业,为了增加其食品的销售量和市场占有率,公司对食品的生产和销售进行了一系列调整:将食品由4个系列增加到10个系列,全部采用新型食品材料和设计;通过报纸、电视、网络等各种媒体增加了产品的宣传力度;采用让利促销的方式,扩大销量。经过半年多与竞争对手艰苦的价格战,公司的销售量和市场占有率显著提高。可是,当财务部门核算本年度的公司利润时,却发现公司出现了亏损。通过对公司本年度成本报表的分析发现,公司亏损主要来自于食品材料耗费的增加、广告费用的严重超支以及较高的促销费用。

有效的成本控制是企业在激烈的市场竞争中取得成功的基本要素,不计成本的非理性行为,必然会导致企业经营的重大失误。成本控制也不是单纯地压缩成本费用,企业应当进行科学合理的成本核算与分析,使企业的管理者能准确地掌握成本结构、盈利能力,以便做出正确的决策。为了从根本上消除企业成本的超支,实现成本的有效控制,加强考核和分析成本计划及费用预算的执行情况,加强成本费用管理,企业有必要编制成本报表。

10.1 成本报表概述

企业的会计报表按服务对象可以划分为两类:一类是向外报送的会计报表,如资产负债表、利润表、现金流量表等;另一类是企业内部管理需要的报表,如产品生产成本报表、主要产品单位成本表等。正确、及时地编制成本报表是成本会计的一项重要内容。成本报表为正确进行成本决策提供了依据。

10.1.1 成本报表及其特点

1. 成本报表的含义

成本报表是根据企业日常成本核算及其他相关资料定期或不定期编制，用以反映企业产品成本水平、构成及升降变动情况，考核和分析企业在一定时期内成本计划执行情况及结果的报告文件。

2. 成本报表的特点

① 编制的目的主要是满足企业内部经营管理者的需要，因而内容更具有针对性。

② 成本报表的种类、内容和格式由企业自行决定，更具有灵活性。

③ 成本报表作为对内报表更注重时效。

10.1.2 成本报表的作用

编制成本报表是成本会计工作的重要内容。成本报表主要用来向企业领导、各级管理部门和职工提供成本信息。成本报表的主要作用如下。

1. 反映企业报告期内产品成本水平

产品成本是反映企业生产技术经营成果的一项综合性指标，企业在一定时期内的物质消耗、劳动效率、工艺水平、生产经营管理能力，都会直接或间接地在产品成本中综合地体现出来。通过成本报表分析，可以揭示影响产品成本指标和费用项目变动的因素，从生产技术、生产组织和经营管理等各个方面发现问题，挖掘节约费用和降低产品成本的潜力，从而提高企业经济效益。

2. 反映企业成本计划的完成情况

成本报表中所反映的各项产品成本指标，对掌握企业一定时期的成本水平，分析和考核成本计划或预算的执行情况，考核成本计划的完成情况，查明产品成本升降的原因，以及加强成本管理具有重要作用。

3. 为企业制定成本计划提供依据

本期成本报表的成本资料是编制下期成本计划的重要参考依据。成本报表提供的实际产品成本和费用资料，不仅可以满足企业、车间和部门加强日常成本、费用管理的需要，而且是企业进行成本、利润的预测、决策，编制产品成本和各项费用计划，制定产品价格的重要依据。

4. 为企业的成本决策提供信息

对成本报表进行分析，可以发现成本管理工作中存在的问题，揭示成本差异对产品成本升降的影响程度，从而把注意力集中在那些不正常的对成本有重要影响的关键性差异上，查明原因和责任，以便采取有针对性的措施，促使成本水平不断降低，为企业挖掘降低成本的潜力指明方向。

10.1.3 成本报表的种类

企业的成本报表主要用来进行企业内部经营管理部门的决策需要。成本报表的种类、格式和编制时间，一般都由企业根据生产经营过程的特点和企业管理的具体要求而定。

目前企业编制的成本报表通常有以下几种分类。

① 按报送的对象，成本报表可以分为对内成本报表和对外成本报表。

② 按反映的内容，成本报表可以分为反映产品成本情况的报表和反映费用支出情况的报表。反映成本情况的报表，如产品成本报表、主要产品单位成本表等，主要反映企业为生产一定种类和数量的产品所支出的生产费用的水平及构成情况，并与计划、上年实际、历史最好水平或同行业先进水平相比较，反映产品成本的变动情况和变动趋势。反映费用支出情况的报表，如销售费用明细表、制造费用明细表、管理费用明细表等，主要反映企业一定时期内各种费用总额及其构成情况，并与计划(预算)、上年实际对比，反映各项费用支出的变动情况和变动趋势。

③ 按编制的时间，成本报表可以分为定期成本报表和不定期成本报表。定期成本报表一般可按月、按季、按年编制。

④ 按编制的范围，成本报表可分为全厂成本报表、车间成本报表、班组成本报表及责任个人成本报表。

10.2 成本报表的编制

10.2.1 成本报表编制要求

为了充分发挥成本报表在企业管理中的积极作用，企业应按照一定的要求正确编制各种成本报表。

1. 成本报表的编制要与决策相关

编制企业成本报表必须与企业的生产经营决策相关。重要的成本项目应单独准确地反映，次要的成本项目在不影响真实性的情况下，可以合并反映，使企业决策者能够迅速抓住问题的实质。

2. 成本报表的数字要真实、准确

这是指报表中的各项数据和指标必须如实地反映企业成本的实际情况，不得以估计数字、计划数字、定额数字代替实际数字，更不允许弄虚作假，篡改数字。因此，企业在编制报

表前，应将所有的经济业务登记入账，并核对各种账簿之间的记录，做到账账相符；清查财产、物资，做到账实相符。然后，再依据有关账簿的记录编制报表。报表编制完毕后，还应检查各个报表中相关指标的数字是否一致、准确。

3. 成本报表的内容要完整

这是指主要报表种类必须齐全，应填列的报表指标和文字说明必须全面，表内项目和表外补充资料，不论是根据账簿资料直接填列，还是分析计算填列，都应当完整无缺，不得任意取舍。注意，保持各成本报表的计算口径一致，如计算方法有变动，应在附注中说明。对定期报送的主要成本报表，还应有分析、说明生产成本和费用升降情况、原因、措施的文字材料。

4. 成本报表的报送要及时

这是指成本报表无论是定期还是不定期编制，都要求及时编制，及时反馈，使有关方面及时利用成本资料进行检查和分析，从中发现问题，及时采取措施加以解决，以充分发挥成本报表的应有作用。要做到这一点，要求企业不仅要做好日常成本核算工作，还要注意整理、收集自己企业有关的历史成本资料、国内外同行业的成本资料及成本计划资料、费用预算资料等。

10.2.2 产品生产成本表的编制

1. 产品生产成本表的结构

产品生产成本表是反映企业在一定会计期间生产产品所发生的生产费用总额和全部产品生产成本的报表。

企业在一定会计期间的生产费用总额，可以按照费用的经济性质（如外购材料、外购燃料、外购动力、应付职工薪酬、折旧费、修理费等费用要素）来反映，也可以按照费用的经济内容（如直接材料、直接人工和制造费用等成本项目）来反映。企业在一定会计期间的全部产品的生产成本总额，可以按照产品品种和类别反映，也可按照产品成本项目反映。表10.1列示了按照费用的成本项目编制的产品生产成本表的一般格式，表10.2列示了按照产品品种和类别编制的产品生产成本表的一般格式。

按成本项目编制的产品生产成本表，一般分为生产费用总额、产品生产成本、在产品和自制半成品成本等部分。生产费用总额按照费用的用途分为直接材料、直接人工和制造费用等成本项目；在产品、自制半成品成本按期初数、期末数分别反映；在经常有自制半成品对外销售的企业，在产品成本和自制半成品成本可以分别反映。产品生产成本总额等于本期生产费用总额加上在产品和自制半成品期初余额再减去在产品和自制半成品期末余额。为了便于分析，按成本项目编制的产品生产成本表各项目应反映上年实际、本年计划、本月实际和本年累计实际等指标。

按产品品种和类别编制的产品生产成本一般分为产量、单位成本、生产总成本等部分。单位成本包括上年实际平均单位成本、本年计划单位成本、本月实际单位成本和本年累计实际平均单位成本等;产量包括本月实际产量和本年累计实际产量;总成本分为本月总成本和本年累计总成本。为了便于分析,实际产量的生产总成本应按不同单位成本分别计算。

表10.1 产品生产成本表(按成本项目编制)

编制单位:新兴公司 2016年12月 元

项目	行次	上年实际	本年计划	本月实际	本年累计实际
生产费用					
1. 直接材料	1	425 050	434 500	44 500	474 500
其中:原材料	2	349 500	372 000	35 000	390 000
燃料及动力	3	75 550	62 500	9 500	84 500
2. 直接人工	4	329 500	349 500	36 000	394 500
3. 其他直接费用	5				
4. 制造费用	6	319 050	324 500	31 500	364 825
生产费用合计	7	1 073 600	1 108 500	112 000	1 233 825
加:在产品、自制半成品期初余额	8	62 000	59 500	59 500	57 500
减:在产品、自制半成品期末余额	9	59 500	58 050	58 050	58 250
产品生产成本合计	10	1 076 100	1 109 950	113 450	1 233 075

2. 产品生产成本表的编制方法(按成本项目反映)

产品生产成本表一般按月编制。在按成本项目编制的产品生产成本表中,“上年实际”栏应当根据上年12月份编制的产品生产成本表中“本年累计实际”栏内的金额填列。“本月实际”栏和“本年累计实际”栏的填列方法分别介绍如下。

① 生产费用总额。在生产费用总额及各成本项目的金额中,“本月实际”栏根据本月生产成本二级账(或明细账)的资料分析计算填列;“本年累计实际”栏根据本月本表中“本月实际”栏的金额,加上上月本表中“本年累计实际”栏的金额填列,也可以根据生产成本二级账(或明细账)的资料分析计算填列。本表各成本项目的金额之和,应等于生产费用总额。

② 在产品、自制半成品期初余额。在在产品、自制半成品期初余额中,“本月实际”根据“生产成本”和“自制半成品”两账户的本月月初余额之和填列。

③ 在产品、自制半成品期末余额。在在产品、自制半成品期末余额中,“本月实际”和“本年累计实际”两栏的数字,应根据“生产成本”和“自制半成品”两个账户的本月月末余额之和填列。

④ 产品生产成本。产品生产成本的“本月实际”和“本年累计实际”数,都可以由本月本表中生产费用总额,加上在产品、自制半成品期初余额,减去在产品、自制半成品期末余额计算求得。本月本表中本月实际和本年累计实际产品生产成本总额,应与本月产品生产成本及销售成本表,以及按产品品种和类别编制的产品生产成本表中全部产品本月实际和本年累计实际产品生产成本总额分别对应。

3. 产品生产成本(按产品品种和类别反映)表的编制方法

① 实际产量。实际产量分本月产量和本年累计产量,应根据成本计算单或产品成本明

表10.2 产品生产成本表(按产品品种和类别编制)

元

产品名称	计量单位	实际产量		单位成本				本月总成本			本年累计总成本		
		本月	本年累计	上年实际平均	本年计划	本月实际	本年累计实际平均	按上年实际平均单位成本计算	按本年计划单位成本计算	本月实际	按上年实际平均单位成本计算	按本年计划单位成本计算	本年实际
		1	2	3	4	5＝9÷1	6＝12÷2	7=1×3	8＝1×4	9	10＝2×3	11＝2×4	12
主要产品													
甲产品	件	45	620	1 245	1 159	1 159	1 150	56 025	52 155	52 155	771 900	718 580	713 000
乙产品	件	15	245	995	975	985	973	14 925	14 625	14 775	243 775	238 875	238 385
非主要产品													
丙产品	件	10	245		1 105	2 460	1 070		11 050	24 600		270 725	262 150
合计									77 830	91 530		1 228 180	1 213 535

细账的记录计算填列。

② 单位成本。它主要反映各种主要产品的上年实际平均、本年计划、本月实际和本年累计实际平均的单位成本。上年实际平均单位成本应根据上年本表所列示各种产品的全年平均单位成本填列；本月实际单位成本应根据本月实际总成本除以本月实际产量所得商数填列；本年累计实际平均单位成本应根据本年累计实际总成本除以本年累计实际产量所得商数填列。

③ 本月总成本。根据上年实际平均单位成本、本年计划单位成本分别乘以本月实际产量，计算得出按上年实际平均单位成本计算的本月总成本和按本年计划单位成本计算的本月总成本；本月实际总成本应根据成本计算单的有关数据填列。

④ 本年累计总成本。本年累计实际总成本应按照本年主要产品和非主要产品的合计数填列。

10.2.3 主要产品单位成本表的编制

1. 主要产品单位成本表的概念和作用

① 概念。主要产品单位成本表是指反映企业在报告期内生产的各种主要产品单位成本的构成情况和各项主要技术经济指标执行情况的报表。它是对商品产品成本表的有关单位成本做进一步补充说明的报表。

② 作用。利用主要产品单位成本表所提供的资料，可以考核各种主要产品单位成本计划的执行结果，分析各成本项目和消耗定额的变化及其原因，并便于在生产同种产品的企业之间进行成本对比，以利于找出差距，挖掘潜力，降低产品成本。

2. 主要产品单位成本表的结构和内容

① 主要产品单位成本表的结构。主要产品单位成本表的结构可分为上、下两部分：上部分是反映单位产品的成本项目，并分别列出历史先进水平、上年实际平均、本年计划、本月实际和本年累计实际平均的单位成本；下部分是反映单位产品的主要技术经济指标，这些指标也分别列出了历史先进水平、上年实际平均、本年计划、本月实际和本年累计实际平均的单位用量。

② 主要产品单位成本表的内容和格式。主要产品单位成本表的内容和格式如表10.3所示。

3. 主要产品单位成本表的编制方法

主要产品单位成本表应按每种主要产品分别编制。

① “本月计划产量”和“本年累计计划产量”项目，应根据本月和本年产品产量计划资料填列。

② “本月实际产量”和“本年累计实际产量”项目，应根据统计提供的产品产量资料或产品入库单填列。

③ “成本项目”项目，应按规定进行填列。

④“主要技术经济指标”项目，是反映主要产品每一单位产量所消耗的主要原材料、燃料、工时等的数量。

表10.3　主要产品单位成本表

2016年12月　　元

产品名称	A产品		本月计划产量		1 850	
规格			本月实际产量		2 000	
计量单位	台		本年累计计划产量		21 500	
销售单价	160元		本年累计实际产量		22 000	
成本项目	行次	历史先进水平××年	上年实际平均	本年计划	本月实际	本年累计实际平均
		1	2	3	4	5
直接材料	1	78.80	74.91	71.19	66.80	67.09
直接人工	2	32.40	42.48	42.48	45.00	45.89
制造费用	3	12.80	12.61	12.33	11.20	12.02
合计	4	124	130	126	123	125
主要技术经济指标	5	用量	用量	用量	用量	用量
1. 普通钢材	6	69	73	70	69.6	68.8
2. 工时	7	10	12	12	12.5	13

⑤“历史先进水平”是指本企业历史上该种产品成本最低年度的实际平均单位成本和实际单位用量。该项目应根据历史成本资料填列。

⑥“上年实际平均”是指上年实际平均单位成本和单位用量。该项目应根据上年本表的本年累计实际平均单位成本和单位用量的资料填列。

⑦“本年计划”是指本年计划单位成本和单位用量。该项目应根据本年成本计划中的资料填列。

⑧“本月实际”是指本月实际单位成本和单位用量。该项目应根据本月完工的该种产品成本资料填列。

⑨“本年累计实际平均”是指本年初至本月末该种产品的实际平均单位成本和单位用量。该项目应根据本年初至本月末止的已完工产品成本计算单等有关资料，采用加权平均法计算后填列。其计算公式为：

某产品的实际平均单位成本＝该产品累计总成本÷该产品累计产量

某产品的实际平均单位用量＝该产品累计总用量÷该产品累计产量

10.2.4　制造费用明细表的编制

1. 制造费用明细表的概念和作用

① 制造费用明细表的概念。制造费用明细表是反映企业在报告期内发生的各项制造费用的报表。

② 制造费用明细表的作用。利用制造费用明细表所提供的资料，可以分析制造费用的构成和各项费用的增减变动情况，考核制造费用预算的执行结果，以便进一步采取措施，节约开支，降低费用，从而降低产品的制造成本。

2. 制造费用明细表的结构和内容

① 制造费用明细表的结构。制造费用明细表的结构是按规定的制造费用项目，分别反映"本年计划数"、"上年同期实际数"和"本年累计实际数"。这样做，便于用本年实际数分别同本年计划数和上年同期实际数进行比较，以便加强对制造费用的管理。

② 制造费用明细表的内容与格式。制造费用明细表的内容与格式如表10.4所示。

表10.4 制造费用明细表

编制单位：A企业　　2016年12月　　元

项　目	行次	本年计划数	上年同期实际数	本年累计实际数
职工薪酬	1	100 000	90 000	105 000
折旧费	2	90 000	88 000	86 400
租赁费	3	13 000	12 600	14 200
修理费	4	48 000	45 000	41 200
机物料消耗	5	16 000	17 500	15 500
低值易耗品	6	22 000	23 100	21 800
取暖费	7	52 000	52 800	51 700
水电费	8	48 000	50 500	47 300
办公费	9	30 000	31 400	33 000
差旅费	10	30 000	28 000	27 900
保险费	11	50 000	63 000	49 300
设计制图费	12	19 000	19 200	18 100
实验费	13	31 000	33 000	36 700
劳动保护费	14	44 000	41 000	43 200
其他	15	20 000	20 800	21 000
合　计	16	613 000	615 900	612 300

3. 制造费用明细表的编制方法

① "本年计划数"栏各项数字，应根据制造费用的本年计划数填列。

② "上年同期实际数"栏各项数字，应根据上年同期本表的"本年累计实际数"填列。如果表内所列项目和上年度的费用项目在名称或内容上不一致，应对上年度的各项数字按照表内规定的项目进行调整。

③ "本年累计实际数"栏各项数字，是指自年初起至编报月末止的累计实际数，应根据制造费用明细账的记录计算填列。

10.2.5 期间费用明细表的编制

1. 期间费用明细表的概念和作用

① 期间费用明细表的概念。期间费用明细表是反映企业在报告期内发生的管理费用、财务费用和销售费用的报表。

② 期间费用明细表的作用。利用期间费用明细表所提供的资料，可以考核期间费用计划或预算的执行情况，分析各项费用的构成和增减变动情况，以便进一步采取措施，压缩开支，不断降低费用水平。

2. 期间费用明细表的结构和内容

① 期间费用明细表的结构。期间费用明细表一般包括销售费用明细表、管理费用明细表和财务费用明细表。它们的结构基本相同，都是按照规定的费用项目，分别反映“本年计划数”、“上年实际数”、“本年实际数”。这样反映便于用本年实际数分别同本年计划数和上年实际数进行比较，以便加强对费用的控制和管理。

② 期间费用明细表的内容与格式：有关期间费用明细表的内容与格式如表10.5、表10.6和表10.7所示。

表10.5 销售费用明细表　　2016年12月　　元

项　目	行次	本年计划数	上年实际数	本年实际数
职工薪酬	1	85 000	82 800	83 100
差旅费	2	44 200	43 920	43 400
办公费	3	21 500	20 800	19 700
保险费	4	21 000	19 000	19 500
修理费	5	2 800	2 800	2 890
物料消耗	6	2 200	2 260	3 100
运杂费	7	8 000	8 600	8 560
包装费	8	4 000	5 082	4 600
折旧费	9	6 000	6 800	5 700
…	…	…	…	…
其他	13	2 000	1 600	2 070
合　计		201 600	176 692	205 360

表10.6　管理费用明细表　　2016年12月　元

项　目	行次	本年计划数	上年实际数	本年实际数
职工薪酬	1	95 000	92 000	96 000
折旧费	2	70 000	71 000	73 000
办公费	3	56 000	51 000	53 400
修理费	4	30 000	31 000	38 000
差旅费	5	42 000	41 000	46 030
物料消耗	6	12 000	12 000	11 000
劳动保险费	7	10 000	9 900	10 000
待业保险费	8	14 250	13 800	14 400
低值易耗品摊销	9	9 000	9 500	9 300
…	…	…	…	…
其他	12	18 000	20 500	15 000
合　计	13	404 000	413 250	402 130

表10.7　财务费用明细表　　2016年12月　元

项　目	行次	本年计划数	上年实际数	本年实际数
利息支出	1	110 000	118 000	102 000
金融机构手续费	2	22 000	21 800	21 350
汇兑损失	3	4 500	5 700	6 100
其他	4	12 000	15 000	11 420
合　计	5	148 500	160 500	140 870

3. 期间费用明细表的编制方法

销售费用明细表、管理费用明细表和财务费用明细表各项目的填列方法如下。

①“本年计划数”栏各项目数字，应根据本年各项费用预算填列。

②“上年实际数”栏各项目数字，应根据上年本表的“本年实际数”栏的相应数字填列。如果表内所列费用项目和上年的费用项目在名称和内容上不一致，应对上年的各项数字按本年表内项目的规定进行调整。

③“本年实际数”栏各项目数字，应根据本年管理费用明细账、财务费用明细账和销售费用明细账中各项费用的累计数填列。

10.3　成本报表的分析

10.3.1　成本报表分析概述

1. 成本报表分析的内涵

成本报表分析是指利用成本核算及其他相关资料，对成本水平与构成的变动情况进行分析、评价，以揭示影响成本升降的各种因素及其变动的原因，寻找降低成本的潜力。广义的成本分析可以在成本形成前后进行事前、事中和事后分析。狭义的成本分析主要指事后成本分析。成本分析主要包括产品成本分析和成本效益分析。

2. 影响产品成本的因素

影响产品成本的因素可以分为固有因素、宏观因素和微观因素三大类。

固有因素是指企业建厂时先天条件的好坏对企业产品成本影响的因素，包括企业地理位置和资源条件、企业规模和技术装备水平、企业的专业化协作水平等。宏观因素是指从整个国民经济活动这样一个宏观的方面来观察的因素，包括宏观经济政策的调整、成本管理制度的改革、市场需求和价格水平等。微观因素是指从企业本身的经济活动这样一个微观的方面来观察的因素，包括劳动生产率水平、生产设备利用效果、原材料和燃料动力的利用情况，产品生产的工作质量、企业的成本管理水平、企业精神文明建设状况等。

3. 成本分析的作用

成本分析的作用主要是揭示成本差异原因，掌握成本变动规律；合理评价成本计划完成情况，正确考核成本责任单位的工作业绩；检查企业是否贯彻执行国家有关的方针、政策和财经纪律；挖掘降低成本的潜力，不断提高企业经济效益。

4. 成本分析的原则、程序与评价标准

(1) 成本分析的原则

成本分析时要着重掌握下列原则：一是全面分析与重点分析相结合的原则；二是专业分析与群众分析相结合的原则；三是经济分析与技术分析相结合的原则；四是纵向分析与横向分析相结合的原则；五是事后分析与事前、事中分析相结合的原则；六是报表数据分析与实地分析相结合的原则；七是坚持定量分析和定性分析相结合的原则；八是坚持成本分析和成本考核相结合的原则。

(2) 成本分析的程序

成本分析的程序可归纳为准备阶段、实施阶段和报告阶段。准备阶段主要是明确成本分析目的，确立成本分析标准和收集成本分析资料；实施阶段主要包括报表整体分析、成本指标分析和影响成本基本因素分析；报告阶段主要是得出成本分析结论，提出可行的措施和建议，编写成本分析报告。

(3) 成本分析的评价标准

成本分析的评价标准主要有历史标准、行业标准和预算标准等。历史标准是指企业在以前年度中某项成本指标的最低水平；行业标准是指由企业主管部门根据所属行业的生产经营的实际情况所制定的同行业的成本指标水平；预算标准(或称计划标准或目标标准)是指企业预先规定的在计划期内产品生产耗费和各种产品的成本水平，具体包括主要产品单位成本预算、商品产品成本预算、制造费用预算、销售费用、管理费用和财务费用预算等。

10.3.2　成本分析的方法

成本分析的方法主要有水平分析法、垂直分析法、趋势分析法、指标分析法、因素分析法和差额计算法等，具体选用哪种方法，取决于企业成本分析的目的、费用和成本形成的特点、成本分析所依据的资料等。这里主要介绍指标分析法和因素分析法。

1. 指标分析法

指标分析法包括指标对比分析法和比率分析法。

(1) 指标对比分析法

指标对比分析法是指通过对不同时间或不同情况下的成本指标数据的对比，揭示客观存在的差异，分析产生差异的原因，以便研究解决成本管理存在的问题，提高成本管理的水平的一种方法。指标对比分析法主要有以下几种方式。

① 分析期实际数据与计划数据相对比。这种方法可以找出分析期实际成本或费用与计划成本或费用的差异，检查分析成本计划的完成情况，为进一步分析指明方向。这是最基本的对比方法。

② 分析期实际数据与前期实际数据对比。将分析期实际成本、费用与前期(上月、上季、上年、上年同期等)实际成本费用进行对比，可以反映成本费用变动的趋势。在有关成本、费用的计划资料不全或质量不高时，这种对比尤为重要。在成本分析中，分析期实际数据除了与上月、上季、上年、上年同期等实际成本、费用进行对比以外，还应当与本企业历史先进水平的成本、费用指标对比。历史先进水平年份的成本或费用资料，也是一种前期实际数据。

③ 分析期实际数据与本行业实际平均数据和本行业先进企业实际数据对比。将分析期实际数据与计划数据和前期实际数据进行对比，可以考察企业成本、费用计划的完成程度和成本、费用水平的变动趋势，找出成本管理工作中的成绩和问题。由于企业内部的纵向对比还不能充分说明企业成本各类工作的成绩和成本、费用的水平，只有将企业实际数据与行业实际平均数据和同行业先进企业的实际数据进行横向对比，才能找出本企业的差距，才能确定企业成本管理水平在同行业同类企业中的位置。因为企业对于成本数据通常是保密的，所以成本数据在企业之间的这种横向对比，只有在行业内部各企业之间达成了某种协议、同行业同类企业之间有成本数据交换的情况下才有可能。至于企业内部各部门之间的成本数据，则应当是公开的，这种企业内部之间的横向对比也应当是经常进行的。

(2) 比率分析法

比率分析法是指通过计算和对比经济指标的比率，进行数量分析的一种方法。在成本分析中，常用的比率分析法有相关比率分析法、构成比率分析法和趋势比率分析法等。

① 相关比率分析。这是指将两个性质不同但又相关的指标进行对比求出比率进行分析，以便从经济活动的客观联系中，更深入地认识企业的生产经营状况，如成本利润率、产值成本率、销售成本率等。这些指标的计算公式为：

成本利润率＝产品销售利润÷产品成本×100%

产值成本率＝产品成本÷产品产值×100%

销售成本率＝产品成本÷产品销售收入×100%

② 构成比率分析。构成比率也称结构比率，是指局部在总体中的比重，或是部分与全部的比率。

③ 动态比率分析。它是指将不同时期同类指标的数值进行对比，以便反映分析对象的增减速度和发展趋势，从中发现企业在生产经营方面的成绩或不足。

2. 因素分析法

因素分析法是指根据分析指标与其影响因素之间的数量关系，按照一定的程序和方法，从数值上确定各因素对分析指标差异影响程度的一种技术分析方法。在几个相互联系的因素共同影响着某一指标的情况下，可通过因素分析法测算各因素对经济指标变动的影响程度。其具体方法主要有连环替代法和差额计算法。

（1）连环替代法

连环替代法是将分析指标分解为各个可以计量的因素，并根据各个因素之间的依存关系，顺次用各因素的比较值（通常为实际值）替代基准值（通常为标准值或计划值），据以测定各因素对分析指标的影响。这种方法是因素分析法的基本形式，其计算程序如下。

1）根据影响某项经济指标完成情况的因素，按其依存关系将经济指标分解为基数（计划数或上期数等）和实际数两个指标体系。

2）以基数指标体系为计算的基础，用实际指标体系中每项因素的实际数逐步顺序地替换其基数；每次替换后，实际数就被保留下来，有几个因素就替换几次；每次替换后计算出由于该因素变动所得的新结果。

3）将每次替换所算出的结果，与这一因素被替换前的结果进行比较，两者的差额就是这一因素变化对经济指标差异的影响程度。

4）将各个因素的影响数值相加，其代数和应同该经济指标的实际数与基数之间的总差异数相符。

假设某一经济指标N是由相互联系的A、B、C三个因素组成的，计划指标、实际指标和实际脱离计划的差异数的公式为：

计划指标 $N_0=A_0\times B_0\times C_0$

实际指标 $N_1=A_1\times B_1\times C_1$

差异数 $D=N_1-N_0$

根据连环替代分析法，测定各个因素的变动对指标N的影响程度时计算顺序如下。

计划指标 $N_0=A_0\times B_0\times C_0$ （1）

第1次替代 $N_2=A_1\times B_0\times C_0$ （2）

第2次替代 $N_3=A_1\times B_1\times C_0$ （3）

第3次替代 $N_1=A_1\times B_1\times C_1$ （4）

据此测定的结果为：

A因素变动的影响＝（2）－（1）＝N_2-N_0

B因素变动的影响＝（3）－（2）＝N_3-N_2

C因素变动的影响＝(4)−(3)＝N_1-N_3

综合各因素变动的影响程度：

$(N_2-N_0)+(N_3-N_2)+(N_1-N_3)=N_1-N_0=D$

例 10－1 新兴企业的材料费用相关资料如表10－8所示，材料费用的实际数和计划数存在差异。运用连环替代法，分析各因素变化对其差异的影响程度。

表10.8 材料费用相关资料

项 目	计划数	实际数
产品产量／件	115	135
单位产品材料消耗量／千克	5	3
材料单价／元	4	6
材料费用总额／元	2 300	2 430

根据表中资料，材料费用的实际数超过计划数130元，形成差异的因素有产品产量、单位产品材料消耗量、材料单价。各因素变化对差异的影响程度计算如下。

计划指标＝115×5×4＝2 300(元) (1)

第1次替代＝135×5×4＝2 700(元) (2)

第2次替代＝135×3×4＝1 620(元) (3)

第3次替代＝135×3×6＝2 430(元) (4)

据此测定的结果为：

产量增加产生的影响＝(2)−(1)＝2 700−2 300＝400(元)

材料单耗降低产生的影响＝(3)−(2)＝1 620−2 700＝−1 080(元)

材料单价上升产生的影响＝(4)−(3)＝2 430−1 620＝810(元)

(2) 差额计算法

差额计算法也称绝对分析法，就是直接利用各因素的预算(计划)与实际的差异来按顺序计算，确定其变动对分析对象的影响程度。它是从连环替代法简化而成的一种分析方法的特殊形式，是利用各个因素的比较值与基准值之间的差额，来计算各因素对分析指标的影响。因此，它在实际工作中应用得比较广泛。其计算程序如下。

1）确定各因素的实际数与基数的差额。

2）用各因素的差额，乘以计算公式中该因素前面的各因素的实际数，以及列在该因素后面的其余因素的基数，就可求得各因素的影响值。

3）将各因素的影响值相加，其代数和应同该项经济指标的实际数与基数的差相符。

例 10－2 根据表10.8的资料，运用差额分析法分析各因素变化对其差异的影响程度。

各因素变化对差异的影响程度计算如下。

产量增加产生的影响＝(135−115)×5×4＝400(元)

材料单耗降低产生的影响＝135×(3−5)×4＝−1 080(元)

材料单价上升产生的影响＝135×3×(6−4)＝810(元)

10.3.3 产品成本计划完成情况的分析

成本计划完成情况的分析，主要是全部产品成本计划完成情况的分析和可比产品成本降低目标的完成情况分析。这里主要介绍全部产品成本计划完成情况的分析。

对全部产品的成本分析，主要是分析成本计划的完成情况，确定本期全部产品的实际成本与计划成本相比较的差异额和差异率，并分析原因，以了解企业完成成本计划的一般情况，为进一步分析指明方向。对全部产品成本计划完成情况的分析，可按产品品种、成本项目和成本性态3个方面进行。下面以按成本项目进行成本计划完成情况分析为例。

按成本项目进行成本计划完成情况的分析，是将全部产品总成本按成本项目逐一汇总，并与按实际产量调整后的计划总成本对比，确定每个成本项目的降低额和降低率，分析总成本变动的原因。

例10－3 新兴企业按成本项目反映的产品成本表，以及有关成本核算资料按成本项目进行全部产品成本分析计算如表10.9所示。

表10.9 产品成本分析表（按成本项目）

编制单位：新兴企业　　　　2016年12月　　　　元

成本项目	本年实际产量总成本		实际比计划的差异		各项差异对总成本影响的百分比／(%)
	计划总成本	实际总成本	升降额	升降率／(%)	
	(1)	(2)	(3)＝(2)－(1)	(4)＝(3)÷(1)	(5)＝(3)÷∑(1)
直接材料	145 000	155 000	+10 000	+6.90	+2.94
直接人工	110 000	105 000	−5 000	−4.54	−1.47
制造费用	85 000	84 000	−1 000	−1.18	−0.28
产品总成本	340 000	344 000	+4 000	+1.18	+1.18

以上分析表明：新兴企业全部产品的实际制造成本超支1.18%，主要是由于直接材料超支10 000元，比计划增加6.90%造成的，而直接人工和制造费用则比计划成本有所降低，形成成本的有利差异。对直接材料的超支，企业应做进一步的分析，了解变动因素是由主观因素还是客观因素所致，并采取相应的措施。

10.3.4 主要产品单位成本的分析

工业企业生产产品的种类都比较多，如果对全部产品的单位成本都不加选择地进行同样的详细深入的分析，会浪费大量的人力、物力，而且也会使分析缺乏重点。因此，产品单位成本分析应抓住关键，把握重点，着重对一些企业经常生产、在全部产品中所占比重较大、能代表企业生产经营基本情况的主要产品或成本发生异常变动的产品进行分析。

单位产品成本计划完成情况分析内容主要包括：主要产品成本计划情况分析、单位产品成本主要项目完成情况分析。

1. 产品单位成本计划完成情况分析

产品单位成本计划完成情况分析，是指将分析对象的各成本项目的实际数与计划数进行对比，确定差异额和差异率以及各成本项目变动对产品单位成本计划的影响程度，从而查明造成产品单位成本升降的原因。

例 10－4　新兴企业的丙产品是该企业的主要产品之一，且2016年度成本超支，现按成本项目列示如表10.10所示。

表10.10　产品单位成本计划完成情况分析表

产品：丙产品　　2016年12月　　元

成本项目	单位成本			与上年实际比		与本年计划比	
	上年实际	本年计划	本年实际	成本降低额	成本降低率/(%)	成本降低额	成本降低率/(%)
	1	2	3	4=1−3	5=4÷1	6=2−3	7=6÷2
直接材料	21	20	19	+2	+9.52	+1	+5
直接人工	16	14	18	−2	−12.5	−4	−28.57
制造费用	7	8	7.5	−0.5	−7.14	+0.5	+6.25
合计	45	42	44.5	−0.5	−1.11	−2.5	−5.95

以上分析表明：丙产品本年实际成本比计划超支了2.5(44.5−42＝2.5)元，主要是直接人工费用超支了4(18−14＝4)元，影响了单位成本降低任务的完成，所以还应对直接人工费用做进一步的分析。

2. 产品单位成本项目分析

(1) 直接材料项目的分析

直接材料是直接用于产品生产的原材料，生产一种产品往往要消耗多种原材料。直接材料项目分析应根据耗用的各种原材料进行分析，分析单位产品各种材料的消耗量和相应的材料单价两个因素。其计算公式为：

单位产品直接材料费用＝∑(直接材料消耗量×材料单价)

单位产品直接材料费用差异额＝单位产品直接材料实际费用−单位产品直接材料计划费用

＝单位产品直接材料消耗量变动的影响+单位产品直接材料单价变动的影响

单位产品直接材料消耗量变动的影响＝∑(实际材料单耗−计划材料单耗)×计划材料

单价

单位产品直接材料单价变动的影响＝∑（实际材料单价－计划材料单价）×实际材料单耗

影响材料消耗量变动的因素主要有：材料质量变化，优质的材料比劣质材料可以节约材料的消耗量；产品设计的变化，保留产品必要的功能，消除设计中不必要的功能可以节省材料；下料和生产工艺方法的改变，改进工艺方法和新技术可以提高材料的利用率，提高材料利用程度；在保证质量的前提下，减少废品数量，充分利用代用品；提高生产工人技术水平和操作能力；加强对机器设备的维护保养，提高机器设备的性能等，都可以节约材料的消耗量。

影响材料单价变动的因素主要有：材料买价的变动；材料运费的变动；运输途中合理损耗的变化；材料整理加工费及检验费的变化等。

(2) 直接人工项目分析

单位产品直接人工费用的变动，主要受劳动生产率和工资水平两个因素的影响。其计算公式为：

单位产品直接人工费用＝单位产品工时消耗量×小时工资率

单位产品直接人工差异＝单位产品直接人工实际费用－单位产品直接人工计划费用
＝单位产品人工效率差异－小时工资率差异

式中，单位产品消耗工时数的多少体现劳动生产率（人工效率）的高低。劳动生产率越高，单位产品消耗的工时越少，工资费用就越能降低；反之，就会超支。影响劳动生产率变动的因素主要有：生产技术工艺、劳动组织、生产工人的熟练程度、材料质量等。小时工资率体现平均工资水平的高低，取决于生产工人工资总额和生产工时数。生产工人工资水平提高，就会使直接人工增加。

(3) 制造费用项目分析

单位产品制造费用的变动主要受单位产品工时消耗量和每小时制造费用分配率的影响。其计算公式为：

单位产品制造费用＝单位产品耗用工时数×每小时制造费用分配率

单位产品制造费用差异额＝单位产品实际制造费用－单位产品计划制造费用

或

单位产品制造费用差异额＝工时消耗量变动差异＋小时制造费用分配率变动差异

工时消耗量变动的影响＝（实际单位工时消耗量－计划单位工时消耗量）×计划小时制造费用分配率

小时制造费用分配率变动的影响＝（实际小时制造费用分配率－计划单小时制造费用分配率）×实际单位工时消耗量

例10－5 新兴企业丙产品单位成本有关资料如表10.11所示。

具体分析如下。

直接材料项目分析：

直接材料差异额＝22－23＝－1（元）

材料消耗量变动影响数额=(1-1)×8+(4-5)×3=-3(元)

材料单价变动影响数额=(10-8)×1+(3-3)×4=2(元)

表10.11 丙产品单位成本资料

编制单位:新兴企业　　　　2013年12月　　　　元

成本项目	计划金额			实际金额		
直接材料	23			22		
直接人工	16			19		
制造费用	10			9		
合计	49			50		
主要技术经济指标	计划			实际		
	数量/千克	单价	金额	数量/千克	单价	金额
1. A材料	1	8	8	1	10	10
2. B材料	5	3	15	4	3	12
3. 人工费用	4	4	16	4.75	4	19
4. 制造费用	4	2.5	10	4.5	2.0	9

丙产品单位产品成本中直接材料节约了1元，其构成因素为:B材料耗用量减少，节约了3元;A材料价格提高，超支了2元。

直接人工项目分析:

直接人工差异额=19-16=3(元)

人工效率差异=(4.75-4)×4=3.0(元)

小时工资率差异=(4-4)×4.75=0(元)

丙产品单位产品成本直接人工超支了3元，其构成因素为:人工效率降低超支了3.0元。

制造费用项目分析:

制造费用差异额=9-10=-1(元)

工时消耗量变动影响数额=(4.5-4)×2.5=1.25(元)

小时制造费用分配率变动的影响数额=(2.0-2.5)×4.5=-2.25(元)

丙产品单位产品成本制造费用节约了1元，其构成因素为:工时消耗增加，超支了1.25元;小时制造费用分配率降低，节约了2.25元。

通过因素分析计算出来的数据，有关部门和管理人员应做进一步的调查和分析，以便巩固有利差异，加强对不利差异的控制。

本章小结

成本报表是通过表格的形式对企业发生的成本费用进行归纳和总结，为企业的内部管理提供所需的会计信息。通过成本报表，可以为企业制定成本计划提供依据，反映成本计划的完成情况，为企业降低成本指明方向。

为了揭示企业为生产一定产品所付出的成本是否达到预定的要求，通常需要编制商品产品成本报表、主要产品单位成本表和制造费用明细表等。这些报表通常是根据企业成本发生的实际资料和成本的计划资料进行编制，以便通过对比，揭示成本水平和成本差异，为企业的经济管理发挥作用。

成本分析的方法通常有比较分析法、比率分析法和因素分析法等。通过比较分析可揭示成本的差异；通过因素分析可挖掘成本升降的原因。

成本分析的内容包括全部商品产品成本计划完成情况的分析、可比产品成本降低计划完成情况的分析、主要产品单位成本的分析。

全部商品产品成本计划完成情况分析是从企业的全局上看其生产的所有产品实际成本是否达到计划的水平，可以分别按产品种类、成本项目和成本性态3方面进行分析，为进一步的深入分析指明方向。

主要产品单位成本的分析是成本分析工作的逐步深化。首先，可从总的方面来研究产品单位成本的实际比计划、比上期、比历史先进水平的升降情况。然后，着重对某些产品进一步按成本项目对比研究其增减变动情况，查明造成单位升降的原因。最后，根据企业的具体情况，分析产品单位成本的各个项目。

课后练习

一、复习思考题

1. 什么是成本报表？如何对成本报表进行分类？
2. 成本报表的特点是什么？
3. 什么是成本分析？
4. 成本分析的原则是什么？
5. 成本分析的方法一般包括哪几种？

二、判断题

1. 所有的成本报表，不论对内、对外都要求计算上绝对准确。（ ）
2. 对本期产品成本报表的分析是一种事后分析。（ ）
3. 制造费用明细账只需列出“上年同期实际数”及“本年累计实际数”两栏数字。（ ）
4. 采用连环替代法，在测定某一因素变动影响时，是以假定其他因素不变为条件的，意即在其他因素均为计划数时，确定这一因素变动的影响程度。（ ）
5. 因素分析法是依据分析指标与其影响因素之间的关系，按照一定的程序和方法，确定各因素对分析指标差异影响程度的一种技术分析方法。（ ）
6. 差额计算法是连环替代法的一种简化形式。（ ）
7. 在应用连环替代法时，经济指标体系的组成因素必须确实能够反映形成该项指标差异的内在构成原因。（ ）
8. 在应用连环替代法时，各因素对经济指标差异数的影响，可根据需要选择替换顺序。（ ）
9. 在采用连环替代法进行产品成本分析时，替代顺序确定的一般原则是：先数量因

素后质量因素。 （ ）

10. 可比产品是指以前年度或上年度未正常生产过的产品。 （ ）

三、单项选择题

1. 成本报表属于(　　)。

A. 对外报表　　B. 对内报表

C. 既是对内报表,又是对外报表　　D. 对内还是对外由企业决定

2. 通过成本指标在不同时期(或不同情况)的数据的对比,来揭示成本变动及其原因的一种方法是(　　)。

A. 对比分析法　B. 趋势分析法　C. 比率分析法　D. 因素分析法

3. 把综合性指标分解为各个因素，研究诸因素变动对综合性指标变动影响程度的分析方法是(　　)。

A. 对比分析法　B. 趋势分析法　C. 比率分析法　D. 因素分析法

4. 计算实际成本降低率时,应当用实际成本降低额除以(　　)。

A. 实际产量按上年单位成本计算的总成本

B. 计划产量按上年单位成本计算的总成本

C. 实际产量按计划单位成本计算的总成本

D. 实际产量按实际单位成本计算的总成本

5. 产品品种结构变动影响成本降低额和降低率,是因为各种产品的(　　)。

A. 成本降低额和降低率不同　　B. 单位成本和总成本不同

C. 计划成本降低率不同　　D. 实际成本降低率不同

6. 指标对比分析法包括(　　)。

A. 趋势分析法　　B. 垂直分析法

C. 水平分析法　　D. 实际指标与计划指标对比

7. 为确定某一经济指标各个组成部分占总体的比重,以掌握该项经济活动的特点和变化趋势的方法是(　　)。

A. 因素分析方法　B. 相关比率分析法　C. 趋势比率分析法　D. 构成比率分析法

8. 以某个项目与其他有关但又不同的项目加以对比,求出比率,以便更深入地认识某方面的生产经营情况的分析方法是(　　)。

A. 因素分析方法　　B. 相关比率分析法

C. 趋势比率分析法　　D. 构成比率分析法

9. 水平分析法是将反映企业报告期成本的信息与反映企业前期或历史某一种成本状况的信息进行对比,研究企业经营业绩或成本状况发展变动情况的方法。它属于(　　)。

A. 指标对比分析法　　B. 因素分析法

C. 成本报表整体分析方法　　D. 连环替代分析法

10. 差额计算法的计算程序是(　　)。

A. 首先确定各因素对经济指标差异数的影响

B. 首先确定各因素的实际数与基数的差额

C. 首先确定各因素的分析方法　　D. 首先替换各个基数指标

四、多项选择题

1. 工业企业编制的成本报表有(　　)。
   A. 商品产品成本表　B. 主要产品单位成本表
   C. 制造费用明细表　D. 成本计算单
2. 工业企业编报的成本报表必须做到(　　)。
   A. 数字准确　B. 内容完整　C. 对外报送　D. 编报及时
3. 连环替代法的计算程序是(　　)。
   A. 确定指标的组成因素和因素排列顺序
   B. 依次以各因素的实际数值替换该因素的标准数值,直至最后计算出实际指标
   C. 以每一个替换后计算出的新数据,减去前一个数据,其差额即为该因素的影响程度
   D. 综合各因素的影响程度,其代数和应等于该指标实际数与标准数之差
   E. 影响各指标的因素替换顺序可根据企业实际情况决定,没有什么规律
4. 连环替换分析法的特点是(　　)。
   A. 计算方法的简化性　B. 计算程序的连环性
   C. 因素替换的顺序性　D. 计算结果的假定性
   E. 计算结果的准确性
5. 比率分析法主要包括(　　)。
   A. 构成比率分析　B. 连环替代分析法　C. 差额计算法　D. 相关比率分析
   E. 趋势比率分析法
6. 在直接材料成本三因素分析法下,影响材料差异的因素是(　　)。
   A. 单位产品材料耗用量　B. 材料配比
   C. 材料购入数量　D. 材料单价
   E. 产品产量
7. 影响可比产品成本降低率的主要因素有(　　)。
   A. 产品产量　B. 产品品种比重　C. 产品单位成本　D. 产品的价格
   E. 产品的种类和规格
8. 影响可比产品成本降低额的主要因素有(　　)。
   A. 产品产量　B. 产品品种比重　C. 产品单位成本　D. 产品的销售税金
   E. 产品的售价
9. 产品单位成本分析的内容主要包括(　　)。
   A. 联产品成本分析　B. 可比产品成本分析
   C. 直接材料成本分析　D. 制造费用项目分析
   E. 单位成本厂际分析
10. 产品成本分析的内容包括(　　)。
    A. 可比产品成本分析　B. 单位产品成本分析
    C. 联产品成本分析　D. 产品成本降低幅度预测分析

E. 单位产品成本厂际对比分析

五、技能实训题

1. 新兴企业原材料费用相关资料如表10.12所示，材料费用的实际数和计划数存在差异。运用连环替代法分析各因素变化对其差异的影响程度。

表10.12　材料费用相关资料

项　目	计划数	实际数
产品产量／件	100	115
单位产品材料消耗量／千克	5	3
材料单价／元	4	6
材料费用总额／元	2 000	2 070

2. 根据表10.12的资料，运用差额分析法，分析各因素变化对其差异的影响程度。

3. 根据按成本项目反映的产品成本分析表及有关成本核算资料，按成本项目进行全部产品成本分析计算。

要求：将计算结果填写在表10.13中，并进行相应的分析。

表10.13　产品成本分析表（按成本项目）

编制单位：新兴企业　　2016年12月　　元

成本项目	本年实际产量总成本		实际比计划的差异		各项差异对总成本影响的百分比／(%)
	计划总成本	实际总成本	升降额	升降率／(%)	
	(1)	(2)	(3)＝(2)－(1)	(4)＝(3)÷(1)	(5)＝(3)÷∑(1)
直接材料	144 000	154 000			
直接人工	109 000	104 000			
制造费用	84 000	83 000			
产品总成本	337 000	341 000			

4. 新兴企业丙产品单位成本有关资料如表10.14所示。

要求：根据以上资料，对丙产品进行单位成本项目分析。

表10.14 丙产品单位成本资料

编制单位：新兴企业　　2016年12月　　元

成本项目	计划金额			实际金额		
直接材料	20			19		
直接人工	14			18		
制造费用	8			7		
合计	42			44		
主要技术经济指标	计划			金额		
	数量／千克	单价	金额	数量／千克	单价	金额
1. A材料	1	8	8	1	10	10
2. B材料	4	3	12	3	3	9
3. 人工费用	4	3.5	14	4.5	4	18
4. 制造费用	4	2	8	2.8	2.5	7

参考文献

[1] 干庆坦,李道刚. 成本会计[M]. 北京:中国财政经济出版社,1998.

[2] 苏中大,牟宗山. 成本会计[M]. 北京:北京理工大学出版社,2007.

[3] 江希和. 成本会计[M]. 北京:高等教育出版社,2004.

[4] 周国安. 成本会计[M]. 北京:高等教育出版社,2002.

[5] 宋风长. 成本会计[M]. 合肥:中国科学技术大学出版社,2008.

[6] 欧阳清. 成本会计学[M]. 大连:东北财经大学出版社,2000.

[7] 张希和. 成本会计[M]. 北京:高等教育出版社,2004.

[8] 赵宝芳. 成本会计[M]. 北京:经济科学出版社,2006.

[9] 陈守文. 成本会计[M]. 沈阳:辽宁人民出版社,2004.

[10] 中华人民共和国财政部. 企业会计准则——应用指南[M]. 北京:中国财政经济出版社,2006.

[11] 中华人民共和国财政部. 企业会计准则2006[M]. 北京:经济科学出版社,2006.

[12] 财政部会计司编写组. 企业会计准则讲解[M]. 北京:人民出版社,2007.

尊敬的老师：

您好。

请您认真、完整地填写以下表格的内容（务必填写每一项），索取相关图书的教学资源。

教学资源索取表

书 名				作 者 名	
姓 名		所在学校			
职 称		职 务		讲授课程	
联系方式	电话：		E－mail：		
地址（含邮编）					
贵校已购本教材的数量（本）					
所需教学资源					
系/院主任姓名					

系/院主任：____________________（签字）

（系/院办公室公章）

20____年____月____日

注意：

① 本配套教学资源仅向购买了相关教材的学校老师免费提供。

② 请任课老师认真填写以上信息，并**请系/院加盖公章**，然后传真到(010)80115555 转 718438 索取配套教学资源。也可将加盖公章的文件扫描后，发送到 fservice@126.com 索取教学资源。还可以加入电子社教学增值共享群（QQ：427695338）即时获取教学资源及其他增值服务。

微信号：fservice126

中国工信出版集团

電子工業出版社
PUBLISHING HOUSE OF ELECTRONICS INDUSTRY
http://www.phei.com.cn